# 社会教育主事がみた
# 社会教育・生涯学習

### 東京23区からの発信

荒井 隆●著

エイデル研究所

## まえがき

　本書は大学の社会教育主事課程で学ぶ学生のテキストとして使用することを目的に執筆された。内容は、社会教育行政、成人の学習、そして社会教育の団体の三部構成である。

　大学での講義録をもとに執筆したので大学の授業用に書かれたものではあるが、私が社会教育行政の現場で働いてきたことから、第一線の社会教育現場にある方々の参考書となるだけでなく、一般の方々が社会教育について基本的な理解をするうえでも役に立つよう平易に書かれている。
　社会教育の世界は、学校教育と比べるとはるかに幅広く、しかも奥の深い領域であるため、どういう視点から切り込むのかによって社会教育のとらえ方は異なってくる。研究者の立場から書かれたものは、理論的であるが総じて現場向きあるいは一般向きのものは少ない。現場の実践者が書いたものは、その立場で社会教育を見てきたため社会教育総体を理解するには偏ることがあるなど、実際に授業で使用するとなると一長一短である。

　そこで、私が長年大学の非常勤講師として学生に講義をしてきた経験に基づき、新たにテキストを執筆することにした。本書の副題『東京23区からの発信』は、私が23区部で社会教育主事として社会教育の世界に身をおいてきたその視角から問題に迫ったところから命名したものである。社会教育をトータルに把握しようという立場からみれば、偏りのあることは認めつつも、社会教育の諸問題の中で私の関心あるところについて思いの丈を述べたつもりである。

本書の特色の一つとして〔コラム〕をいくつか挿入した。これは、社会教育主事経験をもとに書かれた短文で、読者に手軽に読んで興味をもってもらい、詳細は本文でより深く理解してもらうという工夫でもある。さらに巻末には東京23区関係の最新情報を掲載し、資料的価値を加味した。

　こうして書かれた本書は、授業で使いやすい内容であるばかりでなく、私なりに新しい視点で問題に接近しようと試みたところが含まれている。専門書によくある難解な言葉遣いや言い回しを避け、やさしい言葉と文章で構成されている。とくに専門書を引用するときも、一般の方々にもわかりやすく読んでいただけるようかみくだいた表現に努めたので、親しみやすい内容になったと思う。しかし、その評価は読者のご判断にゆだねることになる。どうか忌憚のないご意見、ご批判をお願いいたしたい。

2013年3月<br>
荒井　隆

# 目　次

まえがき ……………………………………………………………… 2

## 第Ⅰ部　社会教育の行政を学ぶ ……………………………………… 9

はじめに ……………………………………………………………… 10

### 第1章■社会教育主事の資格 ……………………………………… 10

### 第2章■社会教育とは何か ………………………………………… 13
　1 社会教育、生涯教育、生涯学習　14
　2 公民館など「社会教育施設」と呼ばれる行政部門　18
　3 大学や高等学校が行なう一般市民向け公開講座　19
　4 カルチャーセンターなど民間教育文化事業　20
　5 企業内教育といわれる職場の研修　20
　6 学校開放　21
　7 団体が行なう多彩な社会教育活動　23

### 第3章■社会教育行政のしくみ …………………………………… 25
　1 教育行政について　25
　2 行政委員会　26
　3 社会教育行政を支える法体系　27

### 第4章■「選択的な定着化」の考察 ……………………………… 32
　用語の解説　32
　1 施設（学習の場の整備）　32
　　1. 公民館　32
　　2. 図書館　35
　2 講座（学習機会の提供）　36
　　1. 障がい別の事業　36
　　2. 社会教育におけるノーマライゼーション　37
　　3. 学習のための環境整備　37
　　4. 自治体間の格差　38
　3 行政組織　40
　　1. 社会教育委員　40
　　2. 社会教育主事　44

### 第5章■地方ごとの社会教育行政の多様性
　　　　　～"選択的な定着化"、東京23区の場合～ ……………… 50
　1 公民館がない東京　50
　2 教育行政と教育機関が未分化　52
　3 社会教育委員設置率の低さ　54
　4 青年館の建設　55
　5 図書館の先進的整備　56
　6 障がい者の社会教育の充実　57

## 第6章■最近の社会教育行政の動向 ……………………… 60
- ①社会教育行政における「行政改革」 60
  - 1. 社会教育行政組織・機能の見直し 60
  - 2. 学習内容編成の課題 62
- ②社会教育行政・生涯学習行政部門の首長部局移管 64
- ③協働理念の具体化 67
- ④市町村合併と社会教育 70

# 第Ⅱ部　成人の学習 ……………………………………… 73

## 第1章■子どもの学習と比較した成人の学習 ……………… 74
- 1. 学習の場所 74
- 2. 指導者 74
- 3. 学習内容 75
- 4. 学習の方法 76
- 5. 学習の義務感 77
- 6. 学習の評価 78

## 第2章■学習の提供主体 ……………………………………… 80
学習の提供とは 80
- ①行政部門 80
- ②大学等公開講座 82
  - 1. 大学開放の類型 82
  - 2. イギリスの大学拡張　～大学開放の姿はここから見えてきた～　84
  - 3. 日本の大学等公開講座 86
  - 4. 高等学校の公開講座 88
- ③民間教育文化事業 88
  - 1. 大型カルチャーセンター 89
  - 2. 中小の民間事業者 90
- ④社会教育関係団体が提供する成人学習 91
- ⑤企業内教育 93
  - 1. 職能を高める　～スキルアップ 93
  - 2. 退職準備教育　～企業が従業員の退職後の生活を支援 94

## 第3章■成人学習の奨励策 ……………………………………… 95
はじめに 95
- ①教育訓練給付制度 95
- ②有給教育休暇 96
  - 1. 有給教育休暇とは 96
  - 2. フランスの有給教育休暇制度 97
  - 3. ドイツの有給教育休暇制度 98
  - 4. ILO有給教育休暇条約の成立 100
  - 5. 日本の有給教育休暇 102
- ③新たな奨励策の試み　～生涯学習バウチャー制度 104
  - 1. バウチャーについて 104
  - 2.「生涯学習バウチャー制度」の概要 106
  - 3. 行政改革の行き着くところ 107

## 第4章■成人学習の実際 …………………………………… 110
　はじめに　110
　①自分史　110
　　1．なぜ自分史講座を企画したか　110
　　2．自分史の意義　111
　　3．自分史を書く動機　112
　　4．自分史を書いてどう成長したか　114
　　5．市民が書いた自分史　115
　　　①生きるお手本だった酒井さん　116
　　　②娘を亡くしたAさん　117
　　　③「子産み」を書いたBさん　119
　　　④新聞社経験がいきる高井さん　120
　②識字　～文字を獲得する学び　123
　はじめに　123
　　1．ひとつの識字教育実践　123
　　　（1）在日韓国人女性との出会い　123
　　　（2）ノンフォーマル・エデュケーション　125
　　　（3）事業化の構想　126
　　　（4）大田区「読み書き教室」の歴代参加者　130
　　　（5）「読み書き教室」参加者の声　132
　　　（6）「読み書き教室」の発展　133
　　2．識字教育の事例に学ぶ　136
　　　（1）福生市公民館　136
　　　（2）高知県南国市　138
　　　（3）大阪府高槻市　139
　　　（4）北九州市の自主識字教室　140
　　　（5）横浜・寿識字学校　141
　　　（6）神戸の自主識字教室　143
　　3．日本と世界の識字問題　143
　　　（1）日本の識字問題への対応　143
　　　（2）世界の識字問題　145
　③家庭教育論　146
　　1．家庭教育の今日的課題　146
　　2．二つの家庭教育観　147
　　3．家庭教育論の系譜　～9つの視座から　149

# 第Ⅲ部　社会教育の団体を考える ……………………………… 157

## 第1章■社会教育団体とは何か　～歴史的考察～ ……………… 158
　①用語の説明　158
　②社会教育団体の代表例　～青年団史を通して　159
　　1．明治初年の社会統制と青年団　159
　　2．国家権力と通俗教育　162
　　3．軍国主義の時代と官製青年団　166
　　4．権力の統制に抵抗する青年団　～通俗教育から社会教育へ　168
　　5．青年団自主化運動の限界　171

## 第2章■法制面からみた社会教育団体 …………… 173
- ①戦前から戦後の団体政策の変化　173
- ②団体の定義と認定の問題　174
- ③求めに応じた指導・助言　176
- ④統制的支配と干渉の禁止　178
- ⑤補助金をめぐる考え方　180

## 第3章■社会教育法「大改正」と社会教育団体への補助金支出 ………… 182
- ①法「大改正」のポイント　182
- ②憲法89条と「教育の事業」への公金支出　184
- ③法「大改正」をめぐる論議の概要　187
- ④社会権的教育権論の登場　192

## 第4章■現代における社会教育団体と行政 …………… 196
- ①社会教育団体の事例研究　196
  1. PTA　196
  2. 趣味・学習グループ　198
  3. スポーツグループ　200
- ②団体は行政とどのような関係があるか　201
  1. 団体登録制　201
  2. 施設使用　203
  3. 公金の支出　204
  4. 名義使用　205
- ③新たな課題　206
  1. 情報公開と社会教育団体　206
  2. NPOと社会教育団体　208

23区の特色ある社会教育・生涯学習実践 ……………… 210
東京23区社会教育施設等の最新情報 ……………… 212

あとがき ……………… 218

索引 …… 220

| | | |
|---|---|---|
| [コラム❶] | 一人の住民の声を受け止めて | 12 |
| [コラム❷] | 社会教育主事の専門性 | 17 |
| [コラム❸] | 開かれた学校づくりの取組み | 23 |
| [コラム❹] | 社会教育関係団体への補助金支出の小史 | 42 |
| [コラム❺] | 社会教育主事を目指した動機 | 49 |
| [コラム❻] | 障害児の学校週5日制への対応 | 59 |
| [コラム❼] | 広い視野から巧みに仕掛ける | 63 |
| [コラム❽] | 問題意識をもって仕事に取組む | 76 |
| [コラム❾] | 学校教育と社会教育の新たな教育統合 | 130 |
| [コラム❿] | 長期間キャンプの教育的意義 | 153 |

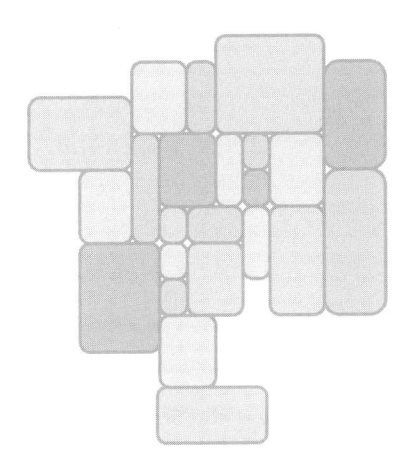

# 第Ⅰ部

## 社会教育の行政を学ぶ

## はじめに

　第Ⅰ部では、社会教育行政について様々な角度から解説している。社会教育主事になるための資格やその取り方、資格の活かし方、そして社会教育に関する基礎的な理解をするための諸側面について解説している。特に、社会教育行政は社会教育法の性格からくる地域ごとの特色が著しい分野であることをここでは具体的に述べており、最近の動向にも触れているので実態把握をするうえでも十分に役立つ内容となっている。

## 第1章 社会教育主事の資格

　社会教育主事は社会教育の専門職であり、その資格要件は社会教育法[*1]（以下、「法」という。）で定められている。教育公務員特例法[*2]では、指導主事と並び「専門的教育職員」と規定される。大学の授業で初めて社会教育の魅力にひかれ、社会教育の道に進みたいと思う学生は少なくない。筆者もその一人である。ではどのように資格を取るのかといえば、大学の課程で学ぶ、社会人となってから資格を取得する、の二通りの方法がある。大学では社会教育主事課程とか社会教育主事講座などと呼ばれる専門のカリキュラムに基づいて学ぶのであるが、その方法は、必修科目のほか選択科目の中から自分の興味ある科目を履修して必要な単位を取得して資格をとる。一方、社会に出てから資格をとるには、教員か公務員の身分で夏休み期間や特定の期間に集中的に講習会に参加して資格を取得することができる。これに関し最近法改訂がされて、一定の条件を満たす民間人も社会教育主事になれる道が開かれた。

　いずれにしても、このようにして取得した資格は、あくまでも"基礎資格"であり、大学で資格を取ったからといってすぐに「社会教育主事になる」わけではない。というのは、法で社会教育主事になるための資格要件が定められているからである。これは公務員となり社会教育主事の仕事に就けたとして

---

[*1] 社会教育法； 1949年（昭和24）に施行された法律で、社会教育主事の資格等は法第2章に規定されている。
[*2] 教育公務員特例法； 第2条で教育公務員とは国立・公立学校の学長・校長・園長、教員及び部局長、並びに教育長と専門的教育職員をいうと規定され、同条第5項で専門的教育職員とは指導主事及び社会教育主事をいうと明記されている（1949年施行）。

も、その役所から直ちに「社会教育主事の発令」がされるのではない、ということをいっている。法は大学で資格を取得した場合は、1年以上「社会教育主事補」の職にあった者を、社会教育主事の有資格者とすることを規定している。だから、大学で社会教育主事の資格を取っても、それは"任用資格"とも言われる。すなわち、社会教育主事補の仕事をしてから1年以上経過した後に、社会教育主事に発令される任用上の資格を獲得したという意味である。

役所の場合、行政改革の波をかぶって社会教育主事の独自選考をする自治体は減少の一途をたどっている。専門職を増やすのでなく、役所の職員の中から社会教育主事の有資格者を社会教育の現場に配属するという人事方針が一般的になっているのではないかと思われる。一般公務員試験に受かって社会教育の現場に配属されるときに、社会教育主事の資格を有するかどうかが実際に問題となる。公民館活動を活発にして市民の学習交流活動を促し、その中からまちづくりの担い手が出てきてほしいと考える自治体では、有資格者を優先的に社会教育の現場に配属しようとするであろうから、その場合に資格が活かされるということになる。

社会教育主事の資格は、役所のほかではどのように活かせるのであろうか？
行政改革の進行で、それまで役所が担っていた業務を行なう財団や公社などの第三セクター*3と呼ばれる組織が生まれている。社会教育や文化振興に関わる財団や公社が社会教育主事有資格者を採用して、その業務を担当させるという形態が存在する。また、民間企業で企業内研修の担当として社会教育主事有資格者を配置したり、大都市中心に活発に展開するカルチャーセンターで講座の企画を担当したりするなど、民間企業での資格の活かし方がある。さらに、昨今は公共の観念が役所だけにとどまらずNPOなど民間にも広がってきているが、こうした非営利活動団体で社会教育主事の資格を活かす道が開けてきた。学校の教員も、社会教育主事の資格をもっていれば、子どもの放課後の過ごし方や地域との関わりなど教育の奥行きや幅、質の面でも保護者の期待に十分応えられる可能性がある。一般市民としても、この資格を活かすことができる。仕事のないときあるいは仕事をやりくりしての自由時間を、キャリアアップや自己実現、生きがいのために学ぶ。また学びを通した情報収集や人とのつながり、各種施設の使い方などについて、社会教育主事の資格取得のために学んだ人はいきいきと快活な生活を築いていくこと

---

＊3　第三セクター； 役所（第一セクター）と民間（第二セクター）が共に出資して設立した組織であることから、そう呼ばれる。セクターとは部門の意。

ができるであろう。

　このように、役所だけでなく社会教育主事の資格を活かす領域が拡大し、就職や社会活動を考えたとき、自己の関心に基づいた情報収集によってより自分を活かす道が開かれる。周囲をよく見渡せば、有名人でなくともモデルとなる人がたくさんいる時代である。

**コラム■社会教育主事の視点**

　ここでは、筆者の社会教育主事経験をもとに、社会教育主事と変わらない能力を発揮する同僚もいる職場集団の中で、社会教育主事として大切にしてきたこと、自己の教育実践を通して大事にしてきたこと、社会教育独自の役割にこだわってきたこと、学校教育と社会教育の関係性の中で考えられること、自分が関わりを持った仕事を通して見たことなどをコラム風にまとめた。なおこの稿は、筆者の社会教育主事仲間である堀越幾男氏（前足立区教育委員会）のご協力をいただいたことを付記する。

C O L U M N 1

## 一人の住民の声を受け止めて

　学校教育は集団教育である。社会教育でも集団教育は行なわれるが、一人の学習希望者がいれば、学習・教育が始まることもある。筆者は、ある区民から日本語の読み書きを学びたいという希望を聞き、迷い悩みながらもマン・ツー・マンの方式を編み出した。しかし、それにとどまることなく、そうした学習ニーズは社会には少なからず存在すると確信のようなものに突き動かされて、正式に「日本語読み書き教室」の事業化を構想し、幸運にも間もなく実現させることができた。

　事業を始めてから数年間、日本人学習者の存在が常に私の関心事であった。それはなぜか？　その背景には私が参加した職場内外の研修や外部機関の研究会で得た知識と実感があり、"世界に冠たる高識字率の日本社会"で、文字の読み書きに不自由しているために仕事や子どもの学校との連絡や生活の様々な場面で支障のある人々が、一人でも多く参加してほしいという願いがあったからである。（荒井）　　〔第Ⅱ部第4章②識字に詳細〕

# 第2章 社会教育とは何か

　社会教育という言葉から連想するのは、社会すなわち一般社会人に対する教育という文字面から来る印象であるかもしれない。これはあながち誤った社会教育観とはいえない。なぜならば、戦前のわが国社会教育の歴史は、そうした一般的な理解をさせるような内実をもっていたからである。すなわち戦前の社会教育は、国民を国家目的のために動員することを旨としていた。現代社会教育のように国民の自主性を尊重するのではなく、国家の方針を理解させ従うように仕向ける役割を果たしたのが社会教育であった。国家目的とは煎じ詰めれば戦争の遂行であり、国民がその子どもを学校に入学させ立派な戦士になるための教育を受けさせること、兵士を送りだす家庭は「銃後の守り」をしっかり行なうことであった。端的にいえば、戦前社会教育とは保護者や一般民衆を学校に集め、社会教育主事が上記のような内容の演説をして国民をいわば洗脳するものであった。だから一般国民が、社会教育に対し悪いイメージや、現代社会からみれば誤った社会教育観を抱いたとしても不思議ではない。

　このような歴史をもつわが国社会教育は、戦後新しい民主国家となって初めて法律で社会教育の基本を定める方式が取られた。1949年（昭和24）6月には社会教育法が公布施行され、社会教育の世界も、戦前では天皇のもと国家官僚の指示命令によって国家のすべての物事が進められていた勅令主義から、戦後民主国家の法令主義へと大きな転換がなされたのである。その結果、社会教育とは法令上は「学校の教育課程に基づく教育活動を除く、主として青少年及び成人に対する組織的な教育活動（体育及びレクリエーションの活動を含む）」（社会教育法第2条　社会教育の定義より）を指すことと明確に規定されたのである。これを噛み砕いてわかりやすく整理すると、「社会という場において行なわれる教育」と考えることができるだろう。では、社会教育が行なわれる場には、どのようなものがあるのだろうか？

　まずは公民館など「社会教育施設」と呼ばれる行政部門、次に大学や高等学校が行う一般市民向けの公開講座、さらにカルチャーセンターなど民間教育文化事業と呼ばれるもの、企業内教育といわれる職場の研修、校庭や体育館、教室を一般利用のために提供する学校開放、そしてボーイスカウト

やサッカーチームのように団体で行なう活動などが社会教育の場ということになる。

その説明の前に、社会教育をめぐる用語使用上の混乱がみられるので、それを解消して、正しい用語の理解をしておきたい。

## 1 社会教育、生涯教育、生涯学習

1965年（昭和40）、わが国に「生涯教育」の概念が紹介された。ユネスコの成人教育会議に出席した波多野完治・御茶の水女子大名誉教授が、帰国後世界の新しい教育の潮流を広く普及しようと努めた結果、「生涯教育」について徐々に教育界で認識が広まっていく。

生涯教育は新しい概念だとすぐ飛びついた人もいて、古いイメージを抱えたままの社会教育を新しい時代にふさわしい名称に替えようと、こうした人々の格好の関心事となる。生涯教育はいわば"上から目線"の用語だから、「生涯学習」にしようなど、さまざまな意見が現われる。行政組織名が社会教育課から生涯学習課に替わった例もあった。文部省（当時）は、こうした状況に危機感を抱いたのか、文部省内に掲示した正しい用語の使用についての掲示物を全国に配布するほどであった。こうした動きにもかかわらず、行政をはじめ各所で用語の混乱は後を絶たなかった。

生涯教育は、家庭教育、学校教育、社会教育の教育の営みを統合する概念であり、実態のない用語である。用語の使用が混乱している中で、正しい理解をするために、このことをまず押さえなければならない。英語では「Lifelong Integrated Education」と表現されるように、「Integrated」の概念が重要である。「統合された」とは、すべての教育の営みを統合して教育の効果を高めようとするところに「生涯教育」の重要なポイントがあるという意味である。統合とは、例えば家庭と学校については、相互の理解と協力によって子どもたちが生涯にわたって自ら主体的に学ぶ姿勢、学力を身につけさせようというのが今日の学校教育の目標となっている。そのように、それぞれの教育領域の基礎の上に次の教育の役割が果たせ、生涯にわたって学習し続けることが実現できると考えるのである。社会教育との関連では、学校教育で基礎学力を身につけた若者は上級学校に進学して自己実現のために学習を続け、卒業するや自己の興味関心に従い、あるいは必要な場合は自ら学習機会を選択して学習を続けていくことが生涯教育の考え方である。

文部省（当時）は、学習する人々の側からとらえた概念は「生涯学習」であり、「生涯教育」は人々の生涯学習を援助する側からとらえた概念である、と用語使用の混乱を整理しようと試みた[*1]。この概念整理からしても、特に地方自治体の行政組織の名称を「社会教育」から生涯教育や生涯学習に変更する場合、学校教育に関する業務を新名称の組織が含まない名称変更は不適切であると言えよう[*2]。つまり、あたかも社会教育の用語はもう古いなどという周囲の意見だけで、単に社会教育を生涯教育や生涯学習に変更して社会教育の語は使用しないなどということは、概念上の混乱を助長するだけである。社会教育に関わる住民の正しい認識にも大きな影響を与える組織名の変更は、とりわけ慎重かつ見識のあるものでなければならない。

［社会教育の定義］
　法第2条は、社会教育を次のように定義している。

> この法律で「社会教育」とは、学校教育法（カッコ内、略）に基き、学校の教育課程として行われる教育活動を除き、主として青少年及び成人に対して行われる組織的な教育活動（体育及びレクリエーションの活動を含む。）をいう。

　これは行政が関わる社会教育を定義したもので、社会教育一般を定義したものではない。国民の自主的な社会教育にふれることをあえて避けている。社会教育法は、この国民の自主的な社会教育を盛んにするための行政の任務を規定した法律である。行政がかかわる社会教育とは、要するに学校の教育課程のもとに行なわれる教育活動以外で行政が関わりをもつ教育活動を指す、ということである。ということは、例えば学校の「部活動」は社会教育になるのか、それとも学校教育なのかについてまず考えてみよう。
　「部活動」は教育課程に基づく教育活動であろうか？　一般に"課外活動"と言われるように、「部活動」は生徒・学生の興味関心によって成り立つ集団活動で、課外とは教育課程外という意味である。人々から見える実態からは

----

[*1] 文部省『教育改革の推進～現状と課題』（文部省教育改革推進本部編集、昭和62年）
[*2] 文部省及び文化庁の要職にあった岡本薫は、文部省が社会教育局を生涯学習局に改組した際に、生涯学習局は従前の社会教育局が持たなかった「学校教育、社会教育、スポーツ、文化」全体にわたる「企画・調整」という機能を持っているのに対し、都道府県教育委員会の場合は、改組にあたり学校教育に対する調整権限を持っている例はほとんどないと述べている。（『行政関係者のための　新版入門・生涯学習政策』財団法人・全日本社会教育連合会、平成11年）

「部活動は学校で顧問教諭の指導のもとで行なわれているので学校教育である。」という理解が多いと思われるが、法規定からは「部活動は社会教育である。」と言うべきである。

このように部活動だけでなく、放課後や夏休みなど長期休業中の生徒・学生の教育活動は、法規定上は社会教育ということになる。ピアノ、習字、舞踊などのお習いごとや学習塾、スポーツや芸術のクラブ、さまざまなボランティア活動などは、生徒や学生の技術向上を目指すだけでなく、集団生活などを体験することによって人間形成にも大きな効果をもたらす。

学校から目を転じてみると、社会人はさまざまな社会教育に接している。公民館の講座や大学公開講座に参加する、カルチャーセンターや各種学校の講座に通う、会社では職務能力向上のために研修が盛んに行なわれる、休日には地域のスポーツクラブで汗を流し時に試合にも出る、合唱団や絵のサークルで活動する、図書館や博物館で多彩な知的刺激を受けて過ごす、保護者有志で子どもの健康に関し講師を招いて学習会を開く等々、年齢を問わず実に多様で広範な社会教育が展開されているのが社会の実相である。

行政がかかわる社会教育だから、法規定には教育の内容や価値をイメージするものはない。それは社会教育の性格上当然のことであって、行政が教育の内容や価値に関与することはしないのである。なぜなら、それは社会教育が人々の興味関心から生まれる自主的な教育活動だからである。人々が決定する教育内容は、行政が関わらないというのが戦後社会教育の重要な出発点だった。戦前の社会教育の歴史を知るとその意味がよくわかる。このように法規定では、社会教育の領域や対象を示すにとどまり、教育の内容や価値についてはふれていない。

社会教育研究者の島田修一は、社会教育とは「くらしをひらく知恵と力をつける営み」だと明確に定義づけた。島田はまた、「社会教育とは、成人の自己教育活動を組織するいとなみである」とも言う[*3]。教育とは、学習そのものではなく、学習する意思を育てたり、学習活動を援助したり、それを発展させたりするいとなみであると、教育と学習を峻別する島田だからこそ、そのような概念規定をするのであろう。法第3条（国及び地方公共団体の任務）の条文中には「すべての国民があらゆる機会、あらゆる場所を利用して、自ら実際生活に即する文化的教養を高め」という文言が刻まれている。これを

---

*3　島田修一「社会教育の概念と本質」（島田修一・藤岡貞彦編『社会教育概論』青木書店、1982年）

社会教育の定義とする考え方もある。

　もう一人の社会教育研究者の吉田昇[*4]は、この第3条を引き合いに出して「事実、国民はとくに自分たちの生活に直接関係（中略）する問題が生じたときに、教育を行なおうとする要求、教育を受けようとする要求は大いに高まる」として、「やり方によっては政治・経済の問題に正面からぶつかることになる。」と、社会教育では学校教育以上に政治・経済との厳しい緊張関係をもつこともあると述べている。

　社会教育が成人を中心とする教育の領域であるからこそ、社会の動きと密接な接点をもつことになるところにその特性がある。社会教育の性格を一言で語れば、それは多様性ということであり、大人の学習は、趣味や生活を豊かにという動機で行なわれるものから、身近な生活課題や地域課題の解決のために学習が不可欠となるものまで、広くて深いものである。

＊4　吉田昇「社会教育とは何か」（小川利夫編『現代社会教育の理論』講座現代社会教育Ⅰ、亜紀書房、1977年）

COLUMN 2

## 社会教育主事の専門性

　筆者も、大学で社会教育主事任用資格を取得した一人である。大学では教育学を専攻し教育の大切さや本質を考えていたので、制度化され様々な制約条件のある学校教育より、自由で可能性の大きい社会教育に漠然と魅力を感じて社会教育の世界に身を投じた。

　入ってみると、周囲の社会教育主事は学校教育経験者が主流であった。その流儀とすり合わせしながら徐々に自分のスタイルが身についていき、自信のある仕事ができるようになっていったように思う。私は社会教育主事として身に付けるべき素養として、企画力、推進力、表現力（言葉、文字、態度による発信）、検証力といったものが必要と考えて長年仕事に当たってきた。昔から「3P論（プランナー、プロデューサー、プロモーター）」と言われてきた社会教育主事の専門性である。若い職業人が自分の仕事に自信をもつためには、モデルとなる先輩を見習って、真似をし、自分なりの工夫を加えるというプロセスを何度も経ていくうちに自分なりのスタイルができてくるのではないだろうか。（荒井）

## 2 公民館など「社会教育施設」と呼ばれる行政部門

　わが国は戦後民主教育の出発点に当たり、占領軍の影響下で教育改革の先導役を担ったＣＩＥ（Civil Information Education Section 民間情報教育局）の指導によりアメリカ合衆国の教育制度を導入した。教育委員会はその産物であり、区市町村長の首長や議会から一定の独立をして教育の政治的中立性を保持するために教育委員会制度が発足した。以後さまざまな変遷を経て今日もこの制度は存続している。教育委員会は一般的には学校教育と並び社会教育や文化財部門をつかさどる。

　社会教育の組織は、教育委員会事務局の社会教育課ないし生涯学習課が元締めであり、市民の学習・教育・交流の場として公民館や生涯学習センターなどを管理運営する仕組みとなっている。教育の原則から言えば、市民の学習・教育は公民館で行ない、方針や計画の策定、予算編成等条件整備に当たるところは社会教育課や生涯学習課が行なうものである。これは学校教育を考えれば当然のごとく理解できることであるが、社会教育の世界では法律上は教育委員会が学習機会を提供するなど直接学習に関わるという規定がなされている（法第5条　市町村教育委員会の事務）こともあって、全国的にはあいまいな実態もある。

　公民館で開かれる各種講座は、国民一般にとって最も身近で親しみやすい社会教育の一つである。公民館運営審議会で決定された事業方針に則り、定期講座が企画され、公民館報によって広く周知がされて地域の住民が講座に集まってくる。また、同好の士が講座終了後などにクラブをつくって、時に講師の指導を受けながら仲間とともに学びを継続する姿も公民館でよく目にする。こうして人々に近い距離にあって暮らしと密着した学習活動が展開されているのが公民館である。最新の調査によると全国で15,943館、講座等の数は448,864というデータが示す実態である[*5]。

　大都市を中心に、必ずしも法規定によらず、社会教育会館や社会教育館、文化センターなどという名称を付けて公民館と類似の目的をもち活動を進めている例もある。

---

＊5　平成20年度　文部科学省「社会教育調査報告書」

### 3 大学や高等学校が行なう一般市民向け公開講座

　大学や高等学校は、高校生や大学生に対する教育や学問的研究を本務とする教育機関であるが、同時に一般市民向けにその教育機能を開放する公開講座を広く実施している。大学に関して、日本の大学が一般市民に対する教育活動を行なうようになったのは、さほど歴史があることではない。近年の市民の学習要求の高まりとそれを受けた国の積極策があり、大学の内発的な動機も重なって大学の公開講座は盛んになっている。

　国立大学は、社会に開かれた学校づくりという文部省の方針が公開講座の実施を促進したもので、従来の教育・研究活動に加えて社会貢献・地域貢献活動が重視されるようになり、全国の国立大学で公開講座が開設されている。

　高等学校の場合は、公立校で公開講座が盛んに開かれている地域と、全くそういう動きのないところがある。東京都は前者の事例で、同教育委員会の明確な方針がある。教育委員会基本方針に生涯学習の充実を掲げ、「人々が生涯を通じて、自ら学び、文化・スポーツに親しみ、社会参加できる機会の充実を図る」ほか、学校経営の改革の推進を基本方針として「都民に信頼される魅力ある学校づくりを目指した自律的な学校経営への改革を支援する」ことを明らかにしている。この基本方針に基づき、公開講座に関して「東京都教育委員会では、学校教育上支障のない限り、都立学校を広く開放し、都民の学習・文化・スポーツ活動の振興に資するとともに、地域に開かれた学校づくりを促進するため、都立学校の教育機能と施設を開放することを目的として『都立学校開放事業』を実施しています。」と東京都ホームページにその考え方を掲載し、広く都民に周知している。

　その具体化として、都立学校公開講座を実施する上で「都立学校が有する人材・施設設備・教材等の教育機能を開放し、都民に学習機会を提供する事業として、実施します。」と趣旨を説明したうえで、都立学校開放事業データベースを構築して利用者の便宜を図っている。講座参加希望者は講座の種別、開始時期、学校名別、所在地別の情報群の中から、自分の関心や都合によって情報を絞り込み、電子申請できる仕組みになっている。

　首都圏では東京都のほか、埼玉県、神奈川県、千葉県などが県立学校の公開講座を実施しているが、公立高等学校の公開講座は県民ニーズや学校の事情などがあって、必ずしもどの道府県でも実施されているわけではない。

### 4 カルチャーセンターなど民間教育文化事業

　大都市に立地する朝日カルチャーセンター、読売文化センター、NHK文化センター等の大型カルチャーセンターのほか、中小の民間事業者が多数存在するこの分野である。中小の中にはローカルな駅周辺のカルチャー教室や水泳等のスポーツクラブのほか、町の私塾で書道、ピアノ、英語、舞踊など各種の「教室」と言われるものも民間事業者である。公民館等の行政部門と異なる趣向の学習メニューを豊かに提供する民間事業者は、都市住民の学習関心を幅広く受け止めて一時期は急成長した。基本的には営利目的の社会教育と言えるが、人々が興味をもつ学習メニューを継続して提供する社会的な役割がある。

　平成7年9月、広島県教育委員会は文部省に向けて、民間事業者が公民館を使用してよいかとの照会を行なった。これに対する文部省の回答は、使用させても良いというもので、このやりとりは即刻全国都道府県教育委員会教育長宛に通達された。それまで、営利事業者が公民館を使用することは、法規定もあって一般に考慮されていなかったので、この通達の意味は大きい。すなわち、広島県教育委員会は法2条のいう社会教育の範囲に民間事業者を含むという解釈をした。また、民間事業が法20条の目的に合致し22条の「公共的利用」である場合に、公民館が23条の「営利事業を援助する」ことにならなければ、公民館を民間事業者に使用させても良い、という解釈も行なった。いずれの解釈も文部省が認めたわけであるから、その後少なくも広島県では公民館を使用して民間事業者が"社会教育"事業を行なっているものと思われる。

### 5 企業内教育といわれる職場の研修

　学校卒業後は、就職した会社で新人研修を受けることになる。仕事に慣れ経験を積んでからも係長昇任や課長に昇任すると管理監督者研修や幹部研修に参加して、職務遂行に必要な知識や技術を修得したり、対応法を身につけたりしなければならない。このように社会人になってから職場で受ける教育や訓練を、一般に「企業内教育」という。この教育は企業等事業所がそうした教育や訓練を必要と考え、研修計画に基づいて行なわれるため、研修参加者（社員ないし従業員）のモチベーションは必ずしも高くないと言われる。

　勤労者は、当然のことながら仕事以外にも趣味やスポーツに興味関心をも

ているし、学んでみたいと思うことのある人々がいる。将来のキャリアアップのために、また純粋に学問的な関心から学習したいと思う人もいる。中には仕事人間といわれるタイプもあるが、長い人生を考えると、一生仕事だけで生きていける人は限られる。多くの人は、定年退職後あり余る時間をどう過ごすのか、という問題に直面するから、現役世代のうちに趣味やスポーツの技術を磨いておくと、時間をもてあますこともなく、充実した後半生が送れる。

　そう考えると、現役中に趣味やスポーツ、興味あるテーマの学習を早くから始める方がよいということになる。いわゆる自己啓発である。そうはいっても、大方の社会人は仕事中心の生活で、職場では仕事に関係する課題は学べても、自己の関心事を深める機会は望み薄である。事業所によっては、自己啓発に役立つ各種講座の情報提供をしたり、参加者に助成金を支給したりするところもあるが、欧州の数か国ですでに取り組まれている「有給教育休暇」制度（第Ⅱ部第2章で紹介）は、わが国の場合まだ進んでいない。

　「有給教育休暇」とは、文字通り年次有給休暇と同様、自己の関心で教育機会に参加する場合に有給休暇扱いになるという制度である。企業内教育はもちろん勤務時間中に行なわれるので、有給教育休暇もそれと同じ扱いになるが、わが国で有給教育休暇制度を採用する事業所は、厚生労働省の調査[*6]によると全体のわずか4.5%に過ぎない。

## 6 学校開放

　次に、小学校から大学までの学校で行なわれる社会教育について考察してみよう。一口に学校開放と呼ばれるものには、二通りある。一つは学校の施設設備を一般市民が使用できるようにするものと、もう一つは学校で働く教職員の教育力を一般市民の学習に活用するものである。前者を施設開放、後者を機能開放と言う。施設開放は、子どものスポーツクラブなどが体育館や校庭を使用してクラブが掲げる子どもの育成目標に向けて練習や競技会を行なう。最近は音楽サークルが音楽室を使用したり、ＰＴＡなどの団体が少子化で児童数が減ってできた余裕教室を転用した会議室を使用したりしているケースもある。機能開放は、大学や高校では先生たちが講師となって一般市民対象に公開講座を開くなど、公民館やカルチャーセンターなどとは趣を異にした特色ある学習の機会を提供する実態が広がってきている。

---

＊6　厚生労働省「平成14年度就労条件総合調査」

いずれの開放形態も「学校教育に支障がない」ことが前提となる。この大原則は社会教育の立場と学校教育の立場で若干ニュアンスが違ってくる。社会教育法は第44条（学校施設の利用）で「学校の管理機関は、学校教育上支障がないと認める限り、その管理する学校の施設を<u>社会教育のために利用に供するように努めなければならない。</u>」（下線、引用者）と規定する。一方、学校教育法は第85条（社会教育への利用）に「学校教育上支障のない限り、学校には、社会教育に関する施設を附置し、又は学校の施設を<u>社会教育その他公共のために利用させることができる。</u>」（下線、引用者）と規定し、下線部分に両法の性格が表われている。すなわち、社会教育法は積極的に学校を使用して社会教育を振興しようという姿勢が見えるのに対し、学校教育法は「利用させることができる」として、やや消極的な姿勢がうかがえる。

　ところで上記学校教育法の規定は、国公立私立学校すべてにわたってこの規定を適用する趣旨であるのに比べ、社会教育法は第43条で「社会教育のためにする国立又は公立の学校（カッコ内、略）の施設の利用に関しては、この章の定めるところによる。」と、私立学校を除外している。これは、教育基本法第7条第2項において「国及び地方公共団体は、図書館、博物館、公民館等の施設の設置、学校の施設の利用その他適当な方法によって教育の目的の実現に努めなければならない。」と、国と地方公共団体に関する規定がされているのを、社会教育法で強調する必要があったからである。すなわち、私立学校にはその独自性を尊重し、学校施設の利用に関し法の適用をゆるやかにする精神も含まれている。学校開放についてこのような法規定によって、国及び地方公共団体は、国民の税金で管理運営する学校を社会教育振興のために有効に活用していく責任を負ったのである[7]。

　今日、「開かれた学校づくり」が随所で展開されているが、学校開放もその重要な分野の一つであり、一般市民の自主的な社会教育活動の場として一層の進展が期待されている。

---

＊7　『改訂　社会教育法解説』（財団法人全日本社会教育連合会、平成13年）

## COLUMN 3

### 開かれた学校づくりの取組み

　今や開かれた学校づくりの取組みは、多様な形で進んでいる。筆者は、足立区社会教育委員会議から「開かれた学校の在り方について」の提言を受けて、いかに実践すべきかを思い悩んだことがある。そこで、先行事例として参考にしたのが、栃木県鹿沼市のKLV（カリブ）という図書館建設運動をルーツとする図書館ボランティアである。

　当時、一般的に指導主事は、外部人材が学校に関わるしくみには反対であった。しかし、図書館ボランティアが学校図書館の環境整備をしてくれて、積んであった新刊図書にラベルを貼り、児童に貸出ができる実践の情報を入手した。これを契機に、指導主事は外部人材が学校に関わることの必要性を感じた。最早、学校教育は教員だけで成り立つ世界ではない。その後、筆者は、秋津小、三鷹第四小等の実践に学びながら新しい学校づくの在り方を考えてきた。（堀越）

## 7 団体が行なう多彩な社会教育活動

　上記2から6までの社会教育は、教育を職業としている人によって、一般市民や会社員を対象に学習機会が提供されているのに対し、この団体による社会教育活動は、教育を職業としないアマチュアが主に担っているところに特長がある。

　いま「新しい公共」という言葉がよく使われている。一昔前まで「公共」といえば役所、というくらい役所が公共的な役割の中心にいた。私たち市民の感覚も大方そういうものだった。しかしながら、阪神淡路大震災後に数多くのボランティアが災害救援活動に携わり、その大きな貢献が社会の注目を浴びて以来、市民活動の公共性がクローズアップされるようになる。それ以来市民が市民のために何らかの貢献をする、あるいはこれまで市民サービス分野と認識されてきた役所の業務の中には、市民の手によって提供できる部分

のあることが実践活動を通して見えてきた。
　法第3章は社会教育関係団体について規定がされている。その規定によらなくとも社会にはさまざまな団体、グループ、サークルが存在している。その活動主体、内容、場所は実に多彩と言ってよい。市民自らの発意と行動で「この指とまれ」と賛同する人々を集め、いわゆる同好の士がともに力を合わせて会の運営に当たる。会費を出し合い、必要な指導者を招いて学習する。進んだ団体は会員の学習だけでなく、社会に向けて学習会を開いて人々を誘い、学習の輪を広げている。
　このような市民による手作りの学習活動が盛んになってきている。ＮＰＯ法がその後押しをしている感もあり、特定非営利活動法人で社会教育を主な活動にしている法人も多いが、それだけでなく福祉活動など他の分野が主で、社会教育も行なうというＮＰＯも少なくない。ＮＰＯが主催して市民講座を開いている例もよく見られるようになった。

# 第3章 社会教育行政のしくみ

## 1 教育行政について

　「行政」とは何か。広辞苑によれば「国家作用の一。立法・司法以外の統治または国政作用の総称。即ち司法（裁判）以外で、法の下において公の目的を達するためにする作用。国務大臣以下の国の機関または公共団体が、法律・政令その他法規の範囲内で行う政務。」と説明されている。

　地方公共団体は、広域行政の都道府県と基礎自治体である区市町村とに分かれる。「国家または地方公共団体が、公的に承認された教育政策＝教育に関する施政上の方策を現実化する作用または行為」[1]をさす教育行政は、福祉、保健、建築、土木などの各行政部門と並ぶ行政部門の一つである。

　教育行政の作用は二つに分けられる。一つは、学校や社会教育施設等を設置・維持管理していく作用で、もう一つはそれらが行う教育、学術、文化活動等を規制あるいは助成する作用である。規制とは、就学強制や学校の設置廃止等の認可を指し、助成には指導、助言、援助、補助等が含まれる[2]。

　教育行政のほかに教育機関という用語もある。機関とは、病院が一般に医療機関と呼ばれるように、病院という建物において医師や看護師という専門職がいて患者の病気やけがを治す医療行為をする働きをするものである。これを医療施設とは言わない。一方、学校は教育機関と呼ばれるが、公民館や図書館、博物館の場合は教育機関と呼ぶより、「社会教育施設」と言うことが通例化している。これは社会教育法でこれらの施設を「社会教育施設」と規定していることが一因である。しかし、地方教育行政の組織及び運営に関する法律第30条では、学校、図書館、博物館、公民館を「教育機関」と規定している。法的位置づけはこのように法により異なる曖昧さを含んでいるが、本来は公民館という建物を住民が使うだけでなく、住民の学習・教育を援助する資格と専門性のある職員がいて、住民の暮らしと結びついた学習・教育を組織する力量を発揮して、地域に役立つ拠点として公民館が躍動するところに学習・教育機関たる機能が果たせることになる。

　教育行政と教育機関を、「外的事項」と「内的事項」の二つの概念で説明すると、教育行政は「外的事項」を、教育機関は「内的事項」をつかさどる。

---

[1]　『現代教育用語辞典』天城勲・奥田真丈・吉本二郎編、第一法規、昭和48年
[2]　同前

「外的事項」とは、教育活動そのものではない教育の外的な事項である。すなわち学校の用地を確保する、学校の建物を建てる、教室や音楽室など教育活動に必要な設備や備品を整える、教職員を採用し配置する、児童生徒の就学通知をする、児童生徒の健康診断をする、学校の統廃合を決める等々が具体的な事項である。これを教育委員会が担当するのである。

一方、「内的事項」とは教育活動そのものを指し、児童生徒に授業をする、試験を行ない成績をつける、児童生徒の生活指導をする、児童生徒の家庭と連携して個性にあった指導をする、等々児童生徒と直接ふれあってその人格的な影響下で指導育成を図る事項である。

社会教育の領域では、「外的事項」として社会教育振興計画の策定、公民館・図書館・博物館等の設置管理、必要な職員の採用と配置、等の事項があり、「内的事項」としては公民館・図書館・博物館における社会教育のさまざまな活動があげられる。講座や講演会・展示会の企画実施、図書資料の購入・貸出など多様な活動が社会教育の特徴である。

しかし、東京23区をはじめ大都市を中心に社会教育の行政分野では、教育行政と教育機関が学校教育のように明確に役割分担されることなく、講座の企画実施を教育委員会が行なったりして曖昧な状態が続いている。これを教育行政と教育機関の未分化という。

### 2 行政委員会

行政委員会（administrative commission）とは、複数の委員によって構成される、特定の行政権を有する合議制の行政機関で、一般の行政組織からある程度独立した地位にあるのが特徴である。大臣など単独の人を長とする独任制の組織とは異なる組織型の行政機関である。また同じく合議制の機関でも、審議会などと呼ばれる諮問機関と異なり、それ自身が行政権を行使する。イギリス、アメリカでとくに発達した制度であるが、日本には第二次大戦後の占領期に導入され、広範に設置された。［コトバンクより］

行政委員会は、政治的中立性を確保する観点から、首長の指揮監督を受けないで一定の独立性を維持している。普通地方公共団体に必置なのは、教育委員会、選挙管理委員会、人事委員会又は公平委員会、監査委員である。

教育委員会は行政委員会の代表的な機関で、概ね5名の教育委員によって構成される。教育委員の選任は、地方教育行政の組織及び運営に関する

法律第4条に「地方公共団体の長が、議会の同意を得て、任命する。」と明記され、委員による合議制の組織が教育委員会である。5名のうち1名が教育長となり、教育委員会事務局を統括する。

　教育委員会は、当該地方公共団体の教育に関する方針を定め、その方針を具体化する施策を実行するのが教育委員会事務局である。しかし、日常的には事務局が発案した事業すべてを教育委員会に諮ってから進めるわけではなく、基本的な方針を教育委員会の会議で審議して承認されれば、あとは方針に基づく事務局の数多くの事業は事務局職員の裁量を加えて実施される。

　制度の趣旨は、地方住民の教育意思を直接に反映し、素人の教育委員と教育の専門職である教育長を中心とする合議制[*3]の機関によって教育行政を運営しようとするところに見出せる。その趣旨にもかかわらず、実態は「教育委員会の活性化」が度重ねて指摘されてきた。いじめ問題等での適切な対応ができていないなど、発生する問題に対して社会が期待する対応の不十分さが、さまざまな事例から垣間見えている。その原因は、一つには行政主導によって教育施策が進められるため、教育委員会は単なる追認機関化していること、したがって教育委員の役割が、基本的な政策を首長・議会及び教育委員会事務局（教育長）が主導的に担うもとで個々の政策執行にあたり偏りや誤りがないかを大局的にみてチェックする[*4]機能にとどまること、二つには会議が必要の都度開かれることなく定例化していること、三つには制度の根幹にかかわる法的根拠の問題があること、が考えられる。

　法的根拠とは、教育委員は「地方教育行政の組織及び運営に関する法律」第4条の規定により、自治体の長が議会の同意を得て任命する仕組みとなっているため、首長との微妙な関係がその判断に影を落としていると思われる。このような背景で、教育委員の発言がどこまで可能であり、かつ重みをもつのか、が問われている。

### 3 社会教育行政を支える法体系

　憲法を最高法規とするわが国の法体系の中で、社会教育行政はどのような法的仕組みで成り立っているのであろうか？　社会教育のみならず学校教育を含む教育行政の世界も当然憲法が基盤である。特に「第3章　国民の権利及び義務」の各条項は社会教育を推進する上でも、基本的な理念をうたっ

---

*3 『現代社会教育用語辞典』駒田錦一・新堀道也・日高幸男・吉田昇編、ぎょうせい、昭和54年
*4 『解説教育六法』平成14年版、三省堂、2002年

ている。とりわけ第19条「思想及び良心の自由」、第21条「集会、結社及び言論、出版その他一切の表現の自由」、第23条「学問の自由」、第25条「健康で文化的な最低限度の生活を営む権利」、第26条「教育を受ける権利」などは、社会教育の様々な問題や場面で関係するところである。

　こうした憲法の規定に基づき、教育基本法がある。1947年（昭和22）公布施行された同法は、最近重要部分の改定がなされた。改定部分に関わるいくつかの論点をめぐって、教育における国家の権力的統制を正当化する、愛国心や公共心など道徳規範を強制的に内面化させる仕組みを導入した、政府に教育振興計画の策定権限を与え、国が教育内容の国家基準を作ってその達成度評価と財政配分を通して教育内容を統制する仕組みを盛り込んだ、改定作業が密室において非公開でなされた[*5]、などの批判があったが、教育基本法は2006年（平成18）12月に「改定」、施行された。

　「憲法の精神にのっとり、我が国の未来を切り拓く教育の基本を確立し、その振興を図るため」（前文）に同法は定められた。社会教育に関係する条項には第3条「生涯学習の理念」、第10条「家庭教育」、第12条「社会教育」、第14条「政治教育」、第16条「教育行政」、第17条「教育振興基本計画」などがあり、社会教育の諸活動に関わる基本的な理念がうたわれている。

　そして社会教育プロパーの法律が社会教育法である。この法律は1949年（昭和24）6月に施行されたもので、戦前戦中を通じわが国社会教育の歴史上初めて社会教育の法制化が実現し、今日に至るまで長くわが国社会教育行政の方針策定や事業実施の根拠とされてきた。

　社会教育法立案の当事者であった寺中作雄・文部省社会教育課長は、社会教育法制定の理由を「大きく国民の自由をもたらすために、自由を阻む方向に拘束を加えて、自由なる部分の発展と奨励とを策することも法制化の一の使命である。（中略）常に国、地方公共団体というような権力的な組織との関係において、その責任と負担とを明らかにすることによって、社会教育の自由の分野を保障しようとするのが社会教育法法制化のねらい」[*6]と述べている。

　社会教育法は、国民の自由な社会教育を保障するために、国や地方公共団体の役割や任務を規定したという性格を有するが、その主な内容として、

----
*5　姉崎洋一「社会教育からみた憲法・『改正』教育基本法」から、日本教育法学会会長・伊藤進の「教育基本法案の廃案を求める声明」を紹介。（『月刊社会教育』国土社、2007年6月）
*6　寺中作雄『社会教育法解説／公民館の建設』（現代教育選書55、国土社、1995年）

国や地方教育委員会の社会教育関係所掌事務の領域、社会教育職員としての社会教育主事等の任務・資格、社会教育関係団体や社会教育施設としての公民館・図書館・博物館、さらには学校開放・通信教育などについて、法的根拠を明記している*7。

しかし、法律の専門家からは義務規定があってもその義務を履行しない自治体に対する罰則規定のない法律は"ザル法"だとして、社会教育法の任意規定や努力義務規定の多さゆえに、国や地方の行政機関にとって抜け道を用意しているという意味の指摘がある。

社会教育法が公布、施行されて40年余り経過した時点で、地方社会教育行政の実態をよく知る小林文人は、次のように社会教育法の成果の到達点を総括している*8。

> 国家法制はそのまま地域・自治体に現実化されたわけではない。地域的に異なる多様な定着、いわば選択的な定着化といった状況がみられた。

小林が"選択的な定着化"と述べたのは、社会教育法の諸規定の随所に見られる「地方の必要に応じ」や「予算の範囲内において」という条文を、各自治体が恣意的に解釈した結果長い年月を経てその地方の社会教育の特徴を形成し定着をみたという現象を指していると思われる。「同じ法体系を基礎にし、社会教育行政という共通の領域にありながら、これほど地域格差を許している行政分野は他にないのではないか」*9という思いは、氏ならずとも社会教育関係者ならば同感するところであろう。

このような法的性格から、全国数ある地方公共団体は、いわば自由にそれぞれの方針をたて社会教育の振興策を立案し推進することができたのである。その結果は、同規模の人口をもつ市でも、公民館が複数あって活動も活発な市があれば、逆に公民館は1館もなく、学級講座もほとんど開かれない市もあるというような実態となっている。図書館や博物館においても市町村によって同様の落差が存在するのが社会教育行政の実情なのである。

学校教育、社会教育ともに、学校や人々の教育活動が活発かつ効果的に行われるために教育行政が果たす役割は大きなものがある。それを教育行政

---

* 7　千野陽一「社会教育の法」（碓井正久編『社会教育』教育学叢書 16、第一法規、昭和 47 年）
* 8　小林文人「社会教育・生涯学習の法制と行政」（小林文人・末本誠編著『社会教育基礎論』、国土社、1991 年）
* 9　小林文人、同前

の「条件整備」といい、社会教育法上は第3条の「環境醸成」の理念を重視する論もある。社会教育法の諸規定をもとに、各自治体が住民の社会教育活動を推進するために必要な最低限の水準の条件を整備するという考え方を"シビルミニマム"というが、残念ながら社会教育法の性格から自治体の整備水準は必ずしも一様でなく、全国どこの町へ行っても社会教育の条件整備の水準は同じではないというのが大方の評価である。社会教育研究者で日本社会教育学会会長や文部省審議会の要職を歴任した吉田昇は、こうした実情について、条件整備の水準は極めて遅れていると断言している[*10]。

社会教育の総合法としての社会教育法は、その第9条に「図書館及び博物館は、社会教育のための機関とする。」と規定し、各論としての図書館法（1950年施行）と博物館法（1951年施行）、文化財保護法（1950年施行）を有している。これらに続いて1953年に青年学級振興法、さらに時間をおいて1961年にはスポーツ振興法が施行されて、社会教育の分野ごとの法整備がなされていった。しかし、公民館だけは社会教育、公民館関係者の長年の願いと運動にもかかわらず、その法整備は不十分なまま現在に至っている[*11]。

ところで社会教育行政は、これらの法令のほか、他のどのような法令によって運用されているのであろうか。その分野は二分されて考えられている。第一は行政一般に適用される法令で、社会教育行政もこれら諸法令によって規制を受けている。第二は公教育一般または社会教育行政を直接的に規制する法令である。

後者には、すでに述べた社会教育に関係する諸法令がそれに当るが、前者には日本国憲法、教育基本法をはじめ、行政組織関係の主な法律として「文部省設置法」（1967年）、地方公共団体の組織・運営の基本を示した「地方自治法」（1947年）、地方教育行政の組織の基本を盛り込んだ「地方教育行政の組織及び運営に関する法律」（1956年）、人事行政の基本を定めた「国家公務員法」（1947年）と「地方公務員法」（1950年）、教育に従事する公務員を規定した「教育公務員特例法」（1949年）などがある。また公教育を進めるうえで言うまでもなくお金は不可欠な条件である。しかも公教育であるから税金を使う。その財政関係法として財政の基本を規定した「財政法」

---

[*10] 吉田昇「社会教育」（駒田錦一・新堀通也・日高幸男・吉田昇編『現代社会教育辞典』、ぎょうせい、昭和54年）

[*11] 公民館の市町村設置義務、公民館主事の専門職化、最低基準の設定、国庫補助の充実等を法制的に実現しようとする公民館単行法運動が、公民館関係者（全公連＝全国公民館連絡協議会、当時）による全国的な立法運動として取り組まれたが、単行法の制定には至らなかった。（小林文人、前掲）

（1947年）、「地方財政法」（1948年）、地方公共団体の財政均衡化を目的とした「地方交付税法」（1950年）、国庫補助金使用の基本線を示した「補助金等に関する予算の執行の適正化に関する法律」（1959年）なども、社会教育行政の展開を保障する法律として作用している[*12]。社会教育関係者は、これら法令にも関心をもたねばならない。

しかし、私たちはそれだけで十分としてはならない。かつて教育学者の宗像誠也がその著『私の教育宣言』[*13]で、わが国の教育に関する法規の「一つの奇妙な性質」と表現したのが、次の現象である。

> 上位の法規よりも下位の法規の方が決定的であり、教育内容に関する場合は、単に手続の問題だけでなく、その内容そのものを下位の法規、最後には法規ですらないもの、が決定する。

このことは筆者が長年地方社会教育行政に従事しての実感と重なるところもあり、見過すことのできない問題をはらんでいる。一般に行政運営は法令に基づき条例や規則が議会や教育委員会において制定されて実際の事業が企画実施されている。つまり、条例や規則が住民の社会教育を進める際の根拠となるのである。このことはよく知られている。識者も「地方公共団体が法令に違反しない範囲で制定するいわゆる自治法―『条例』『規則』も、法令の重要な分野を構成している」ことを忘れてはならないとして、戦後日本の『社会教育の法』の構造をより厳密に把握するために、これら条例、規則に至るまでも分析対象にしなければならなくなる、と述べている[*14]とおりである。

しかし、実はその根拠となるのは条例や規則だけではない。そこのところをよく見ていかないと行政の動きは十分につかめない。要綱、要領、基準、指針などと組織内で呼ばれる事業企画や運営の根拠となる法的性格をもつものが意外と多く存在するのである。これらは条例や規則と違って、自治体ホームページで自由に閲覧できるわけではない。それだけに何を根拠に事業が企画運営されているかを見ようとするときに、この要綱や要領の占める存在の大きさに私たちは注意を払わなければならない。

---

\*12 千野、前掲
\*13 宗像誠也『私の教育宣言』岩波新書、1958年
\*14 千野、前掲

# 第4章 「選択的な定着化」の考察

**用語の解説**

　一般に行政が行なう諸事業は、それぞれの行政部門ごとに定められている法制度を根拠として実施される。社会教育行政もその一つで、最高法規である憲法をもとに、教育基本法によって学校教育を含めた教育全般にわたる規定がなされ、社会教育法が社会教育行政の根拠法として1949年（昭和24）の法制定以後全国の区市町村の行政活動を支えてきた。

　しかし、社会教育活動の自由と自主性を尊重するという社会教育の本質から、これら社会教育関係法規は、他の行政分野と違って細かな規定をしていない。それだけでなく、規定によらない区市町村があっても、罰則規定もないのである。

　前章で紹介したように小林文人は、戦後になってわが国の社会教育史上初めて整備された社会教育の国家法制は、そのまま地域・自治体に現実化されたわけではなく、地域的に異なる多様な定着をしたとして、これをいわば"選択的な定着化"といった状況がみられた、と述べている[*1]。社会教育に関する法制度と実際の地域的な定着との関係について、この表現は巧みで実態をとらえているので、本書ではこの関係を"選択的な定着化"と呼んで、以後具体的な"選択的な定着化"の実相を考察することとする。

## 1 施設（学習の場の整備）
### 1. 公民館

　社会教育法第5条（市町村の教育委員会の事務）は、社会教育に関する事務を例示的に16項目にわたり列記している。しかし、その事務は「当該地方の必要に応じ」行なうこと、しかも「予算の範囲内において」とまで規定されている。公民館については、第5条第3項に「公民館の設置及び管理に関すること」と書かれている。加えて社会教育法第5章は公民館の章で、同法は全57条から構成されているが、その半数近い23条を公民館の規定が占めている。ということは、社会教育法では公民館に関する規定が半数近くに及ぶわけで、社会の一部に"公民館法"という誤解があるのも、このことが

---

＊1　小林文人「社会教育・生涯学習の法制と行政」（小林文人・末本誠編著『社会教育基礎論』国土社、1991年）

影響しているかもしれない。それだけ多くの規定を公民館に割いているにもかかわらず、区市町村に対し公民館の設置を義務付ける規定はどこにもない。

　このような法制度を背景にした各地方の実態はどう展開していくのか。当該の市が公民館は市民生活上さほど必要なものではないと考えれば、その市には公民館が作られない。また公民館がほしいと思っても、予算が厳しいから当面見合わせておこうという市もあるだろう。このように、この法規定は区市町村にとっては何が何でも公民館を建てなければならないという制約にはなっていない。社会教育法は、基本的に区市町村の自由度を尊重しているともいわれる。そのため、この法は区市町村を一律に統制する規定を避けたという解釈もなされている。

　法規定そのものがこのような曖昧さを含んでいるため、全国の市町村の公民館設置状況はまちまちとなる、とも言える。

　文部科学省が行なった平成17年度社会教育調査を拠り所に、全国の公民館の設置状況を見ることで、"選択的な定着化"の足跡を追ってみよう。館数の多い順に長野県1,852館、新潟県719館、山形県606館、宮城県548館、山梨県547館、埼玉県528館、北海道517館となっている。一方少ないのは沖縄県84館、東京都95館である。この中から長野県、新潟県、埼玉県、東京都を選んで分析してみたい。

　各都県の人口と館数の関係に注目し、公民館1館当たり対象人口を割り出すと、表1のとおり長野県が1,186人、新潟県が3,382人、埼玉県が13,360人、東京都が132,385人となる。この数字は、公民館1館当たりの人口であるから、長野県は他都県に比べ少ない市民を相手に活動できるのできめ細かなサービスの提供が可能になるという意味で、同県の水準が極めて高いことがわかる。これに引き換え、東京都は全国で沖縄県に次いで公民館数が少ないが、人口の多さを考えれば公民館1館当たりの人口は最も多くなる。このことから、東京では公民館のサービスが市民の隅々にまで行き届きにくいと思われる。

**表1　県別公民館指標（筆者作成）**

| 県名 | 対象人口／1館 |
|---|---|
| 長野県 | 1,186人 |
| 新潟県 | 3,382人 |
| 埼玉県 | 13,360人 |
| 東京都 | 132,385人 |

公民館の活動が活発か否かは、住民の関心と関わりの度合いによるだけでなく、職員の資質と熱意によるところも大きい。筆者はかつてある町の公民館主事が公民館報を各戸配布するという話を聞いたことがある。公民館報の配布を自治会や町内会にお願いする町もあるようだが、その町では職員が仕事として館報を配る。戸別訪問をして、ふだん公民館を利用している人なら顔見知りになっているので利用上の要望を聞く、近所の人に公民館利用を勧めた話を聞くなど、出てくる話題は尽きない。以前利用していたがこの数か月顔を見ていない人には様子を聞く、全然利用したことのない人には、公民館の敷居は高くないことを説明しきっかけとなりそうな活動を紹介しがてら館報の一読を勧めるなど、職員が直接地域を回って公民館報を配る意味は大きい。こうした活動の積み重ねで公民館と住民との距離が縮まり、より多くの住民が利用層になっていく。地域を歩くということは決して無駄な仕事などではなく、職員の重要な役割である。公民館の対象人口が少なければ少ないほど、こうした職員の地域活動がしやすくなるだろう。公民館主事は公民館の事務室で仕事をするだけではないのである。

　ということからも理解できるように、公民館の数だけが重要なのではない。言うまでもなく質を維持し向上させることも大切である。公民館1館当たり人口だけでなく、お年寄りや障がい者を含めた市民にとって公民館までのアクセスの良さ、職員の働き、住民の関心、そして何よりも魅力ある活動、これらが相まって公民館の必要性を多くの住民が感じて行政本位の公民館ではなく、住民に支えられた公民館に育っていくことになる。

　その公民館は市町村の方針や政策で設置されるのであるが、これは社会教育法第5条や同法第5章（公民館）の各条項を根拠に進められている自治体の努力の結晶とも言えるだろう。長野県では各市町村が公民館の設置に熱心で、こうした法規定を積極的に受け止めて長い年月を経て公民館の設置に予算と人員をつぎ込んできた。その成果が全国で最も高い水準を維持してきたところに現われている。長野県以外の都道府県では、域内市町村がそれぞれの方針や政策に合う形で法規定を選択し、公民館設置を進めてきてそれぞれの到達点がある。長野県ほど高水準ではないが、各都道府県の公民館施策の積み重ねが今日の状況を創り出し、長い年月をかけて定着してきた。このような意味で公民館の「選択的な定着化」が進んできたのである。

## 2. 図書館

　図書館は、公民館に比べて国民一般の利用率と文化的浸透度が高く、社会教育の中でも親しみがあって最も身近な公共施設といえる[*2]。平成20年度社会教育調査の結果を見ると、東京都が全国最多の図書館を有しており、その数で他道府県を大きく引き離している。とはいうものの、公民館の場合と同様に館数を人口と比較してみると、様相が異なってくる。

　表2は、上から館数の多い都道府県順に人口を図書館数で割り、1館当たりの対象人口を現わしたデータである。長野県は館数こそ5番目だが、対象人口は1万人台と群を抜く数字である。しかし、公共施設の整備は公民館の項でも述べたように、それだけで十分とは言えない。北海道や長野県のように広い面積を有する自治体では、交通網や道路網の発達などが十分でないと、住民は図書館に行こうと思ってもためらいやあきらめが出てくる。上述の公民館と同様に1館当たり対象人口を算出すると、上位を占めるのは、山梨県を筆頭に富山、長野、島根、鳥取など過疎県と呼ばれる地域である。その点、東京都、大阪府など大都市では、図書館数がある程度整備されれば交通アクセスに恵まれているので、多くの住民が図書館を利用することができる。

表2　県別図書館指標（筆者作成）

| 県名 | 対象人口／1館 |
| --- | --- |
| 東京都 | 34,042人 |
| 埼玉県 | 45,414人 |
| 北海道 | 38,510人 |
| 大阪府 | 62,864人 |
| 長野県 | 19,277人 |
| 福岡県 | 47,670人 |

　一方、都道府県人口1人当たりの図書貸出冊数をみると（カッコ内；冊数／右数字は上記1館当たり対象人口順位）、トップは滋賀県（9.22冊／14位）で続いて東京都（7.52冊／21位）、佐賀県（6.16冊／32位）、山口県（6.10冊／12位）、福井県（6.06冊／6位）の順になっている[*3]。このデータが物語るのは、図書館の数が多くあり、交通網も整った大都市で利用が多いということではなく、また1館当たり対象人口が少なければ住民の利用が増え

---

[*2] 文部科学省委託「学習活動やスポーツ、文化活動等に係るニーズと社会教育施設等に関する調査」（平成18年度）
[*3] 平成20年度「社会教育調査報告書」文部科学省

るというわけではないということであろう。図書館指標の中でも重要な貸出冊数のデータは、住民の図書館に寄せる関心の高さが大きな要因であることを示唆している。さらに現代図書館の魅力は、利用者の学習関心に寄り添ったレファランスサービスの充実、新刊本や人気本の提供、図書資料だけでなくレコード、CD、DVDの貸出、ハード面を含め高齢化に対応した利用促進策などにあると思う。

　国際的にもG7各国中人口10万人当たり図書館数で最下位の日本であるが、図書館資料費が年々減少傾向という厳しい現実に直面している。各自治体の努力に負うことは言うまでもないが、国の図書館政策に寄せる期待も大きい。

### 2 講座（学習機会の提供）

　ここでは、社会教育の分野で一般によく行なわれている講座ではなく、「選択的な定着化」の傾向が著しい例として障がい者[*4]が参加する社会教育事業を取り上げる。

### 1. 障がい別の事業

　知的障がい者の青年学級は、古くは東京の墨田区教育委員会が1964（昭和39）年度に開設したことに端を発する。この事業は、当時小中学校の「特殊学級」（現「特別支援学級」）と呼ばれた知的障がいのある生徒が学ぶ学級を巣立った義務教育修了者が、卒業後の生活支援策として、当事者や保護者などの要望を受けた教育委員会が、社会教育事業の形態をとって始めたものである。東京23区では、その後各区で知的障がいのある青年対象の学級が続々開設されていく。

　知的障がい者の青年学級の開設が一段落した頃、同じ東京23区内では、身体障がい者を対象にした青年学級を開設する区が出てきた。世田谷区は1976年（昭和51）にその先鞭を切り、大田区も8年後に開設した。さらに重度障がいのある区民を対象に、「社会教育訪問学級」を初めて実施した中野区に続き、大田区が1982年（昭和57）から取組んで現在に至っている。重度障がい者は日常生活では寝たきりで、外出が困難な人である。福祉の分野では、こうした人々に福祉サービスを届けることを"アウトリーチ"という概念で活動範囲を広げてきたが、希望者の自宅を講師が訪問してその求める学

---

＊4　「障がい者」の表記をめぐってさまざまな論議がなされる中で、本書では「害」の字を使用すべきでないという立場から、あえて交ぜ書き表記を採用した。

習を行なう活動が進められてきた。これは、社会教育の"アウトリーチ"というべき実践である。

　このように、障がい者と一口にいっても障がいの種類もあり、それぞれに対応した学習サービスが行なわれる必要がある。東京23区は、全国的に見ても先進的に取り組んできた。

## 2. 社会教育におけるノーマライゼーション

　最近、区市町村が主催する社会教育の講演会や講座で参加者を募集する際、広報などに「手話通訳をご希望の方は申込時に申し出てください」などと書いて、希望者を募るようになってきた。私たちは社会のさまざまな場面で手話通訳者のいる催しを見かけるようになり、以前のように珍しいものという目で見ることもなくなってきた。また、「要約筆記」についても、同様に希望者を配置することが行なわれるようになってきた。手話通訳は一般的になってきたが、「要約筆記」については、まだ十分に人々に知られていない。病気等の理由で中途失聴した人にとって手話を覚えることは時間と労力を要するため、地域社会には手話を覚えられない人も存在する。そうした人にとって「要約筆記」という条件整備は、ハンディキャップがあってもそれがない人たちと同じように関心あることが学べるという生活を保障する重要な鍵となっている。社会教育の広報は、そのPRにも一役買っている。

　社会教育の活動も社会の一部であるから、どの事業にも手話通訳や要約筆記が措置できることが望ましい。しかし、まだ予算の範囲で行なわれていることもあって、すべての事業全般にわたって措置できているわけではない。しかし、学びたい人のリクエストに応じて予算措置する自治体が出てきていることは、今後の参考になろう。また車椅子での参加者のために、電動車椅子用の机を用意することや、目の不自由な人のために拡大写本の閲覧や貸出しをする図書館なども現われているが、こうした「社会教育におけるノーマライゼーション」は、まだ道半ばである。

## 3. 学習のための環境整備

　障がいの有無や経済力の高低などに関わらず、身近な場所で気軽に参加できる環境が整っていることは、多くの人々が学習に参加するために不可欠な条件である。公民館などの公共の施設が身近にあること、公共施設が障

がい者や高齢者にとって使いやすいこと、使用料や講座受講料などの金銭的負担ができるだけ少ないこと、などが求められる。

　公民館や図書館の中には、自動ドア、スロープ、エレベーター、障がい者用トイレなどを有する施設が徐々に増えてきている。さらに道路の段差解消施策も障がい者や足腰の弱った高齢者などにとって、安心して公共施設にアクセスするために欠かせない行政の役割である。こうしたハード面の環境整備は、いうまでもなく公民館や社会教育行政単独で進められることではない。同じ役所内の建築や土木セクションと緊密な連携をとって計画的に推進する事業である。

　そこで大事なことは、このような行政施策を展開していく方針を行政トップが表明し、市民の前に明らかにする手順である。首長を中心に市民生活全般にわたって障がいのあるなしに関係なくまた高齢者でも安心して気軽に公共施設を利用する市民生活像を描き、それを市民に公開して合意形成をしながら計画を策定し、必要な予算をつけて順次優先度の高い施策から手をつけていく、そういう行政の取り組みが求められている。そのような市民生活は、まちの活性化にとって不可欠であることを説明し、一人ひとりの市民が活力のある暮らしをしていくことが、健康で明るいまちづくりのもととなるという姿を市民の誰もが見えるように示すことが行政の使命であろう。

### 4. 自治体間の格差

　全国の区市町村教育委員会が障がい者の生涯学習にどう取り組んでいるかを調査し、それを根拠にした研究成果がある[*5]。人口2,000人以上の市（特別区含む）町村の社会教育・生涯学習関係部局が障がいのある人対象の学習・文化事業を実施しているかどうかの有無を調査したもので、1,119の自治体から回答を得た（回収率60％余）。この分野での全国規模の実態把握がほとんどない状態では、この調査結果は一定の目安となるとしている。

　障がいのある人を主たる対象とした事業を実施している自治体数は145で、回答のあった自治体の13％弱にすぎない。事業の内訳は、水泳や体操などのスポーツ教室関係、キャンプなど野外活動事業を行なっている自治体は29である。また障がい者教室（学級）、講座、サークルなどスポーツ・レクリエーションを含むさまざまなプログラムで継続的な学習文化事業を提供し

---

　＊5　『障害者の生涯学習に関する実証的研究―学習権保障の視点から―』平成16-18年度科学研究費補助金研究調査報告書、研究代表者・小林繁、2007年

ている自治体は79である。その中でも、一つの自治体で障がいの種別や程度等で複数の事業を開催しているところもあり、全く取組みのない自治体も多いことから、自治体間格差が大きいと評価している。

　障がい者の立場にたった研究もなされている[*6]。東京都世田谷区で実施された『区内の障害をもつ人・団体への学習要求等に関する調査結果』（1995～1996年実施、世田谷区教育委員会、障害をもつ市民の生涯学習研究会、1996年）に基づくもので、知的障がい者やその保護者のうち、公共施設を利用しないと回答した57.8％に対し、その理由として「一人で行けない」と答えた人が64.3％に達した。世田谷区の「いずみ青年学級」は全国で最も早く開設された知的障がい者対象の青年学級であるが、その存在自体を知らない人は19.1％、参加しない理由として「一人で会場に行けない」をあげた人は47.0％もあった。また「基礎教育や教養教育」「趣味」「仲間づくり」「地域活動」の場がないと答えた人が多いこと、「社会の一員であると実感する」ことが「あまりない」と「ない」と答えた人が65％もいること、他方で「障害者向け事業の増加」「たまり場の創設」「会場までの付き添い」「区民への障害理解促進」「専門職員の充実」「ボランティアの拡充」「情報提供の充実」「近隣地区での学習援助」など行政に対する要望も出された。

　こうした知的障がい者の置かれた状況をさらに明確に社会に知らせる研究成果もある[*7]。それは知的障がい者とその保護者、学生の三者の生活構造を比較検討する調査に基づいた研究である。「不安や悩みの相談相手」は「友人」を選んだ人は、学生で53.5％であったのに知的障がい者は6.0％にすぎなかった。趣味・スポーツの団体に参加している人は学生で48.7％であるが、知的障がい者は12.8％と大幅に少ない。さらに余暇を快適に過ごすための条件として学生は「自由に使えるお金」の不足をあげる傾向が強いのに対して、知的障がい者は「気軽に誘える仲間」がいないことをあげる傾向があることが明らかとなった。こうした結果から、知的障がい者を社会が疎外している現状が明らかになったとしている。

　障がい者青年学級に関わる埼玉県の元公民館職員も、主に知的障がい者対象の青年学級は、全国レベルでみると関東では東京都のほとんどの自治体で実施されてはいるものの、埼玉県の一部の地区で行なわれているほかは実

---

＊6　津田英二「知的障害者の社会教育事業の機能と諸課題」『神戸大学発達科学部紀要』第8巻第1号、2000年）
＊7　米山岳広『知的障害者の文化活動』文化書房博文社

施例を見出すことが少ないのが現状だと報告している[*8]。自治体間格差は社会教育における"選択的な定着化"を考えれば十分ありうることだが、障がい者対象の事業ではさらに顕著に現われる現象かもしれない。これを克服する方途は、障がい者や周囲の支援者がさらに声をあげるとともに、一般社会の理解の促進と自治体の積極的な取り組みが不可欠な要素となる。

社会教育事業として障がい者青年学級が運営されている地域が首都圏に偏っている実態から、社会資源が比較的豊かな地域でこの事業が行なわれている傾向を読み取る研究者がいる[*9]。この視点は、障がい者の社会参加の課題とも重なる。

### 3 行政組織

「選択的な定着化」の傾向は、施設と講座だけでなく、社会教育行政の根幹である行政組織にも現われている。

#### 1. 社会教育委員

社会教育委員は、社会教育法第4章に定められている行政組織の一つである。法第15条では「都道府県及び市町村に社会教育委員を置くことができる。」と、法的にはこの制度が"任意規定"であることを示している。すなわち、地方公共団体はその判断で社会教育委員を置くか置かないかを決定できるという含意である。

"任意設置"という法の趣旨にもかかわらず、現状はすべての都道府県、ほとんどの市町村で社会教育委員が設置されている実態である。平成20年度社会教育行政調査（文部科学省）の結果をみると、全国都道府県および区市町村教育委員会の社会教育委員設置状況がわかる。47の都道府県教育委員会は91.5％、区市教育委員会は97.3％、町教育委員会は98.8％、村教育委員会は93.3％で、区市町村教育委員会を合わせると97.5％の設置率である。

東京都の実態を詳細に見てみると、市部では100％近い設置率になっているが、それと比べ23区部は極端に低率である。その理由として、教育委員会が社会教育に関しても法規定上の役割を果たせるからという行政幹部の根強い考えがあることや、社会教育関係団体に対する補助金支出を行なってい

---

\*8　山田和也「障害者の学びと公民館」（『研究紀要』第13集、入間地区公民館連絡協議会、2000年）
\*9　津田英二、前掲

ないから必要がないといった説明が従前より行なわれてきた。このように23区部では法規定の積極的な意義を受け止めようとしない勢力が支配的であることが設置率の低さにつながっている。平成7年度までは9区の設置にとどまり、目黒区が平成8年度に独自の判断で設置して計10区となった。その後、社会教育委員をめぐって問題が起こり、平成10年度には設置区は13に増えた（設置率56.5%）*10。しかし伸びはそこで止まり、最近は23区部でも社会教育行政の丸ごと首長部局移管という大変動があって、豊島区のように社会教育委員制度を廃止する区も出てきている。それでも社会教育主事の設置率（全国平均63.8%）よりも明らかに高い。

　この設置率の高さは、社会教育関係団体に補助金を交付する際にあらかじめ社会教育委員の意見を聴いて行なうとの法第13条の規定があって、地方公共団体は社会教育関係団体に補助金を交付するために社会教育委員を置いているから、との解釈がある*11。また、法規定上は任意設置でありながら社会教育委員の設置率が高い理由を、「社会教育関係団体に対して補助金を交付しているから、（義務設置の社会教育主事より社会教育委員の）設置率が高い」と述べた社会教育研究者がいる*12が、社会教育関係団体に補助金を交付することは、社会教育委員の職務規定には明記されていない。法に明記されていない施策を恣意的に過大視して、実態として義務設置の社会教育主事より任意設置の社会教育委員の設置率が高いことを強調する論理には説得力がない。また義務設置の社会教育主事より任意設置の社会教育委員を重視するかのような考えも理解しがたい。

　しかし、社会教育委員がこのためだけに存在する制度ではないことは関係条項を読めば明らかである。その職務は、同法第17条前文に「社会教育委員は、社会教育に関し教育長を経て教育委員会に助言するため、左の職務を行う。」と規定されている。

1　社会教育に関する諸計画を立案すること。
2　定時又は臨時に会議を開き、教育委員会の諮問に応じ、これに対して、意見を述べること。
3　前二号の職務を行うために必要な研究調査を行うこと。

*10 『平成13年度区市町村生涯学習・社会教育行政の現状―生涯学習・社会教育財政調査報告書』（東京都教育庁生涯学習部、平成14年）
*11 坂本登『社会教育の団体と行政』（日常出版、昭和63年）
*12 坂本登、同前

このように第一に挙げられているのが「社会教育に関する諸計画を立案すること」で、社会教育関係団体に対する補助金交付を含め「教育委員会の諮問に応じ、これに対して、意見を述べること。」は第二となっている。特に大事なのは、社会教育行政の根幹に民意を反映させようとする第一の項目である。これを教育委員会があるから社会教育についても教育委員に意見を聞けば済むとして、法規定の意義を理解しようとしない向きがあるが、そこには民意を反映させず行政主導で社会教育を進めてきた体質がうかがえる。住民の社会教育に対する期待や要望をできるかぎり行政計画に採り入れて、民主的な社会教育行政の運営に努めていくというのが法第17条第1項の趣旨であろう。

## COLUMN 4

## 社会教育関係団体への補助金支出の小史

　戦前の我が国は、現在のように法令によって行政行為の根拠を定め、法令によって行政施策を行なうのではなく、勅令主義といってすべての行政行為が天皇の命令によって行なわれるという体制下にあった。戦前はもちろん社会教育に関する法律はなく、社会教育関係団体に対する補助金も、法律に基づいて交付されたのではなく、行政の判断によって支出され続けた。その判断とは時の行政が民間団体に何を求めていたかを明らかにしてくれる。
　長野県下伊那地方。中央アルプスと南アルプスとに囲まれた伊那谷を形成し、天竜川の水利によって古くから生糸の生産地として、外国への輸出によって現金収入を得ていた。青年団の団員も親を助け、あるいは自ら生糸の生産に従事しながら生糸の値段はどうか、外国の動向はどうか、と広く関心を外に向けていた。
　その青年団は集落の治安維持や道路、橋梁の修繕、堤防の築造などコミュニティの維持に欠かせない活動のほか、青年として仲間意識を高め大人になるための様々な学習をするなど自主的な運営を行なって、青年にとって魅力ある集団であった。1904年（明治37）、日露戦争に従軍した兵士の留守宅の農業を手伝うなどの奉仕活動に対し、社会的な評価が高まった。この当時の社会は、中学校進学者が1％程度で、義務教育である小学校を卒業す

ると親の仕事を手伝ったり、親方のもとで仕事を見習ったりするなどほとんどの者が進学しなかった。生糸の生産に従事した青年は、読書のほか青年団で討論、講演会に参加するなど社会の動きに関心が高まる。そういう中から、同じ年齢で多くの公費で学べる中学生もいれば、自分で働いた金で青年団で学ぶ者もいるのは不公平ではないか、と考える青年も現れた。やがて青年団の活動にもっと役所が金を出してほしいという要望が出されるようになった。こうした要望と青年団の社会的評価があいまって、青年団に補助金が出されることとなる。

　国のレベルでは文部省と内務省（総務省の前身）による青年団育成の施策が行われたが、陸軍省など軍部の力の台頭により青年団の活動内容にも軍部の関心が高まる。下伊那の青年団のように地域社会で圧倒的多数を占める勤労青年に軍事的な観点から注目した軍幹部は、青年団に対し兵士予備軍として軍事教練を提案するなど、青年の内発的な要求に応える形をとって青年団の活動に軍事教練が新たに加わる。

　軍事教練を強要する勢力に疑問をもち、自由な学習を望む青年に対し、補助金交付の中止という強権発動をもって対抗する為政者たち。大正の時代に入って、為政者の言うことを聞く青年団には補助金を出すが、そうでない青年団には補助金を止める、というように権力の意向に沿う補助金交付の性格が明らかになっていく。すなわち、この時代の行政と団体をめぐる補助金の関係は、サポート・アンド・コントロールの関係であったといえる[*13]。
〔詳細は第Ⅲ部第1章参照〕

---

*13 大串隆吉「1920年代自己教育活動の展開」（藤田秀雄・大串隆吉編著『日本社会教育史』エイデル研究所、1984年）

## 2. 社会教育主事

　法第2章は社会教育主事に関する規定である。法第9条の2では、「都道府県及び市町村の教育委員会の事務局に、社会教育主事を置く」と規定されている。法文で「置く」と規定されているのは、義務設置（必置）を意味する。地方公共団体に対し、社会教育主事の設置を義務付ける規定がされたのは、社会教育行政を進める職員のうち社会教育主事はその要であるという法認識があったからである。教育公務員特例法では、校長、教員などの教育公務員のうち指導主事と社会教育主事を「専門的教育職員」と規定する。すなわち社会教育の専門職として社会教育主事に期待するものが大きいからこそ社会教育法で社会教育主事を必ず置かなければならないとしたのである。

　平成20年度文部科学省社会教育行政調査結果をもとに、平成8年から3年ごとの社会教育主事の設置数を見てみたい。法の義務規定にもかかわらず、義務を履行しない場合の罰則規定がないこともあって、平成8年度に都道府県及び市町村教育委員会に配置された社会教育主事は6,796人であったが、その後年々配置数が減少し、平成20年度は3,004人と半数以下に落ち込んだ。前回調査平成17年度の4,119人と比べても1,115人、27.1％の減である。

　平成20年10月1日現在、都道府県および市町村教育委員会は1,882、そのうち社会教育主事を設置している教育委員会は1,201で、その設置率は63.8％である。都道府県でも47のうち45にとどまり、市（特別区を含む）で68％、町村合計で60％という設置率である。2010年秋に実施された国立教育政策研究所の調査でも、人口1万人以上の自治体の約35％が社会教育主事を置いていないという結果となっている[14]。千葉県のある市は、財政事情により2003年度から社会教育主事を置いていない状態が続く。その理由を「資格を持つ職員は3人いるが、社会教育だけに業務を特化させる余裕がない」とする。他の自治体では「教育委員会以外の職員は社会教育主事の仕事内容を十分理解しておらず、どうしても必要という認識が乏しい」と、社会教育主事を置かないのは財政難と理解不足が原因という[15]。

　東京23区全体ではピーク時に103名（1990年度）が配置されていたが、その後各区では定年退職等によって生じた欠員補充を行なわないことで徐々に社会教育主事の人数を減らしていき、最近では82名とピーク時より2割以

---

[14]「空席の社会教育主事　住民力の導き手35％の自治体で未配置」（2011年8月11日付朝日新聞）
[15] 朝日新聞、同前

上の減員となっている。

　行政改革の影響下で、社会教育主事だけ例外にできない事情があるとしても、職員定数をギリギリまで削減して法令上最低限の人員で組織運営を図ろうとすることは大変危険である。義務設置だから置くという行政姿勢の結果、一人にまで削減された社会教育主事は、それまで複数で住民の学習活動を支援してきた仕事量を一人でこなすことができなくなり、一人でできる範囲で仕事をするようになる。その結果は自ずと明瞭である。住民へのかかわりも少なくなり、組織内部でも関われる範囲で仕事をするようになるから、周囲からはその働きぶりは目立たなくなるのは必定である。それをもって"理解不足"と言うのは、行政責任あるものとしては驚くべき姿勢である。むしろ組織内部だけでなく、住民からも理解されるように必要な配置をして期待される役割をしっかり果たしてもらうように環境を整えることこそ自治体幹部の責務ではないだろうか。

　社会教育主事は教育公務員特例法では「専門的教育職員」と規定され、これは指導主事と同じ扱いとなっている。しかし、同法が専門的教育職員の採用と昇任を教育委員会の選考によるとの規定をしているなど、教育公務員を地方公務員一般として処遇するのでなく特例法をもって取り扱う趣旨がありながら、教育公務員特例法が有名無実となっている現実がある。このことと社会教育主事を軽視してきた行政姿勢とがダブってくる。

［配置］
　法規定により社会教育主事は各教育委員会事務局に配置されるのが原則であり、社会教育法の一部改正（1959年）により都道府県に次いで市町村にも社会教育主事の設置が義務付けられるようになってから、社会教育主事は教育委員会事務局に置かれてきた。その後社会教育主事の専門性を生かす視点から公民館、社会教育会館などの社会教育機関にも社会教育主事を配置する市町村が現われ、一定の広がりを見せたが、最近では行政改革によって各区市町村施策を見直す中で社会教育主事を教育委員会事務局に集中し、その専門的な機能を区市町村全体の中でいわば集約的に活用しようという方策がとられるようになっている。

[採用]

　法第9条の4は、社会教育主事の資格を定めている。大学で所定の単位を取得するだけでなく、教員や行政職からも社会教育主事講習を受講して修了後に社会教育主事となる資格を獲得できる。かつては東京都、東京23区部、東京都の市町村部、群馬県・千葉県・埼玉県・神奈川県内の複数の地方公共団体において、大学で基礎資格を取得した新卒者を教育公務員特例法に基づき"選考"で採用する事例があった。これは大阪府や他県でも見られた現象であった。これは一般公務員試験とは別の専門職の独自採用方式である。このように、法が規定する通りに、学卒者を選考によって採用した実態があったことを示している。しかし、"選考"による採用は次第に少なくなり、大学で社会教育現場を目指す学卒者は、一般公務員試験を経て社会教育職場に配属される日を待つというコースが一般的になりつつある。

　現状をみても、職員のうち社会教育主事資格を有する者を生涯学習課や公民館など社会教育職場に配属する方法がとられている。これは、人事異動時にこの有資格者を配属することが社会教育の振興になるとの考え方による。この方法によって社会教育行政組織編成をする市町村が全国的には多い。

[派遣社会教育主事]

　一方、社会教育に関心をもつ教員の中には夏休み期間に大学が開講する「社会教育主事講習」に参加して資格を取得し、教員身分から行政身分に替わるケースもある。1974年（昭和49）に始まった文部省（現文部科学省）の政策である「派遣社会教育主事」は、教員身分のままで社会教育主事の仕事をすることができ、かつ2〜3年でまた学校現場に戻れるという制度であった。教員は"県費職員"と呼ばれ、政令指定都市を除けば一般に都道府県の身分である。財政難などの理由で社会教育主事を独自に配置できない市町村にとって、道府県が一定期間教員身分の者を社会教育主事として市町村に派遣してくれるこの制度は、市町村にとって好都合であったに違いない。市町村に派遣する期間、給与の半分を国庫補助によって賄うという制度の内容である。東京都を除く道府県全てが採用したこの仕組みを「派遣社会教育主事」という。

　制度設計の背景は次のとおりである[16]。1959年（昭和34）に法の一部

---

＊16　坂本登「派遣社会教育主事設置の経緯」（『生涯学習研究e事典』日本生涯教育学会）

改正が行なわれて、それまで市町村は社会教育主事を「置くことができる」と規定されていたものが、現行規定のように「置く」と義務設置になった。しかし、財政力のない町村に対する配慮から人口1万人未満の町村の教育委員会には、当分の間の措置としてその義務が猶予された（政令158号附則2）。このためもあって、その後も社会教育主事の設置が進まず、社会教育審議会は1971年（昭和46）の答申「急激な社会構造の変化に対処する社会教育のあり方」で、「社会教育主事の重要性とその整備充実」の必要性を指摘し、「人口1万人以上の町村にはすみやかに設置させるとともに」、「設置義務を猶予されている人口1万人未満の町村にも極力設置を勧奨する」よう提唱した。また同答申では、設置に要する「財源を確保するため」、地方交付税を活用した「派遣社会教育主事方式」が勧奨された。

これにとどまらず同審議会は、3年後の1974年（昭和49）にも「市町村における社会教育指導者の充実強化のための施策について」答申を出した。答申文では、社会教育主事の設置義務が課せられている人口1万人以上の市町村に対し、「たびたびの行政指導も行われているが」、かなりの市町村で未設置の状況にあり、「設置している市町村においても専任者の数は少な」く、「市町村の財政力の問題」もあって人材の確保を「すべての市町村に求めることが容易でない」との認識を示した。そのうえで、市町村の社会教育の充実・振興を期すためには、「市町村における社会教育主事の確保充実をひとり市町村に期待するばかりでなく、県および国においても積極的に協力する必要がある」と提唱した。

こうした経緯をふまえて、1974年から国が都道府県に対して必要な財政的援助の措置をする制度（派遣社会教育主事給与費補助制度）が開始されることとなり、国から財政的援助を受けた都道府県は適切な人材を市町村の求めに応じて派遣するようになったのである。

この制度の成果は顕著にあらわれ、制度実施前の1971年（昭和46）の市町村の社会教育主事の設置率は63.2％であったが、1990年度（平成2）実績では85.5％（派遣社会教育主事のみを置く教育委員会を含めると92.2％）にも上昇した。その実数は、1971年の3,305人から1990年に6,988人に増えた。これによって、社会教育主事の設置が促進され指導体制が充実しただけでなく、社会教育の振興にもつながる。学級・講座等の充実とプログラム開発、社会教育関係団体・グループの活動の助長など、幅広く市町村

の社会教育推進体制の充実に寄与した。

　しかし、1998年（平成10）に至り、国の地方に対する人件費補助の見直しが図られたこと、この制度がすでに各道府県の事業として定着していることなどを理由に、制度の財源措置が個別事業に対する助成から地方交付税措置、すなわち地方公共団体の一般財源に組み込まれることとなり、派遣社会教育主事給与費補助制度は終了した。

　このように、多くの市町村に社会教育主事が設置されて社会教育が振興されたが、物事には良い面ばかりでなく問題点もある。私たちは功罪両面を見ていかなければならない。そうしなければ制度の全容を解明したことにはならないからである。通常道府県から市町村への派遣期間は2~3年といわれた。その短い期間に、大半は教員身分の社会教育主事がそれなりの仕事をして再び教員の世界に戻るというのが、派遣社会教育主事の人材供給の側からみた一面であった。2~3年という期間は、社会教育主事の仕事をするのに十分な期間かどうかは、にわかに結論を出すことが難しいが、社会教育のように広く一般市民を相手に対応する仕事の性格からみて決して十分な期間とは言えまい。個人的には中途半端な仕事しかできないところもあったであろう。また、組織の中では行政職員ばかりの職場環境で、教員身分の社会教育主事が周囲とよくコミュニケーションをとって一人ではできない仕事を組織の力をもって成し遂げることは、かなりの心労と力量を必要とする。中には、周りと和していけず成果を十分に上げられずに教員に戻るケースもあったであろう。こうして筆者が得た情報では、派遣社会教育主事に対する評価は高くはなかった。

　教員経験者にとっては派遣社会教育主事の経験がその後の学校管理職昇進の早道にもなった事実がある。そのことをもって社会教育の現場が彼らの個人的な"出世"の足場にされることへの嫌悪感さえ覚えるものもいた。これでは制度の趣旨が活かされるよりも、マイナス面が目立つことになり、本来の自前の社会教育主事の採用や養成を求める声が高まるという側面をもっていた。

C O L U M N 5

## 社会教育主事を目指した動機

　筆者の学生時代は、高度経済成長の負の遺産であった公害問題が、全国的に広がり大気汚染や堆積したヘドロ問題、さらに有機水銀中毒などが大きな社会問題であった。大学のゼミのテーマで「住民運動と公害問題」に関心をもち、各地のコンビナート建設の反対運動を展開した地域などを視察した。

　その中で、公民館が住民運動の学習の場として利用され、専門家を講師に迎えて、運動を理論的に支えた実践をみた。

　これが社会教育への興味・関心のスタートである。社会教育の専門職は、大人の学びを支援するために学習事業の企画・立案能力やカウンセリングマインドなど多様な資質が求められる。大人の学びを側面から支援し、学びの成果を社会に還元して共生社会をめざす社会教育のミッションに魅力を感じた。そして東京都特別区の教育委員会に就職し、社会教育主事として多くの人との出会いを大切にしながらキャリアを積んだ。（堀越）

## 第5章 ■地方ごとの社会教育行政の多様性
### 〜"選択的な定着化"、東京23区の場合〜

### 1 公民館がない東京

　東京の大都市部、すなわち23区部は公民館が存在しない自治体が珍しくない全国的にみて特異な地域である。公民館がないという実態は、東京23区のほか横浜市、大阪市、名古屋市などの旧五大都市にも見られる。

　東京都の公民館1館当たりの対象人口は125,815人である（全国47都道府県中、第46位）。これに対し、全国で最も公民館が住民に身近な存在となっている長野県では、公民館1館当たりの対象人口は1,106人である。この比較からも、東京23区部はいかに公民館が少なく、都民にとって縁遠いかがわかる。

　東京23区部の歴史をたどると、1951年（昭和26）に北区が赤羽・王子・滝野川の3地区に公民館を設置、続く1953年（昭和28）10月に練馬区が、そして同年11月に杉並区が公民館を1館ずつ設置している。しかし、北区は開館間もない1961年（昭和36）に3館とも「区民会館」に名称を変更したので、北区の公民館史はここで終っている。杉並区は公民館活動が活発だったことで知られるように公民館存続の根強い声があったが、1989年（平成2）「社会教育センター」に衣替えした。練馬区はその後も公民館を維持管理して社会教育事業の主体となってきた。しかし、2011年度中に同区公民館は廃止され、東京23区部では公民館はいまや1館も存在しない。

　では、なぜ東京23区部には公民館が定着しないのか？　その手掛かりとなる資料を次に紹介したい。この資料は「東京の公民館の現状と問題点」と題する論考であるが、"発行者不明"となっている。内容を見ればわかるが、行政内部の事情に詳しい考察が見られるので、行政関係者の執筆になるものと想像される。氏名の公表を控えようという配慮がうかがえる。

　この論考は、東京23区部に公民館が少ないのは次の理由によるとした[*1]。

　1　公民館と他の施設との相違に関する住民の無理解、特に理事者の無理解がある。

---

[*1] 『東京の公民館30年誌―基礎資料編―』（東京都公民館連絡協議会、1982年）

2 公民館の持つ機能に着目して考えているのではなく、単に集会の施設として考えていることによる。
3 農村を基盤として発展した公民館よりも区、市民会館や社会教育会館という名称が都会的でスマートであるという考え方もある。
4 福祉会館、婦人会館、青年館などのいろいろの分化した施設が建設され、それらの施設がだんだん巨大化していく傾向によって公民館までが大ホールを備えた巨大な施設でなければならないという考え方が加わり、建設資金難からますます建設を困難にしている。

　筆者はこの論考の正当性を裏付ける経験をした。1985年（昭和60）に計画が整った青年館を時代に合わせて名称変更する、その検討の最中の話である。社会教育主事をはじめ公民館の重要性を認識していた職員は、この千載一遇の好機に公民館に改めることを主張した。その考えは、23区部で社会教育施設数が最も多いメリットをいかし地域の社会教育をより活発にするため公民館にこだわった[*2]ことに基づく。職場論議の末、多数派を占める「文化センター」が正式名称に決定した。その論議の過程で「公民館は田舎のイメージ、都会的ではない、東京にふさわしい名称を、社会教育法に縛られない運営を」などの本音が聞かれたのである。
　このことからも、名称論議はことの本質を論議するのではなく、イメージや妙なプライドが支配する傾向があることを筆者は実感した。住民のために真に必要な社会教育施設はどのような質を備えなければならないか、という視点が行政内部は非常に弱いのである。住民の声や学識経験者の意見を取り入れた計画づくりではなく、行政主導で計画を進めた区では、このような弱点は多かれ少なかれあると思われる。
　現在東京23区部には、社会教育館、社会教育会館、社会教育センター、文化センター（区長部局所管を含む）があるが、社会教育館を「学び交流館」と改称して地域コミュニティ施設化した区もある。また、社会教育行政を区長部局に移管した区では、練馬区が公民館廃止後に名称を付けた「生涯学習センター」のほか、「生涯学習館」や「地域文化創造館」の名称を使用する例が出てきている。（巻末「東京23区社会教育施設等の最新情報」を参照。）

---

[*2] 条例上は公民館、名称は文化センターとするなど、当時の武蔵野市の社会教育会館、川崎市の市民館の例にならおうとした。

## 2 教育行政と教育機関が未分化

　社会教育行政は、法第5条（教育委員会の事務）に個別事務が示されている。同条文にも「当該地方の必要に応じ」と「予算の範囲内において」と書かれているので、各区市町村はそれぞれの財政事情のもと首長や教育委員会の方針や判断で社会教育の事務を選択できる。その結果、長い年月を経て蓄積され、いわば"選択的な定着化"をして各地方の特色を形成してきたと言えるのである。

　一方「教育機関」とは、学校、図書館、博物館、公民館のことで、地方教育行政の組織及び運営に関する法律第30条に根拠を置く。社会教育法第5条では公民館、図書館、博物館、青年の家を「社会教育に関する施設」と規定するが、社会教育法第22条は「公民館の事業」として定期講座の開催、討論会・講習会・講演会等の開催などを例示している。しかし各規定を読めばわかるとおり、そもそも社会教育法第5条の「事務」と同法第22条の「事業」の区別があいまいで、東京23区部では公民館（教育機関）が行なうべき事業を教育委員会所管課が実施したり、法規定上公民館（教育機関）が企画実施すべきところが公民館側にその能力が備わっていないことなどから必要な事業が行なわれなかったりという状況が恒常的に続いてきた。

　ここで、この問題を考える材料として学校教育について若干比較考察してみたい。言うまでもなく学校は直接の教育活動を行なう教育機関である。教育活動に必要な学校という施設設備があり、教育活動の要となる教員という教育の専門職が幼稚園から大学院に至る学校に直接配置され、人格的な影響を与えながら教育活動を展開している。他方、教育委員会事務局は間接的な教育支援や条件整備をする組織である。学校の教育活動が例外なくしかも効果的に行なわれるよう"人、もの、金"の三要素を常に学校に対し支援する役割がある。言ってみれば教育委員会事務局は縁の下の力持ちの存在で、学校教育上は表に出ない黒子なのである。社会的には表面に出るのは学校であり、教員である。これが学校教育である。

　そこで社会教育に戻って再び考察してみよう。学校教育と比較して、一言でいえば公民館等教育機関の施設設備面と職員体制の弱さがあり、これは東京23区部では特に目立った特徴である。東京でも多摩地区の市部では課長級の館長を置いて予算編成や事業を行なう際の決裁権をもたせて責任ある運営をしている公民館がある。しかし、一部を除き23区部では決定権のない

係長級の館長が主流であるため、教育機関として十分な取り組みができない客観状況が続いてきた。これは23区部では社会教育の分野で教育機関という認識が弱かったことに起因すると考えられる。例えばそれは、施設は借りられれば良いとする住民意識の中に現われるだけでなく、職員自身にも貸し館施設という認識が強いだけでなく、いわゆる"本庁志向"という意識があって公民館等社会教育施設に配属されると、職場周囲から「左遷された？」かのようなマイナスイメージで受け止められることがある。職員にとって、一般に社会教育施設で働くことは庁内では"出世コース"ではないという認識があるのかもしれない。こういう職場環境では、職員のモラール（士気）は必ずしも高くない。このあたりの話は、公民館活動が活発で、住民の生活にとって公民館の存在が欠かせない地域では事情は異なると思われる。

　さて、職員体制の弱さとは何であるか。社会教育施設に対する職員のイメージと関連することであるが、課長級の館長を置かないだけでなく、社会教育主事に当分の間公民館主事を兼任させる（昭和34年、文部省社会教育局長通達）という国の指針が示されながら、23区部の社会教育施設に社会教育主事を配置する取組みは広がらなかった。渋谷区、葛飾区をはじめ数区でこの実態が見られた期間があったが、残念なことにその成果の検証が十分なされることもなく、今は社会教育施設で社会教育主事が働く姿はなくなってしまった。社会教育主事のほか社会教育の専門職には「社会教育指導員」と称する非常勤職員があるが、かつてこの制度は区立小中学校管理職の再雇用職として少なからぬ区で採用された。社会教育施設に配属される社会教育指導員も存在したが、校長退職者が大勢であったこともあり、また1年雇用や退職校長以外の若い人々にとって待遇面の低さもあって社会教育の活動で十分な成果をあげることはできていない。こうして社会教育施設に配属される職員体制は不十分なまま今日の新たな状況を迎えることとなった。

　教育委員会事務局が主な事業を企画実施して、社会教育施設はその事業の開催場所と化し、他は住民に自主的な活動の場を提供するという形態が、多くの区で定着しつつある。例外なき行政改革がたゆまず行なわれ事務事業の効率化が進む中で、教育委員会事務局に社会教育主事など知識と経験を積んだ職員の中枢が集まって事務事業が進められていき、社会教育施設は委託や指定管理者に移行する事態も進行している。このような状況下で、23区部の教育機関の成熟は一層困難になってきている。

### 3 社会教育委員設置率の低さ

　かつて筆者が全国規模の社会教育研究集会に出席して、東京23区では社会教育委員を設置している区が少なく、設置していない区の方が多い、という話をした時に、参加者から「えぇっ！　文部省のお膝元で!?」と驚かれたことがある。確かに平成7年度までの設置区は10区であった。

　しかし、いくつかの区教育委員会で予算支出上の問題がきっかけとなって平成9年度には設置区が3区増え、合計13区に社会教育委員制度が置かれる状況になった。それでも設置率は56.5％にすぎず、多摩地区の市部（町村を除く）が96％[*3]であるのと好対照をなしている。

　では東京23区部の設置率がなぜ低いのか、これについて考察を進めよう。1973年（昭和48）の地方自治法改正により、それまで東京都の下部機関であった特別区が、"独立"した自治体に変貌していく。しかし、社会教育委員に限らず各区はとかく「23区横並び」の体質を引きずっていく。それは23区が不均衡なくできるだけ同じ水準で運営されるという23区が背負う宿命のごとき組織体質を保持してきたことを物語る。社会教育委員を置く区が少なければ、無理に置かなくても良いだろう、という判断となって多くの区で歴代引き継がれていったと考えられる。

　無用のことを重ねてする例えとして使われる「屋上屋を架する」という言葉があるが、社会教育委員を置かない理由は、「教育委員会があるのだから社会教育のことも十分に担える。社会教育委員を置くことは屋上屋を架すことになる（から不要だ。）」という理屈であった。また、社会教育委員を設置すれば新たに予算も必要となり担当者も付けなければならなくなることから、敬遠されたとも考えられる。法に縛られることを避けようとする姿勢もうかがえた。社会教育委員を置く積極的な意義を検討するよりも、役所の前例踏襲の職場環境の中では、社会教育主事をはじめ理解ある職員が積極論を述べても周囲の賛同を得るまでに至らなければ、新しいことに取組むことにならず現状維持に終るのではないだろうか。

　平成23年度現在、教育委員会事務局にあった社会教育行政を首長部局に移管する区が増加傾向にあるが、この流れに乗って社会教育委員制度を廃止する区も現われている。

---

　＊3　『平成18年度区市町村生涯学習・社会教育行政データブック』（東京都教育庁生涯学習スポーツ部、平成19年）

## 4 青年館の建設

　1960年（昭和35）を境としてわが国はいわゆる高度経済成長時代に入り、1964年（昭和39）の東京オリンピックは、その勢いに弾みをつけるのに十分な社会的経済的なモチベーションとなった。その中心にあった東京は、経済成長に合わせて東北地方などの中学校卒業者の"金の卵"と呼ばれた若い労働力が大量に流入する巨大集積地となる。

　その若い世代のニーズの一つが、仕事のない夜間や休日の余暇問題である。余暇をどう有効かつ健全に過ごすのかは経営者にとって労務管理上重要であるが、そもそも若者はそれにとどまらない健全なエネルギー発散の場、学びの場、そして交流の場を求めていた。すでに1963年（昭和38）には15歳から24歳までの人口は、東京都人口の4人に1人という高い比率を占めていた。それだけ若者の余暇利用は、社会的関心事にもなっていたのである。

　当時社会教育施設といえば都内には練馬区と杉並区に各1館の公民館があるだけ、東京都の施設はようやく1959年（昭和34）になって八王子に宿泊型の青年の家ができたところである。しかし、郊外型の青年の家は、交通の便などから常時活動には不向きのため、都心部の青少年教育関係者や団体のリーダーは、以前から常時利用できる施設を強く要望していた。このような背景から、東京都教育委員会は1960年度に各区が主体となって施設建設することを条件に建設費の補助金をつけるという内容で予算化し、青年館を3カ年計画で23区に1館ずつ建設する都市型の青少年教育施設設置計画を策定した[*4]。

　23区部には社会教育施設が一つもない区がほとんどの中で、この東京都の振興策が区部社会教育振興に果たした役割は大きい。3カ年計画が終了するまえにローリングして東京都教育委員会は1968年（昭和43）までに各区（千代田区を除く）に青年館を1館ずつ建設することに成功したのである。東京都のこの計画は、23区部が独自の社会教育施設をもてるようにするいわば政策誘導であったといえる。

　やがて青年館は、勤労青少年の余暇利用、学習交流の場として使用されていったが、次第に昼間の女性層の利用が目立ってきて、名称変更する区が出てきた。1963年（昭和38）には早くも新宿区が社会教育会館と名称を改

──────────

＊4　『青年館への提言　青年館・青年の家の調査から』（東京都教育委員会、昭和41年）

めた。これをきっかけに文化センターなどの新名称が都市型社会教育施設につけられる時代が到来する。その流れの中で、ひとり大田区だけは自前予算で青年館を15館作るという異例の計画を立て、1987年度（昭和62）には青年の家（非宿泊型）等既設の社会教育施設をカウントして15館計画を終了させた。すでに述べたとおり、その後組織内で名称変更が検討され、公民館案を含め議論が行なわれたが、結局は「文化センター」と改称されている[*5]。

### 5 図書館の先進的整備

　1956年（昭和31）までに23区で区立図書館を持たない区は、大田、豊島、台東、練馬の4区にとどまるほど、公民館と異なって歴史的に図書館行政に熱心な23区部である。この年、大田区では初めての区立池上図書館が建設された[*6]。

　大田区はこの頃から図書館界から注目を浴びる様々な先導的試みを積み重ねた。池上図書館は①300万円という豊富な図書費を計上、②図書の閲覧方法について、当時は閉架方式が大勢だったのを、書架を公開して図書を自由に手にとって選べる「接架方式」を採用、③館内閲覧中心のサービスから個人への館外貸出しサービスを展開、④日曜及び夜間開館の実施、⑤図書館専門職員として司書を採用した。1970年（昭和45）には、既設の3図書館と計画化された新3館とをまとめる図書館システムの核となるべき中央館的機能を有する中心館＝大田図書館を開館して、全国的にみて稀有な総合目録の作成を開始した。7館体制ができたが、まだ図書館に行くのに不便な地域があり、区内どこからでも歩いて15分以内に図書館を設置するという精力的な大田区の図書館15館建設計画は1986年（昭和61）に完結する。この間に、サービス面の拡大はさらに続けられた。区立図書館共通貸出券制度の導入（1970年）、複写サービス開始（1970年）、メールカー運行（1971年）、23区初の障がい者用施設を備えた入新井図書館の開館（1974年）、障がい者への図書の宅配（1976年）、多目的室のある大森西図書館の開館（1976年）、カセットテープの貸出（1977年）、図書館ごとに分野を定めた資料の分担収集（1977年）、小学校との連携による学校貸出（1980年）、ＣＤの貸出

---

　[*5] 拙稿「特別区の社会教育施設のあゆみ—東京23区社会教育施設の整備過程—」（『戦後における東京の社会教育のあゆみⅡ—平成9年度「東京の社会教育史資料の分析研究」報告書（通巻11）—』東京都立多摩社会教育会館、平成11年）
　[*6] 『大田区立図書館のあゆみ』大田区教育委員会、昭和57年

（1986年）、休館日だった月曜開館及び児童室の午前開室（1986年）、児童書の品切れ・絶版本の集中保存（1988年）など多岐にわたる区民サービスの拡充に努めてきた[*7]。この大田方式は他自治体に影響を与えたとされる。

　23区部の図書館は、1994年（平成6）に至ると区立図書館が増え、少ない区で3館、多い区では16館（足立区）、15館（大田区）、13館（世田谷区）、12館（北区）と発展がみられる。さらに2006年（平成18）になると多い区は17館（世田谷区）、16館（足立区、大田区）、15館（北区）と増設されている[*8]。

　こうした図書館網の整備を支えてきたのは、1970年（昭和45）に始まる東京都の図書館振興策であり、その政策効果に注目しなければならない。この年東京都は庁内に「図書館振興対策プロジェクトチーム」を発足させ、その報告に基づいて中期計画に位置づく振興対策をとった[*9]。その結果、多摩地区市町村の図書館は都の積極的な建設費補助によって飛躍的に設置が進んだ。他方、区部には一線の奉仕を担当する地区図書館の整備を目標とし、建設費と運営費の財政調整における単位費用の適正加算などによる図書館設置促進のための財政援助を行なった[*10]。当時、都知事の美濃部亮吉が公民館より図書館振興に熱心であることが東京都の図書館振興策を進める原動力となったといわれる。美濃部知事は公民館を農村型ととらえ、都市には図書館が必要だとして図書館政策に力を入れたのである。

　23区部と市町村部を合わせた東京都の高い整備水準は、市民生活に役立っている指標として使われる館外貸出冊数で示される。2008年（平成20）時点で人口100人当り区市町村立図書館の館外貸出冊数は東京都が847.0冊と全国の都道府県中トップを占め、第2位の滋賀県が842.2冊、第3位は愛知県の614.7冊となっている[*11]。

## 6 障がい者の社会教育の充実

　東京23区部は全国的にも障がい者向け社会教育事業の取組みが最も進

---

[*7] 『大田区政五十年史　通史・事業史』東京都大田区、平成9年
[*8] 『平成6年度　区市町村社会教育行政の現状』東京都教育庁生涯学習部、『平成18年度　区市町村生涯学習・社会教育行政データブック』東京都教育庁生涯学習スポーツ部
[*9] 菅原峻「図書館の整備と社会教育行政の課題」（『社会教育』vol.33、財団法人全日本社会教育連合会、1978年4月）
[*10] 『図書館政策の課題と対策（東京都の公共図書館の振興施策）』図書館振興対策プロジェクトチーム、昭和45年
[*11] 富山県ホームページ　（資料出所　（社）日本図書館協会『日本の図書館』）

んだ地域であろう。特に知的障がいのある青年対象の青年学級は、23区すべての区で実施されてきた。歴史のあるところは墨田区で、1964年（昭和39）に青年学級「すみだ教室」を開設して現在に至っている。世田谷区も同年に「いずみ青年学級」をいち早く開始した。続く1965年には新宿区、翌1966年には港区、江東区、目黒区、荒川区が開設、3年遅れて大田区が1967年（昭和42）に「蓮沼青年学級」（のちに「若草青年学級」と改称）を始めている。

大田区の場合[12]、開設に至る経過は次のようである。青年たちの保護者による「精神薄弱者育成会」（名称は当時）と、青年たちが卒業した中学校特殊学級（当時）の元担任が何年にもわたって相談を重ね、教育委員会に青年学級の開設要望を伝えた力が土台となった。学級開設後もこれら関係者の支援と協力により教育委員会との関係が築かれ、その後も円滑な運営が継続されていった。

1981年（昭和56）は国際障害者年であった。大田区も国際障害者年大田区行動計画を策定（1982年）して、障がい者の社会教育施策を拡充した。中野区に次いで在宅の重度障がい者向けに「社会教育訪問学級」を開設したほか、肢体不自由の青年対象の「コスモス青年学級」と障がい者理解のための「福祉講座」を開始している。

手話通訳を付けて健常者と同じ学習を保障しようという施策も23区部で進展した。1988年（昭和63）時点で港区、新宿区、江東区、杉並区、豊島区、北区、葛飾区、江戸川区の各区では成人式に手話通訳者を付け、挨拶や講演等を広く理解できるよう環境を整えた。これにとどまらず港、文京、台東、目黒、世田谷、渋谷、中野、杉並、豊島、北、板橋、練馬、葛飾、品川の各区では区民大学、成人学校、家庭教育を考えるつどい、講演会、社会教育館の各講座、社会教育振興大会、人権講座などで手話通訳を付ける事業が行なわれるようになった。

スポーツ部門でも1974年（昭和49）に中野区の障がい者対象「たのしいスポーツ教室」を皮切りに、杉並区の「心身障害者水泳教室」（1981年）、「障害者スポーツ教室」（1982年の品川区、1984年の大田区）などの本格的な事業が行なわれるようになってきた[13]。

------

　＊12『若草青年学級開設10周年記念誌』大田区教育委員会、昭和51年
　＊13 拙稿［解題］東京23区における障害者の社会教育」（『戦後における東京の社会教育のあゆみⅢ』平成10年度東京の社会教育史資料の分析研究報告書（通巻12）、東京都立多摩社会教育会館、平成11年）

このように23区部では障がいの種別ごとの施策が取組まれるようになり、社会教育におけるノーマライゼーションが少しずつ広がってきている。

　学習環境整備も徐々にではあるが進んできた。手話通訳付きだけでなく、中途失聴者のために要約筆記者を付けた事業を実施したり、車椅子用学習机を用意して車椅子での学習参加を可能にしたりする支援策も行なわれるようになってきた。施設面の整備もようやく進みつつある。エレベーター、スロープ、手すり、トイレ等を施設建設時に計画的に配置することや、会場までの通路の段差解消を道路管理部門と連携して行なうなど、障がい者目線の施策も取組まれるようになってきた。

COLUMN 6

## 障害児の学校週5日制への対応

　学校週5日制は、平成4年に月に一度、平成7年に月に二度の試行を経て、平成14年に完全実施された。

　当初、土曜日の過ごし方が注目されたが、行政は特段の支援を行なわないというのが基本的な考え方であった。こうした中にあって、特別支援学校の児童・生徒の居場所づくりが課題であった。東京都教育委員会は、「心身に障害のある児童・生徒の地域活動促進事業」という補助事業を新設し、それを受けて足立区教育委員会でも取組んだ。テーマは、「垣根をとりはずす」である。健常児と障害児、障害種別、都立と区立など、既存の枠にとらわれることなく、地域におけるノーマライゼーションを実践することであった。

　知的障害児と心身障害児が一緒に参加して記念すべきデイキャンプを行なった。ボランティアを募って十分な打合せを通したサポート体制、それが現在、関係者が集まって実行委員会を組織し、「キラリン事業」として大きく花が開き、みんな一緒に楽しんでいる。（堀越）

# 第6章 ■最近の社会教育行政の動向

## 1 社会教育行政における「行政改革」
### 1. 社会教育行政組織・機能の見直し

　1980年代以降、日本の政治と行政は、「行政改革」をめぐって多様な議論が展開された。行政改革という言葉の意味は極めて多義的である。行政改革は、革命、政権の交代、経済社会変動などの行政環境の変化を与件として、必要性が論じられる。こうした背景から、行政改革はおおむね次の4つの意味を認めることができる。第1は、国の行政を支える基本的な制度、つまり行政組織制度、地方制度、公務員制度、税財政制度などの改革である。第2は、既存の行政組織制度の枠内における行政省庁の統廃合、新設などである。第3は、行政組織の管理面における改革であり、人事、定員の削減、経費の縮減などである。第4は、政府の政策内容により深くかかわるものであり、事務事業の縮小などの責任領域の変更である。これらは密接に連動している[1]。

　地方自治体でも行政改革は間断なく行なわれてきた。誇りをもって仕事をしてきた社会教育主事等の職員がいくら社会教育は大事だから予算の縮小はしないでほしいと上司に懇願したとしても、社会教育行政のみを例外にすることはできない客観情勢である。かつて行政需要の増大に伴って、それまで課長級組織が社会教育課、社会体育課、図書館の3つだった自治体で社会教育部が誕生し、一方の学校教育部との2部制を採用する時期があった。しかし、行政改革の方針が出されると、次第に組織のスリム化が進められた。すなわち部制を廃止し、部長職・課長職を減らすなど管理職ポストの縮減や組織の統合、役割を終えた組織や事業の廃止、民間との競合事業の廃止など、行政組織全体と事業全体が見直しの対象となった。その中で、リピーターの多い事業も見直し対象となった。リピーターとは、いろいろな講座を次々に受講する人々を指して言う。こういう区民が多く見受けられる事業は、税金の使途に偏りがあるとして、廃止の方向で見直しが行なわれた。

　こうした流れに乗るように、公費を使う学習の方向付けもなされた。1992年（平成4）に国の生涯学習審議会は、行政が取り組むべきは"現代的課題"

---

[1] 新藤宗幸「行政改革」（コトバンク『知恵蔵2011』）

の学習であるとした答申を出した。これを受けた文部省（当時）は、都道府県教育委員会宛てに答申文を送付して、行政こそ現代的課題に関する学習機会の充実に努めるべきであるという方向付けをした。答申が述べる現代的課題とは、時代の要請に相応した学習課題で、具体的には生命、健康、人権、豊かな人間性、家庭・家族、消費者問題、地域の連帯、まちづくり、交通問題、高齢化社会、男女共同参画型社会、科学技術、情報の活用、知的所有権、国際理解・開発援助、国際貢献、人口・食糧、環境、資源・エネルギー等が例示された。こうした「社会の急激な変化に対応し、人間性豊かな生活を営むために、人々が学習することが必要な課題」の学習を国が主導することは、社会教育の自主性尊重の原則に照らして当然のことながら議論の対象となる。

　また、同答申では学習の成果を生かしたボランティア活動の推進も当面の重点課題として全国に示された。後者についてはさらに重点的に深められ、1999年（平成11）に同じ生涯学習審議会から「学習の成果を幅広く生かす」と題する答申が出されて、国の政策課題を鮮明に印象づけた。社会教育研究者の間ではこの問題に関する一定の議論がなされたが、それを集約した田中雅文は、一般市民が要求する個人の自発的な学習と、国が政策として提唱する現代的課題の学習のように社会の役に立つ学習という二つの軸をたてて考察を進めている。その中で「現代的課題の学習」批判ともいえる複数の論説を紹介している*2。

　一つ目は「生涯学習一般についてなされる自発性の強調と、現代的課題の学習についていわれる緊急性の強調との間には、相容れないところがあるように思われる」という見解。二つ目は、とかく趣味・教養等の学習が公費の使途との関連で問題視されるなかで、楽しみで始めた学習が文化の創造という社会的有用性につながるという指摘。三つ目は欧州生涯学習の動静から、学習を通した生きがいや自己実現が結果的に地域や国の活性化につながる傾向があることをふまえ、即効的な成果を求める日本の生涯学習政策のあり方を批判したもの。四つ目は、学習支援の私事性（学習を通した個人の発達を保障すること）と公共性（現代的課題の学習や学習成果の社会的な活用）は対立するものではなく、前者の波及効果として後者が生まれてくることを強調したもの。

---

＊2　田中雅文『現代生涯学習の展開』（学文社、2003年）

さらには、自己充足的な学習であっても結果的には公益を広げる（社会の役に立つ）可能性を秘めているとする立場からの論として、学習活動による健康増進が医療費などの削減を促すとの分析や、文化創出という観点からみればむしろ現代的課題の学習への偏重こそが問題だという警告など、「現代的課題の学習」を政策として示したことについての批判が行なわれてきた。

## 2. 学習内容編成の課題

こうした論議とは別に、「現代的課題の学習」をどう学習内容編成していくかという実践的課題もあることを忘れてはならない。社会教育現場は、国の政策動向の影響を受けて、趣味・教養・実用的な学習が見直され縮小されたり廃止されたりして、「現代的課題の学習」の講座実施をどのように進めていくか日夜悩んでいる。答申で示された課題を平板にプログラム編成して、その分野の講師を招いても、住民はさほど関心を示さないだろう。それだけでなく、いわば上からの学習の勧めなどお仕着せのものに簡単に参加するとは思えないし、そのような学びでは生きて働く力になるとは思えない。担当職員が学習の機会を提供する責務を果たしたことにもならない。それこそ公費の無駄遣いといわれるところであろう。

実際の学習プログラム編成に当たっては、社会に多様に存在し住民のくらしに大なり小なり影響している「現代的課題」を学習者が身近な課題と受け止められるよう噛みくだき、アンケートなどから見える住民の学習要求と重ねて内容編成していくことが最も重要なポイントではないか。これが社会教育職員の技術の一つであると思う。社会教育主事であった筆者は、このような視点から、人権問題の講座企画に当たって住民の間に広範に見られる歴史への関心と同和問題の認識を結合させたり、情報活用の課題に対してテレビの番組やCMの内容分析を通して批判的視聴技能を身につけようというメディア教育に取り組んだりしてきた[*3]。差別や人権問題の学習プログラムづくりに当たっては、次のような視点で企画することが大切であることも指摘してきた[*4]。

1　歴史への広範な関心に惹きつける
2　社会の動きや私たちのくらしと結びついた素材を取り上げる

------

[*3]　拙稿「区民大学二〇年の歩み」（『大田区区民大学記録誌　区民大学のあゆみ』大田区教育委員会、平成4年）
[*4]　拙稿「差別・人権」（『東京23区の社会教育白書』社会教育推進全国協議会東京23区支部、1989年）

3　知的欲求を刺激する
4　自分史など自己認識の方法とつなげる

　また講座形式の学習以外にも、職員の日々の問題意識を基礎に、巧みな仕掛けを施すことによってユニークで人々の日常的関心を惹きつけた試みもみられる。
　このように何も現代的課題と銘打たなくても、これまでも各地の公民館等で働く社会教育職員は職員自身の創意工夫と住民の問題提起のコラボレーションによって、夥しい社会教育実践を積み重ねてきたはずである。『月刊社会教育』（国土社刊）は、そうした優れた実践を数多く紹介掲載してきた"宝石箱"ともいうべき社会教育の専門誌である。社会教育を学ぶ学生や経験の少ない社会教育職員には、ぜひともこうした実践に触れる機会を自ら創って発想の源を学びとっていただきたいと思う。

COLUMN 7

## 広い視野から巧みに仕掛ける

　東京23区部で仕事をしていると、その範囲で見るもの、聞くものがある程度限られてくる。しかし、例えば近郊農業の問題は23区部に存在しないわけではないはずだ。社会教育のある研究集会で筆者が聞いた発表には、衝撃的な感動を受けた。それは、千葉県内で東京の通勤圏にある中小都市の公民館実践であった。
　公民館の近くで栽培し収穫された「枝豆」をテーマに、公民館まつりで「枝豆収穫祭」と銘打ったコーナーを設けた。ねらいは日頃仕事ばかりで東京に目が向いている働き盛りの父親たちに公民館の存在を知らせ、公民館に引きつけるところにあった。その趣向が実に心憎い。"左党"の間では、枝豆とくればビールである。お父さんたちが行きたくなるようにと、ビール付きで枝豆を味わった。こうした仕掛けを巧みに行なって、父親たちが近郊農業に関心をもってくれれば、事業効果は大きい。（荒井）

### 2 社会教育行政・生涯学習行政部門の首長部局移管

　島根県出雲市は、2002年（平成14）4月1日より教育委員会所管の生涯学習部門を丸ごと市長部局に移管した。この動きに同調したのが愛知県高浜市、東京都千代田区、群馬県太田市、東京都豊島区、東京都文京区である。そして現在この動きは、東京23区だけを見ても、新宿、品川、中野、足立の各区にまで広がってきている。

　そもそも学校教育と並び社会教育は教育行政の両輪として、第二次世界大戦後の1947年（昭和22）教育委員会法の施行とともにわが国の教育を発展させてきたものである。1956年（昭和31）に同法廃止、代わって地方教育行政の組織及び運営に関する法律が施行されたが、社会教育行政は教育委員会のもとで一貫して全国すべての都道府県と市町村で運営されてきた。まして生涯教育の理念が浸透し、学校教育と社会教育はよく連携して教育の実をあげることが今まで以上に期待される時代を迎えている。

　この体制を変えようと大胆に問題提起したのが出雲市の西尾市長である[*5]。出雲市はすでに社会教育課の名称を使わず生涯学習課に改め、関連の同和教育課、文化振興課、スポーツ振興課、図書館を含む5課であったが、これらの事務を市長部局新設の文化企画部などが執行する"改革"に手をつけた。生涯学習部門の丸ごと市長部局移管で教育委員会には学校教育関係組織のみを残した。西尾市長は文部官僚当時、全国の教育委員会にいくら通達を出しても校内暴力に歯止めがかからない事態に、財源のない教育委員会は当事者能力をなくしていると受け止めたという。このことから、学校教育に特化させた教育委員会に対し、学級崩壊や不登校などの問題に効果的な対策を打ち出す宿題を突き付けた、とされる。同市長は文部官僚出身者であることから、教育委員会の効率性が良くない、市民の選挙で選ばれた市長のカラーを出すために生涯学習部門を自分の手元に置きたいとかねて考えていた。

　西尾市長は生涯学習部門の首長部局移管を行なう直前、2001年（平成13）2月19日に全国市長会を主導して「学校教育と地域社会の連携強化に関する意見書―分権型教育の推進と教育委員会の役割の見直し―」を取りまとめ、政府並びに関係方面に提出している。この意見書では、現行制度下で学校教育ほか、生涯学習、芸術、文化、スポーツなど文部科学省所管行政のほぼすべてが教育委員会の所管とされていることを厳しく批判し、「学校教

---

[*5] 『内外教育』2001年4月6日及び同年4月13日

育以外の生涯学習分野については、教育の政治的中立性確保を理由に教育委員会所管とすべき強い事情があるとも考えられないとして、市町村所管とすることが適当」との意見を表明している。具体的実施にあたっては、地方自治法第180条第7項の「自治体の委員会や委員は事務の一部を自治体の職員に『補助執行』させることができる」規定を採用し[*6]、法律上の問題をクリアしようと図った。文部科学省への照会では、いずれの法律にも違反していないとの回答があり、出雲市教育委員会に対し口頭で「教育の中立性や、社会教育と学校教育の一体的な実施に配慮して運用してほしい」と伝えるにとどまっている。しかし現行法体系では、社会教育部門を教育委員会所管と定める地方教育行政の組織及び運営に関する法律や、学校教育以外のすべてを移管するのは補助執行とは言えず地方自治法にも抵触する、といった批判が相次いだ[*7]。

教育の政治的中立性確保や教育基本法第16条にいう「不当な支配」が及ばないかなどについても、学会等から批判が投げかけられている。西尾市長をはじめとする"改革推進派"はこうした基本的な問題について、次のように考える[*8]。

1 教育委員会制度の目的は、政治のイデオロギー闘争が終息した現在、意味を失っている
2 教育委員会は財政自主権がないまま独立しており、積極的な行政改革が行えない
3 教育委員会制度はアメリカ合衆国特有のものであり、ヨーロッパでは首長が教育行政に直接参加する道が開かれている

これに対する社会教育関係者からの批判も、また一歩も譲れぬ厳しいものである。社会教育に深くかかわりをもち教育法学研究者でもある山崎真秀国分寺市長（当時）は、「教育の政治的中立性という理念や原則がなし崩しになってしまう可能性がある。ひいては（首長の下に置かれた社会教育・生涯学習が）社会統制の有力なメカニズムの手段になっていく危険性もある。戦前の教育と教育行政のあり方が国の進路選択の誤りに如何に関わったかは、とっくに

---

[*6] 同前
[*7] 同前
[*8] 同前

経験済みだ。我々は歴史から学ばなければならない。」と熱く述べている。

　数年前にこの警鐘は現実味があると思わせる出来事がある自治体で起きた。そこは生涯学習部門が教育委員会事務局にあったが、講演会の講師選定をめぐって幹部職員から別の講師に替えるよう指示があったことが発端となった。その後、組織内に幹部職員による「講師選定会議」が設けられたと聞く。一般的に組織では、幹部職員が上層部の意向を先取りするような動きをとることがあるが、これでは住民が学ぶ機会は自治体上層部の意に沿う内容に限定されかねない。生涯学習部門が首長の下に置かれれば、こうした危惧はより大きくなろう。

　社会教育研究者の大串隆吉は、社会教育が政治家の意向で進められることが「不当な支配」になっていく危険性を訴える。「西尾市長が言うイデオロギー対立がなくなったとしても、『不当な支配』がなくなるとは言えない。」として、政治家、政党、企業、労働組合などから恣意的で不当な要求等がなされるおそれを指摘し、「『不当な支配』を警戒するのは、教育の自由が保障されなくてはならないからである。教育の自由は教職員と住民によって形成される。」と持論を展開した*9。首長や議会、与党の意向は、日常の自治体組織内では当然のことと受け止められて職員の士気を低下させる心配もある。

　社会教育・生涯学習部門の首長部局移管は、以上のような丸ごと移管だけではない。すでにいくつかの自治体では、青少年行政、女性行政、社会教育施設などを首長部局に移管する例が出ている。すなわち、これまで社会教育・生涯学習部門が所管していた事務事業の一部を移管する方式である。外部からは見えにくいこの方式で、社会教育・生涯学習の機能が縮小し、住民が自由に学ぶ権利の保障が遠のくことが懸念される。首長部局で運営される事務事業は、当然のことながら首長のカラーが前面に出るだけでなく、教育とは異なる「啓発」目的で行なわれる。しかし、教育委員会の事務事業は、「教育の政治的中立性」が保持され、「不当な支配」が及ばない環境に置かれていることが原理原則であり、そのため時には首長の政治姿勢や与党の政策と必ずしも相容れない問題も学習課題として取り上げることができるところが特長である。こうした仕組み上の長所を引き出せない運営になっている教育委員会があるとすれば、首長部局の事務事業と大差ないとして、また類似事業の一体的・効率的運営という理由で、容易に統合・移管される可能性が

---

＊9　大串隆吉「出雲市社会教育部門の首長部局移管を考える」（『住民と自治』2001年3月）

あると思われる。
　以上のような社会教育・生涯学習部門の首長部局への移管に見られる自治体の機構改革は、関係法の改訂によって加速する流れになってきている。地方教育行政の組織及び運営に関する法律第24条は、それまで教育委員会の職務権限と規定されていた文化・スポーツに関する事務を、2008年（平成20）4月1日より"首長部局で所管しても良い"こととなった。関連してスポーツ振興法、地方自治法それぞれの該当部分の改訂も同時に行なわれた。文部科学省も、これら法律の一部改正を「教育における地方分権の推進」の一環と位置づけている。
　西尾出雲市長の考えや全国市長会の意見書は、教育委員会の事務事業が文部科学省＝国主導で行なわれてきたことから、選挙で選ばれた首長や議会の意向が教育政策に反映できないとの認識に基づいている。こうした潮流ともなりつつある改革の動きは、地方の独自色すなわち首長や議会の意向によって社会教育・生涯学習の行政を進めていこうという方向に進んでいる。地方分権は、もちろん教育分野に限らず住民の生活全体に及ぼうとする社会の大きなうねりである。
　しかしながら、社会教育・生涯学習部門は学校教育と異なり、国の方針等に基づいて進められるより、それぞれの自治体が独自方針のもと地方色を出して推進されてきたという面が強い分野である。その蓄積のうえに住民が求める学習環境を一層整備していくために、将来にわたって教育委員会所管で社会教育・生涯学習施策の推進を図るべきである。社会教育の現場が職員削減等で職員一人当たりの負担が増していて、特色を十分に出せずにいるところなどは、自治体経営の観点から組織のより効率的な運営という考えが前面に出て、首長部局のもとで推進するのがよいという方向に傾くかもしれない。状況は確かに厳しいが、それでも、教育委員会のもと住民とともにさらに特色ある社会教育・生涯学習の実践を進めていく努力が求められている。

## 3 協働理念の具体化

　1970年代から行政施策の「民間委託」方式が広がり、社会教育の領域でも社会教育施設の管理を民間に委託する自治体が出てきた。「民間」といっても、実態は自治体が出資する財団法人等で、自治体経営合理化の隠れ蓑のような側面もあった。以来そのような実態もあって、従来行政が担ってい

た業務を委託先がきちんと市民の期待に応えて遂行できるのかという観点から、行政に代わるセクターに対する信頼性が問題となってきた。しかし、行政改革の波はさらに勢いを増して自治体に押し寄せ、小さな政府を目指す流れは加速度的となって自治体改革が進められた。社会教育の領域では、社会教育施設の民間委託の拡大だけでなく、自治会町内会等の地縁団体やビル管理会社に委託したり、首長部局に移管して社会教育の事業を廃止したりする例が見られるようになる。

これら「民間委託」等方式の功罪について、十分な検証結果を得られないまま、1998年（平成10）に「特定非営利活動促進法（NPO法）」が施行され、その後間もなく2003年（平成15）には地方自治法の一部改訂により、指定管理者制度が始まった。一部に直営に戻したケースもあったが、全体としては自治体による直営の社会教育施設管理の可能性は一層遠ざかっている。

行政が民間の力を活用する可能性のある分野は、施設管理の枠にとどまらない。NPO組織調査の結果、NPO自ら人々の学習を支援促進する実態も広がりを見せてきている。組織外に向けた学習支援を行なわない団体はわずか7.7％に過ぎず、ほとんどの団体は社会に向けて学習支援の活動（学習機会の提供やそれに類した活動）を行なっていることが明らかとなった[*10]。行政側からみると、すでに民間カルチャーセンターが1970年代に登場して以来、大学公開講座を含む多くの担い手が市民対象の学習機会提供を行なう時代に入っていることを認識せざるを得ない状況に置かれているが、こような調査結果は、ますます市民の学習支援の担い手が多様化してきていることを証明している。

2002年（平成14）に開かれた文部科学省主催の「生涯学習分野のNPOの連携によるまちづくり支援事業」シンポジウムにおいて、NPOと行政の連携に当たり、行政側の問題として職員の資質が話題となり、どこの職場にもおよそ職員として不適当な人がいるとの指摘がなされた[*11]。そのように、行政が頼りにならないから、という住民側の意識はいまに始まったものではない。職員の側も、そういう冷めた目があることを知りながら、頑張って良質の社会教育実践を積み重ねてきた人たちもいる。そうはいっても、行政だけが社会教育・生涯学習分野を担う時代はとうに過去のものとなった。現代社

----
\*10 田中雅文「NPOの教育力と学び合い」（『月刊社会教育』No.618、2007年4月、国土社）
\*11 「キーワード　連携・まちづくり　ルポルタージュ」（『社会教育』2002年8月、財団法人全日本社会教育連合会）

会は民間事業者だけでも数多く存在するし、多くの人々がそれら民間の提供する学習機会等に参加している。そしてNPOの台頭で民間団体が社会的注目を浴びるようにもなってきた。「ミッション」(mission、社会的使命)を旗印にするNPOの果たす役割から、"新しい公共"の担い手の登場という評価と期待もされるようになってきた。これまで公共と言えば、老若男女を問わず役所がイメージされてきたものだが、世の中は大きく変わろうとしている。

　こうして、"新しい公共"の考え方が社会の前面に現われ、行政以外のNPOや市民団体が公共サービスを担う実態が広がっていることから、私たちは公共サービスは行政が担うものという既成観念を打破する時代を迎えていることを理解しなければならない。国政でも民主党政権となってからたびたび新しい公共の理念が謳われるようになっている状況である。新しい公共の担い手と行政との協働のあり方を問う動きも出てきている。

　NPOが社会教育行政と何らかの関係をもつのは、上記NPO組織調査によればわずか10.7％であり、NPOの多くは社会教育行政の枠外で活動しているのが実情である[*12]。

　このような実態から次のような社会教育行政の課題が浮かび上がる。これまでNPOが人々の学習支援を社会教育行政の枠外で行なってきたことから、社会教育行政側の根本的な刷新・改革の努力が求められるとして、NPOとの連携・協働を積極的に行なうこと、NPOから学んで新しい社会教育行政のフロンティアを見出すこと、NPOなどの市民活動団体の育成に貢献することなど、採り得る方策はさまざまであるとの提言がなされている。提言によれば次の時代の社会教育を先導するために、社会教育行政は新しい発想で自己変革を進める必要があるという[*13]。

　提言はこれだけではない。NPOと行政の連携は行政からNPOへの施設運営委託にのみ収斂されるものではなく、イベントの開催や政策形成など多様な形態があるという指摘[*14]もされている。このように行政施策が単独で企画実施される姿から、NPO等と連携・協働して練り上げられ、企画実施されることも想定していかなければならない。

　その意味で、行政の立場からNPO等自律的な団体を育成する方法として市民活動の発達段階が3つあるとする説[*15]を紹介しよう。第1段階はある

---

　　*12　田中雅文、同前
　　*13　田中雅文、同前
　　*14　櫻井常矢「序　『NPOと社会教育』に関する研究の動向と課題」(『NPOと社会教育』日本の社会教育第51集、日本社会教育学会編、東洋館出版社、2007年)
　　*15　田中雅文『現代生涯学習の展開』学文社、2003年

市民が公共機関などの企画ボランティアとして関わる、第2段階はさらに自律性を高めて公設民営方式による企画運営委員会のメンバーになる、第3段階は公共機関から独立したNPOや市民団体を設立して学習機会の提供を始める、という3段階である。この説では、第3段階に移行した例はあまりないとした上で、もともと自律的な団体を結成できる意欲と力量のある市民であれば、行政の育成支援などを受けなくても団体を結成している可能性は高いだろうと述べて、こうした市民を行政などの公共機関によって育成することがどこまで可能なのかを検討していく必要があると締め括っている。

　筆者の体験と周辺情報からも、自治体社会教育の現場では新たな対応を模索する動きが始まっている。すでに市民団体に呼びかけて行政と協働で（話し合いの上で役割分担して）「団体連携講座」と銘打った学習機会を提供したり、行政が市民団体に委託して住民の立場にたった自主学級や自主講座を開催したりという多様な試みも見られるようになっている。まさに協働理念が具体化されつつある現状となっている。行政の"上から目線"の「育成」という態度や観念を捨てて、市民と協働してこれから学びたい市民に学習を支援する新しい仕組みを構築することが望まれている。

### 4 市町村合併と社会教育

　国や地方合わせて1,000兆円ともいわれる莫大な累積債務を減らすため、政府主導で平成の大合併が進められてきた。財政再建のために地方交付税が縮小され、行政サービスが低下するおそれがあるため、これまで通り質の高いサービスを維持するためには市町村が一定の規模を保ち、基盤を固める必要があることから、合併が推奨されてきた。

　この合併では、政府は3,000余の市町村を1,000にするのを当面の目標としているが、その目標に向けて町村をなくしすべて市とするという強硬意見もあって、反対意見が表明され、どのような自治体像が望ましいのかという議論がこの間盛んに行なわれてきた。市町村によっては、ホームページに合併のメリットとデメリットを示し、合意形成と住民の参加を求めるところもあり、それぞれの展開を経て、ようやく2010年（平成22）3月31日の市町村合併特例新法終了時には、1999年時点で3,255あった市町村は、1,727まで減少して合併騒ぎは一応収束した。

　これだけ大規模な合併は、当然社会教育の世界にも大きな影響を及ぼす。

市町村域は合併前より明らかに拡大し、旧町村の社会教育の水準が合併によりいかに保たれるのか、また向上するのか、それとも水準が下がるのかが焦点となった。

　基本的なことは、合併による変化は、合併以前の社会教育や公民館の体制や実践に規定されるという極めて当然の確認である。3町と1村を合併した新潟県十日町市では[16]、旧町村の中央公民館は、他の多くの合併例と同様に「地区公民館」にレベルダウンされはしたものの、引き続き正規職員が配置された。また旧十日町市だけだった地区公民館の運営委員会制度が、旧町村にも広げられた。さらに旧自治体間で相違のあった公民館の開館時間や休館日も、開館時間が長く休館日が少ない住民サービスのレベルの高いところに合わせるという調整ができた。この成果は、地域にとって公民館は必要不可欠な存在であると思う十日町市民の声の結晶であり、公民館を大切にしてきた伝統が大事な転換期に生きて発展することにつながったと考えられる。

　しかしながら、現実はこのような成功例ばかりとはいかない。新潟県内では合併後も公民館体制を堅持あるいは充実することができた自治体と、逆に合併によって公民館体制が弱体化した自治体と両極に分化しているのが実情だという[17]。他県でも新潟県と同様のことがいえる状況となっている。

　2005年（平成17）11月1日に1市3町1村を合併して誕生した富山県射水市（いみず）は[18]、合併前は5市町村にそれぞれ中央公民館が設置されていたが、合併によって5館のうち1館を中央公民館として、残りの4館を地区公民館とするか廃館とするかという方向づけがされた。廃止される公民館は教育機関ではなくなり、地域の集会所施設となりかねないという懸念も出された。石川県でも合併前と後の3年間を比較すると、県全体で28の公民館が廃止されている。これも旧町村の中央公民館を地区公民館に、地区館としての公民館を地区集会所に改めたことによる減少である。

　このように公民館の統廃合だけでなく、合併によって事業がスクラップされる可能性や、行政職員、団体やボランティア、公民館主事等の研修のあり方、住民参画の確保、新市の社会教育・生涯学習の振興計画や構想の策定など、市町村合併によって生じる社会教育や公民館の課題[19]は少なくない。

----

[16] 小川清貴「公民館の伝統を受け継ぐ合併後の新体制」（『月刊社会教育』No.602、2005年12月、国土社）

[17] 小川清貴、同前

[18] 浅野秀重「北陸の市町村合併の動向と公民館」（『月刊社会教育』No.602、2005年12月、国土社）

[19] 浅野秀重、同前

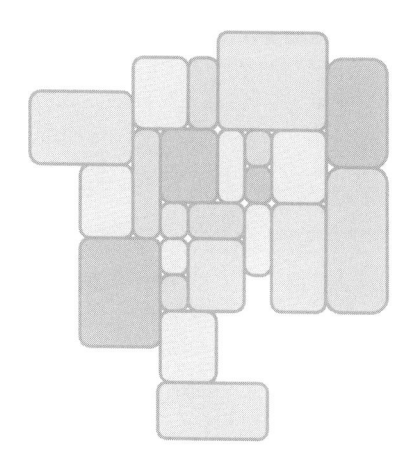

# 第Ⅱ部

## 成人の学習

# 第1章 子どもの学習と比較した成人の学習

　成人の学習をイメージするうえで、誰もが経験してきた子どもの学習と比較すると容易にその特徴が理解できる。そこで学習の場所、指導者、学習内容、学習方法、学習の義務感、評価の項目ごとに子どもと成人の比較をしてみたい。

## 1. 学習の場所

　言うまでもなく、子どもの学習は学校で行なわれる。学校は、子どもの代表的な学習場所である。学校教育は体験学習などで学校を離れて行なわれることもある。子どもの生活全般に目配りすると、学習の場所は学校以外にもあることが見えてくる。学習塾に通う者、お習いごとをする者、サッカーなど地域のスポーツクラブで活動する者もいる。その塾や民間の教室、サッカー場なども子どもが学び成長する場所になっている。

　成人の代表的な学習の場は公民館だろう。"大人の学校"とも呼ばれる公民館は、全国的にみて成人の最も身近な学習拠点となっている。近年広がりを見せている大学の公開講座や小中学校・高校の学校開放もその一つである。そのほか書道、華道、茶道、邦楽など伝統文化や語学、パソコンなどを教える町の教室、公立の生涯学習センターやコミュニティセンター、民間のカルチャーセンター、専門学校や各種学校のほか、読書や研究、通信教育などで自宅を学習の場とする成人もいる。

　このように子どもの学習の場所は学校を中心として、親や子ども自身の選択によっては学校外のさまざまな場所でも学習が行なわれている。一方成人の場合は、中心となる学習の場所があるわけでなく、始めから学習者の選択により場所が決められ、しかもその場所は子どもに比べ社会に多様に存在している。

## 2. 指導者

　子どもの場合は先生と呼ばれる教諭が指導者である。いま学校にはゲストティーチャーや学校支援ボランティアなどと呼ばれる地域の大人が指導の補助的な役割を果たす新しい動きがある。とはいっても、子どもの指導者は成人に比べ資格やその範囲は限られている。

　成人の指導者は大学教授等教員、ジャーナリスト、弁護士、医師、職人、

作家、農業家、郷土史家、俳優、スポーツマンなど社会生活を営む成人学習の特徴を反映して非常に多様である。指導者の年齢を見ても、子どもの指導者は常に年上だが、成人の指導者は学習者より年下である場合も珍しくない。指導者の資格でも子どもの指導者は「教員」免許状の保有が必須条件だが、成人の指導者には必ずしも資格の有無は指導の質や学習者の信頼に関係しない。職業から見た場合も、成人学習の指導者は非常に多くの職種にわたっている。

### 3. 学習内容

ここでは人が学習する時に、何（教材や学習資料）を使って学ぶかという視点と、どのような内容を学習するかという視点を織り交ぜて考察する。

子どもの学習は、学習指導要領という国の基準によって学ぶべき内容が定められている。したがって学校で使う教科書は、教科ごとに学ぶべき内容が網羅され、子どもは教科書を頼りに学ぶ。教科書は何年も同じということはなく時代の変化に応じて新しい教科書に替わるが、教科書を使うことはずっと変わらずに今日まで学校教育の基本事項の一つである。

これに対し成人は、あらかじめ学習者以外の人が選択した教科書で学ぶわけではなく、自らの関心に基づいて学ぶことが原則であるから、自分が学びたい事柄に合った資料や書籍、雑誌、論文などを自分の関心に即して選び学んでいく。新聞やインターネット情報も学習に有効であればもちろん選択することがあるし、同じ学習関心をもつ人々が集まる場において、指導者が学習を進める上で効果的と思う場合は、子どもの場合と同様教科書のように共通の書籍類を使用することもある。

このように、子どもの学習内容は固定的で受動的であるのに対し、成人の学習内容は多様で臨機応変であるといえる。

## COLUMN 8

### 問題意識をもって仕事に取組む

　情報は関心がないと多忙の中では頭と心を通り過ぎていく。反対に、問題意識があると関心のある情報が次々に入ってくるから面白い。筆者は、社会教育の広い分野の中で、特に成人教育に関心がある。学校教育より直接社会の変革にかかわれる成人が、身近な生活課題や地域課題の解決のために、どうしたら知恵と力を身に付けることができるか？
　この究極の命題に、当時の若い筆者は真っ向から立ち向かっていたつもりだった。「自分史」という学習テーマはその答えになる…と。それまで私の周りで目立っていた学習方法＝講師の話を聞くだけの受け身の講座はそのような力になるのだろうかという疑問から、もっと自分と厳しく向き合い、主体的に生きていくために「書くこと」を通して、より良い自分に成長していく講座を創りたいという思いで、必死に自分史関連情報を収集した。その結果、生涯記憶に残る自分史講座を実現することができた。（荒井）

〔第Ⅱ部第4章①自分史に詳細〕

### 4. 学習の方法

　では、子どもと成人の学習方法はどのように違うだろうか。子どもは成長期にあるから多くの知識を獲得し、集団生活の基礎を身に付けて社会の構成員として自立した大人になるために学習する。教師は教科書と指導指針に基づいて教授中心の指導を行なうが、学習上必要な場合は話し合い、フィールドワーク、調べ学習、見学、宿泊体験などの方法を取り入れることもある。
　一方、成人の学習は教授（講義）だけでなく、自ら調べ研究した成果を発表し、ともに学ぶ人々と討議をしたり、助言者をつけ深く掘り下げて考える方法をとったりする。成人の学習の特徴の一つに「相互学習」がある。学習関心が高く、テーマについて相当の時間をかけて調査研究してきた人々の集まりで、お互いに知識や情報を出し合い、交換し合って学び合う光景が見られる。フィールドワークや見学は、時にレクリエーション（気晴らし）や軽い運動を

兼ねた学習になることもあって、成人学習者に喜ばれる。

　総じて子どもの学習方法は教授中心で、成人の場合は学習関心の広がりに対応して多様な方法が採られるといえよう。

### 5. 学習の義務感

　小中学校は義務教育であるから、子どもが学校に行きたくない時も保護者は義務だからと行かせようとする。ここで気をつけなければならないことは、義務教育とは子どもが負う義務ではないということである。近代教育思想上は親権者が負う義務なのである。子どもの親権者がその子どもを一人前にするために最低限必要な知識や集団での行動規範を身に付けることを目的として、学校に子どもを入学させて教育を受けさせるという社会的に承認された教育制度なのである。子どもから見れば、この世に生を受け、学齢期になって義務教育を受けて人として社会で自立して生きていくうえで必要な知識を獲得し、自分や家族以外の人とともに健全な社会生活を送れる基礎を身につける権利を保障する教育制度であるといえる。

　これに対し、成人の学習は様相を異にする。会社でリストラされてどうしても早く仕事を見つけるため資格を取る学習を始めたような場合を除き、成人の学習には嫌でも学ばなければならないという義務感は基本的にはない。そもそも成人の学習は自由であり、強制されて学ぶということがない。自由意志で学ぶからその学びは楽しく、自己充足につながっていく。同好の士とともに学ぶ場合はとりわけ充実感が増すだろう。

　しかしながら、学ばない自由があるということは、学習が必要な人が学ぶ習慣や学ぶ楽しさを知らないために、学習しようとしない人も少なからず存在するのが成人学習のもう一つの側面である。特に仕事の必要から学ばなければならない状況にあっても、学習が苦手の人にとって学ぶことは厳しく自己と対面することとなる。ましてや学習をしない選択をする人は、いま置かれた状況からいつまでも抜け出せない生活が続くことを意味する。成人学習の世界にも、こうして"学習格差"の問題がある。

　学習熱心な人々の中で、かつて"リピーター"と呼ばれる一群がみられたことがあった。高齢者を中心に、講座参加者を募集するといつも応募して参加する人たちだ。何度も顔を見るので"リピーター"というわけだが、この類の人々の中には、家にいてばかりでは妻に文句を言われる、たまには外に出る

ことも必要だと考えて講座に参加する、特に関心のあるテーマがあるわけではない、面白そうだと思った講座を選んで参加している、そんな参加層がある。中には、道で出会った近所の人に「今日はどちらへお出掛けですか?」と聞かれ、「ええ、区の成人学校に行っているんです。」と得意顔で答えた人がいる。このケースは、いわば世間体で学習をしている人と言えよう。社会教育というより福祉的色合いを帯びてくるが、区市町村が推進する社会教育事業でこのような実態が目につくと、行政改革の標的になる。公費の使い方に無駄があるということで、事業そのものが廃止となった例もある。

　成人学習の世界では、始めから興味関心がはっきりしている人ばかりとは限らない。何度も講座に参加している人の中に自分の関心を探している人も見かける。いくつか興味あるものを選んでいるうち、自分が本当に学びたいものを見つける人がいる。行政改革や事務事業見直しで次々に社会教育事業が廃止や統合、縮小され、いまや公民館等行政が関わる社会教育講座が乏しくなってきたが、こうした高齢者などが自らの生きがいや学習テーマを探る支援をしていくことが、介護保険や医療費等の社会的コストを少しでも減らし、多くの人々がいつまでも元気に生き生きと暮らせる社会にしていくためにも必要ではないだろうか。

## 6. 学習の評価

　子どもの学習の成果は、通知表やテスト結果でわかる。成人の場合は、学習と評価の関係をどのように考えたらよいのだろうか。成人の学習は基本的に自己評価である。もちろん資格取得の講座等では、規定の履修内容を修得しなければ資格は取れないから、自己評価でなく講座企画サイドや指導者の基準で学習到達度が評価される場合もある。しかし、成人は自由に学習テーマ、学習場所、指導者を選んで学習する。きっちりと学習計画を立てて学習をスタートする人もいれば、大まかな計画で良しとして始める人もいて人それぞれである。たとえ大学公開講座等で所定の履修内容を学んで講師が評価しても、そこで満足する人もいれば満足せずさらに上級の講座に参加する人もいる。ここでのポイントは、その判断が学習参加者自身で行なわれることである。子どもが通う学校では教育課程に定める授業を受け、一定の基準で合格ラインを超えれば進級や進学、卒業ができるのと対照的である。だから成人の学習評価は自己評価が基本ということになる。講座講師や学習会の助

言者は、成人学習者にとってあくまで学習支援者なのだ。

　そうはいっても、学習に慣れている人とそうではない人では、評価についても異なってくる。慣れている人なら上述のような評価ができるだろうが、慣れていない人にとって専門家の評価は学習の継続深化には大きな参考になるであろう。しかしそれでも成人の学習評価は、やはり自己評価である。参考になる評価をもらった学習者は、次のステップアップの学習への意欲をもつだろうし、学習の継続で得た次の評価は、やがて自己の学習関心と向き合い、さらに上位の段階に進むこととなる。

第Ⅱ部　成人の学習　第１章　子どもの学習と比較した成人の学習

# 第2章 学習の提供主体

**学習の提供とは**

　成人の学習には二つのパターンがある。私たちは日常本を読む、ノートをとる、ネットで調べるなど学習行動をしている。このように自らの関心、考え、計画に従って学習する（自宅学習を含む）か、またはどこかの（成人学習）専門機関が提供する学習メニューを選択して参加するか、そのどちらかであろう。

　学習の提供は後者のパターンで、第三者が自分の学習関心に合ったメニューを提供してくれることで成り立つ。（成人学習）専門機関とは、行政部門が運営する公民館や生涯学習センターなど、大学や高等学校等の教育機関の公開講座、民間事業者が開くカルチャーセンターや個人経営者が開いている塾や各種講座教室、社会教育関係団体等住民自らがつくる学習組織などをいう。

## 1 行政部門

　1949年（昭和24）の社会教育法（以下「法」）施行後、社会教育は法の諸規定に則って教育の一翼を担い、戦後復興とともに国、地方公共団体の取組みにより発展してきた。住民の学習機会提供については、公的部門すなわち社会教育行政が中心となって推進してきたのである。今日のように民間事業者が興る前から社会教育行政は、成人学習の領域で先導的な役割を果たしてきたといえる。

　社会教育の法体系から、憲法、教育基本法、教育委員会法［のちに地方教育行政の組織及び運営に関する法律］[*1]、社会教育法、図書館法、博物館法、文化財保護法、スポーツ振興法に基づいて社会教育行政が運営されてきた。社会教育法第5条は「市町村教育委員会の事務」として、19項目にわたって教育委員会が行うべき仕事を具体的に規定している。その中で成人学習に関わる規定は、

　　三　公民館の設置及び管理に関すること。
　　四　所管に属する図書館、博物館、青年の家その他の社会教育施設の設置及び管理に関すること。

---

＊1　1947年（昭和22）施行、教育の中立性保持という理由で1956年（同31）廃止。代わって地方教育行政の組織及び運営に関する法律が教育委員会の根拠法となる。

五　所管に属する学校の行う社会教育のための講座の開設及びその奨励に関すること。
　　六　講座の開設及び討論会、講習会、講演会、展示会その他の集会の開催並びにこれらの奨励に関すること。
　　七　家庭教育に関する学習の機会を提供するための講座の開催及び集会の開催並びにこれらの奨励に関すること。
　　八　職業教育及び産業に関する科学技術指導のための集会の開催及びその奨励に関すること。
　　九　生活の科学化の指導のための集会の開催及びその奨励に関すること。
　　十　運動会、競技会その他体育指導のための集会の開催及びその奨励に関すること。
　　十一　音楽、演劇、美術その他芸術の発表会等の開催及びその奨励に関すること。

と、多岐にわたっている。
　一方、多くの自治体では公民館が成人学習の拠点となっており、その公民館に関する法規定は次のとおり前記法第5条と微妙に異なっている。

　　社会教育法第22条（公民館の事業）
　　　公民館は、第20条の目的達成のために、おおむね、左の事業を行う。（以下、略）
　　一　定期講座を開設すること。
　　二　討論会、講習会、講演会、実習会、展示会等を開催すること。
　　三　図書、記録、模型、資料等を備え、その利用を図ること。
　　四　体育、レクリエーション等に関する集会を開催すること。
　　五　各種の団体、機関等の連絡を図ること。
　　六　その施設を住民の集会その他の公共的利用に供すること。

　つまり、法第5条では「事務」といい、法第22条では「事業」といって用語を区別している。広辞苑によれば、「事務」とは「取り扱う仕事。主として机に向って書類などを処理するような仕事をいう。」これに対し「事業」とは、

「一定の目的と計画に基づいて経営する経済的活動。」と企業活動等をイメージさせる説明となっている。同じような事務ないし事業を教育委員会が行なうのか、それとも公民館が行なうのか、この法規定は曖昧さを残したままである。

"公民館生みの親"と言われ、公民館構想を生み出した寺中作雄は、公民館が行なう事業の意味を公会堂と比較して次のように説明している[*2]。

> 公民館と公会堂とはその性格及び組織において左の様な点に本質的な差異がある。
> (1) 公民館は本条に掲げるような各種の事業を積極的に行う事業施設であり、公会堂は単なる営造物であって事業主体ではない。
> (2) 公民館には各種団体・機関等の連絡調整のために各種団体・機関等の事務所を置き、またそれら機関代表が公民館運営審議会の委員として、参加すること等によって一の有機体的活動としての役割を果たすものであるが、公会堂はかかる機能をもつものではなく単にその地域の集会所とすべきものである。
> (3) 公民館が事業主体であり、有機的活動体であることから必然的に公民館専任職員の常置ということが必要となるが、公会堂には普通の場合管理者以外に専任職員の必要はないものとされている。

この説明が公民館の事業の性格を浮き立たせている。

## 2 大学等公開講座
### 1. 大学開放の類型

明治期に大学開放についてその意義や必要性が説かれ、大正期以降実施された例もあったが、軌道に乗り出したのは第二次世界大戦後のことである。しかし、それも国公立大学が文部省の委嘱講座として実施したものが主力で、それ以外のものは少数に限られ、質量ともにふるわない[*3]。このように論評された日本の大学開放は、イギリスのような先進例と比較してその取組みは遅れた。

---

[*2] 寺中作雄著『社会教育法解説/公民館の建設』(国土社、1995年)
[*3] 古木弘造「大学開放」(『現代社会教育用語辞典』駒田錦一・新堀道也・日高幸男・吉田昇編、ぎょうせい、昭和54年)

古木弘造は、かつて大学開放を3つに類型化した[*4]。

1　正統派大学開放と呼ばれるもの。大学は研究と学生の教育のほかに社会人に対する教育の機能もあると考え、社会人向けの教育に使用する専門の建物、設備、教職員を伴う専門部局を有するタイプ。
2　大学開放の意義を認めてはいるが、それを大学固有の事業として積極的に推進するまでに至っていない場合。
3　大学の機能を専ら研究と学生の教育の2つに限定して、社会人の教育を考えるまでに至っていない場合。外部の要請があったとき、大学の施設、設備、備品及び教職員の一部を社会教育的利用に供することがある。

　古木が指摘した当時は、日本の大学のほとんどが第3類型に属していたが、近年は生涯学習に対する大学人の意識の変化や大学固有の事情などから、大学開放講座が盛んに行なわれるようになった。特に大都市周辺の大学は、行政部門が行政改革等で急速にこれまでの事業範囲を縮小しているのと正反対に、多くの講座を開設して一般市民の学習要求を満たしている。
　大学固有の事情とは、少子化が進行して大学によっては入学者が定員に満たないところが少なからず出てきたという社会的背景がある。大学はいまや過当競争の環境におかれている。その折から、大学のいわば"生き残り"をかけて大学の誇る教育機能を一般社会人に開放して新たな経営戦略として展開している一大事業としての性格をもってきているのではないかというのが、筆者の考えである。
　しかしながら、こうして発展途上にある大学公開講座には課題もある。その一つに高額な受講料がある。1回2時間で3,000円も出費しなければならない。大規模カルチャーセンターと相違ないレベルの入会金や受講料が設定されているため、受講できるのは経済的に余裕のある階層にとどまるのではないかという懸念がある。大型カルチャーセンターと比較しても劣らないどころか他にはない高度な学習内容を提供することと一体に、高額の受講料を事業収入とすることで、経営上のメリットをもたせようとしているが、こうした公開講座の経営方針は、経済的に恵まれた人々の学習機会として固定化して、

---

[*4]　古木弘造「大学開放」(『社会教育事典』河野重男・田代元弥・林部一二・藤原英夫・吉田昇編、第一法規、昭和46年)

成人学習の分野で民間カルチャーセンターと並び大学公開講座は経済的ステイタスを象徴する一つとなってきている。成人学習における格差を一層広げる役割を果たしてもいることになる。

## 2. イギリスの大学拡張　～大学開放の姿はここから見えてきた～[*5]

大学開放はイギリスで最も早く取組みがなされた。イギリスでは「大学拡張」（University Extension）と呼ばれ、19世紀前半からその気運が広がっていた。1820年代に技能工学院（Mechanics' Institute）、1842年にベイリーがシェフィールドに創設した民衆大学（Peoples' College）、1854年にモーリスが設立したロンドン労働者大学（London Working Mens' College）などの成人教育機関がすでに見られた。

1845年頃はイギリス社会の変化を反映した成人の学習要求が高まった時期である。当時、蒸気機関や紡織機などの発明、発見が相次ぎ、人々の間に科学について関心が広まり、社会人の科学や技術に対する学習要求が出てきた。また産業革命が進行して、様々に発生する社会問題に目覚めた人々は、経済的、社会的、政治的な関心を高め、経済、社会、政治に対する学習要求が強くなったのである。

このような社会情勢の変化を受けた大学の世界では、大学自体が主体的に改革の方向に進むとともに、大学を限られた特定少数者に利用させるのではなく、より多くの人に教育機会を与えようという考えが生まれてきた。

オックスフォード大学やケンブリッジ大学では、非国教徒の学生を入学時に排除していたが、1852年以降この伝統的な宗教制限を緩和する改正がなされて大学教育の門戸が広がった。これは大学の変化の一つの表われであった。また、高等教育を求める者が増大して、こうした伝統的な大学以外に新しい大学を設立しようという動きが1830年代からみられ、1851年にはマンチェスターにオーエンズ・カレッジが設置されたのをはじめ以後新設大学の設置が続いた。女子のための大学も設立され、女子の大学教育の機会も多くなる。

このような大学の内外にわたる大学教育機会増大の動向の中で、大学当局に向かって大学教育を正規の学生以外の一般社会人にまで享受できるようにという積極的な要望書や具体的な提案が出されるようになった。その代表的

---

[*5] 古木弘造、同前

なものは、オックスフォード大学学長宛のスーウェルのものと、ケンブリッジ大学当局に宛てたハーベイのものとがある。1850年になされたスーウェルの提案は、次のような趣旨である。

　　教育を要求する多数の人々を大学に入学させることは不可能であっても、大学を彼等のところへもっていくことは不可能ではあるまい。最初は実験的にマンチェスターやバーミンガムのような工業地帯の大中心地や人口の最も多いところで開講し、しだいにその方式を全国にわたって広げる。
　　その種の計画をつくることによって、大学は国全体の教育の中心ないし源泉となることができるであろうし、またそうあるべきであろう。そしてそのことは、大学本来の指導原理を犠牲にしたり、あるいは妥協的にすることなしに、広く国民の同情と愛情を得ることができるであろう…。

　他方、ハーベイも「大英帝国及びアイルランドの文芸、科学、技能、工業の学院に、大学から講師を供給することの提案」を行なったが、これもスーウェルと同じ精神であった。
　こうした背景の後、大学開放講義の骨組みをつくったのがJ. スチュアートである。彼は1867年ケンブリッジ大学トリニティ・カレッジのフェロー（評議員）の立場にあり、北部イングランド女子高等教育振興会から講義の依頼を受けた。当時の成人教育機関でなされていた単独講義に不満を抱いていた彼は、ある種の連続講義を考案し、その実施にあたって講義要項を配付したり、聴講者から文書を求めたり、ノートを取ること、質疑応答を採り入れること等学習方法の革新を試みた。これが参加者から好評を博し、鉄道従業員や協同組合員等に対する試みも成功して、労働者の学習に便利な人口の多い所で実施すれば大学開放講義も可能であると考えたのである。
　1871年スチュアートはケンブリッジ大学に対して、彼の計画を採用し、かつ授業並びに試験のためのセンターを設置するよう要望した。翌1872年、ケンブリッジ大学はこの問題を検討する委員会を設け、1873年にはこの委員会はスチュアートの提案を支持する報告を出した。こうして1873年にケンブリッジ大学は大学開放のための常設的な組織（Syndicate）を設け、スチュアートは初代事務局長に就任した。

この年の秋からノッチンガム、レスター、ダービーにおいて一般社会人対象の「英文学」「力と運動」「政治経済学」の3コースを開設している。各コースとも同一教授による8回（1回2時間）の授業である。次いで1876年にはロンドンに大学拡張協会（Society for the Extension of University Teaching）が設立され、1878年にはオックスフォード大学がこれらの事業を開始することとなるなど、ケンブリッジ大学の試みは広がりを見せる。この潮流はイングランド、ウェールズだけでなくスコットランドにも拡大して大学開放講義が開設されるようになると、やがてイギリスの全大学がその例に従うようになった。
　全国的に大学開放講義が行なわれるようになって、その体系的な整備が始まる。全国を大学別の分担地域に分け、各大学がその受持ち地域の開放講義に責任をもつこととなった。運営上の困難があれば、地方教育当局や関連団体の協力が得られるようになり、特に1924年の「成人教育規程（Adult Education Regulations）」成立後は、経費の問題も合理化され、大学開放講義は名実ともにイギリス成人教育の主流となった。

### 3. 日本の大学等公開講座

　大学や高等学校は言うまでもなく教育機関であるが、学生・生徒の教育だけでなく成人の学習のためにも社会的に有用な施設設備と教員の教育力を備えた魅力ある社会資源である。社会教育法では第6章に「学校施設の利用」を設け、その第44条で「学校の管理機関は、学校教育上支障がないと認める限り、その管理する学校の施設を社会教育のために利用に供するように努めなければならない。」と公立学校の管理機関である教育委員会の任務を明記した。学校教育法でも第85条で「学校教育上支障のない限り、学校には、社会教育に関する施設を附置し、又は学校の施設を社会教育その他公共のために利用させることができる。」との規定がある。しかし、両法の規定の微妙な違いもあり、これら法規定は永い間実態の伴わない状態が続いたが、ようやく最近になって元締めの文部省が本腰を入れるようになってから本格的な学校開放が推進されるようになってきている。
　社会教育法は、国公立学校の学校開放を推進する立法趣旨であり、文部科学省や地方自治体の方針によって、国公立大学の公開講座は盛んとなっている。一方、私立学校についてはその自由な教育方針を尊重して社会教育法

では法規定の対象外としている。しかし、今日では一般市民の学習要求の高度化と、大学固有の事情とがあいまって、国公立大学をしのぐほど私立大学公開講座は大きな成長をみせている。エクステンションセンター、生涯学習センターなどと呼ばれる常設の専管組織を設け、大型カルチャーセンターと並ぶ数多くの講座を開設している私立大学も少なくない。その特徴は、大学教員の学問的成果を活かした専門性の高い学習内容にある。中には、"現代的課題"の学習内容を取り上げているところもあり、公民館等の行政部門と交差する部分がみえてきた。

さらに関西学院大学のように、関西の大学が東京駅八重洲口徒歩２分の絶好の立地に「丸の内キャンパス」を常設して、学生の就職活動の支援とともに、「丸の内講座」をビジネスパーソン対象に開設するという拡張型の公開講座が現われ、注目を浴びている。このように私立大学をはじめとする大学公開講座が本格的に展開される時代を迎えている。

一方、平成10年に文部省生涯学習局長と初等中等教育局長が連名で各都道府県・指定都市教育委員会教育長に宛てて、「専門学校等の教育機能及び施設の開放について」と題する通知を送った。その内容は、平成14年目途の完全学校週５日制実施に伴い従前より学校開放の幅が広がること、また専門学校や総合学科を置く高等学校が地域との関係を築く必要が高まってきたことから、専門学校等の教育機能及び施設設備を活用して生徒の積極的な参加により、農業体験やものづくり等の多様な学習機会を提供するよう、学校開放の促進に向けた周知徹底を呼び掛けたものである。

学校開放は、上記通知でもふれているように教育機能の開放と施設設備の開放の両面がある。前者を「機能開放」といい、後者を「施設開放」という。学校開放の歴史は古いことではないが、施設開放が先行し、機能開放は最近ようやく実態が見えるようになってきている。大学だけでなく専門学校や高等学校の教員のもつ教育力は社会的に魅力ある存在であり、成人学習の世界では社会資源の一つとみなされる。教員にとっては学校教育のほかにさらに社会教育にも尽力することで負担になることはあるが、運営上の工夫により長期休業期間などを中心に過重な負担にならない範囲で、専門学校や高等学校が地域社会向けの公開講座の企画運営に当る時代が到来した。

### 4. 高等学校の公開講座

　東京都教育委員会は、都立学校全校で公開講座の実施を方針として定めており、公開講座が都民の生涯学習の一助となっている。東京都教育委員会ホームページには学校開放事業欄に「都立学校開放事業とは」と題して、

　　　東京都教育委員会では、学校教育上支障のない限り、都立学校を広く開放し、都民の学習・文化・スポーツ活動の振興に資するとともに、地域に開かれた学校づくりを促進するため、都立学校の教育機能と施設を開放することを目的として「都立学校開放事業」を実施しています。

と積極的な姿勢をアピールしている。具体的な事業は(1)都立学校公開講座と(2)都立学校施設開放事業の2つの種類があると説明し、開放事業に多くの都民が簡便に参加できるよう都立学校開放事業データベースをわかりやすく紹介している。関心のある都民はこのホームページを読んで公開講座について電子申請と往復はがきのどちらかを選択して申込むことができる。また施設の開放状況を見ることもできる。

　同じように首都圏の埼玉県や千葉県の教育委員会も、県民向けの公開講座を実施して学校開放の推進に努めている。埼玉県では県のホームページで「県立学校公開講座」欄を設け、県民の参加の便宜を図っている。千葉県では教育委員会ホームページの県立学校開放講座欄で、「県立学校開放講座は、それぞれの県立学校がもつ優れた教育機能や施設を身近で利用しやすい生涯学習の場として積極的に地域へ開放し、県民の皆様が生活に必要な知識や技能を修得したり、心豊かに生きるための教養を身につけたりするなど学習の機会として活用していただくものです。」とその考え方を紹介している。首都圏ではまだ方針として学校開放事業を進めるまでに至っていないところもあるが、このように積極的に推進している都県の例にならって、成人学習を推進するうえで重要な社会資源である公立学校の開放事業が一層盛んになっていくことが望まれる。

### 3 民間教育文化事業

　成人向けの学習プログラムを提供するのは、行政と大学等公開講座だけではない。カルチャーセンターと聞けば、多くの人がその実態をおおまかにイメー

ジできるほど民間教育文化事業は、わが国の教育と文化の領域で大きな役割を果たしてきた。

### 1. 大型カルチャーセンター

人々がイメージするカルチャーセンターとは、1974年（昭和49）に東京新宿に初めて誕生した朝日カルチャーセンターが原型である。東京朝日カルチャーセンターが提供する成人向け学習プログラムの受講者は、時間的に余裕があり経済的にも恵まれた女性が多く集まった。

東京の成功に続いて大阪でも朝日カルチャーセンターが1978年（昭和53）にオープンした。場所は、官庁や企業が集中する大阪の中心地、中之島である。東京新宿とともに、こうした繁華街に立地した成人向けの教育文化事業は、これまでわが国の社会教育の歴史にはなかったことであり、エポックメイキングな出来事である。大阪朝日カルチャーセンターは、東京朝日カルチャーセンターと同様に少なからぬ都市住民の学習要求を受け止めることに成功した。大阪の受講者は東京と比較して、男性と有職者の比率が多かった[6]。このことは成人学習の観点で非常に興味ある知見を示している。

東京と大阪の共通点もある。ともに女性の受講者が多いことで東京では90％、大阪でも70％という高率である。こうして朝日カルチャーセンターは東京、大阪というわが国を代表する二大都市で経営上成功し、大都市型の民間教育文化事業の興隆期を迎えた。

興味あるテーマとして、カルチャーセンターに代表される民間教育文化事業参加者は、公民館事業には参加しないのだろうか、という問題がある。この問いに対する答えとして、カルチャーセンター参加者は公民館事業には参加しないという"食わず嫌い"の傾向がある[7]。

この現象をどう解釈したらよいのだろうか？　筆者は、カルチャーセンター参加者にある種のステイタス観があることの反映ではないか、と考えている。1980年頃、"カルチャー族"と言われた時期があった。これは、地元の公民館に行くのを意識的に避け、身なりも着飾って交通機関を利用してわざわざ遠くのカルチャーセンターに通う人々のことであり、社会的に注目された現象であった。昼間時間がある専業主婦で、時間だけでなく経済的にも余裕のある階層の女性がカルチャーセンター参加者の主流を占めていた。

---

[6]　大阪大学人間科学学部社会教育論研究室『民間教育文化事業（第一次報告）』、1981年
[7]　大阪大学、同前

## 2. 中小の民間事業者

　上記カルチャーセンターと呼ばれるものと比べると、規模は小さいが身近な町のカルチャーセンターが、「東急ＢＥ」などローカルな駅周辺に立地する中小の民間事業者である。生活圏域にあることから身近な存在であり、趣味や実用的な親しみやすい内容の各種教室を開いて公民館に行かない（行きたくない人も含め）人々の学習関心を吸収している。

　このほか各種学校、専門学校、専修学校の役割も見逃せない。社会教育の世界では長い間行政が中心となってきたことは前にふれたが、それでもこうした学校と名前の付く機関は、自力で生徒を集め、地味ながらも民間事業者として行政がカバーできない分野で人々の学習関心をひきつけてきた。

　また、語学学校が果たしてきた役割も重要である。語学分野は、わが国の国際化に伴って大きな学習需要を巻き起こしてきた。人々のニーズを受け止め、巧みな宣伝を駆使して多くの顧客を獲得してきた英会話学校「ＮＯＶＡ」を例に、その経営方針と学習者の立場について考察してみよう。

　英会話学校「ＮＯＶＡ」は、テレビＣＭ"ノバうさぎ"で人気を集め、多くの受講者を獲得した。ここまでは経営はすこぶる順調であった。しかし、語学学校の乱立により競争が激化したことで、「ＮＯＶＡ」は他校とのいわゆる"差別化"に走り、さまざまな売りでさらに受講者の獲得を急いだ。2007年のこと、「予約が簡単」との売りは、実際には予約が取れないことが多いということでトラブルが増えた。また「中途解約ができる」との売りも、解約後の返金額が少なく訴訟に至るなど問題が続いた。さらに外国人講師が魅力で多くの受講者を集めることに成功したが、当の講師への給料支払いが遅延して抗議が殺到したり退職する講師が出てきたりという様子がマスコミに報道された。「ＮＯＶＡ」は、結局教室を縮小する事態に追い込まれ、2007年10月には全教室の長期停止、「会社更生法の適用申請」をして倒産した[*8]。

　このように、成人教育といえども聖域ではない。営利至上主義とも言える語学学校の経営実態が白日の下にさらされて、私たちにも危うい成人教育機関があることを自覚させてくれるきっかけとなったのである。消費者教育の観点からも社会の注目を集めることとなった。すなわち成人教育を受ける私たちも、賢い消費者となって学校が提供する学習内容を良く吟味して参加する必要があることを示唆するものであった。

---

＊8　朝日新聞「NOVA経営破たん」2007年10月27日など

## 4 社会教育関係団体が提供する成人学習

　一般成人に対し学習機会を提供するのは、これだけではない。成人学習の多様性がここでも見られる。さらに現代社会の新しい息吹が、成人学習の領域にも現われてきている。

　これまで紹介してきたのは、いずれも学習機会提供を職業として学習プログラムを企画し受講者を募集する性格の事業であった。行政は住民向けの任務として公民館を中心に主として公務員が担当する。公開講座は、大学や高等学校の教授、教諭を中心とする教職員が企画、実施面を担当、民間事業者は営利事業として顧客の学習ニーズを敏感に把握して効果的な広報手段を駆使して社会の関心を集める。

　しかし、社会教育関係団体は職業としてという部分もあるが、主要となるのは、市民が市民のためにともに学習の輪を広げようという素朴な願いから学習機会を提供したいというボランティア精神ではないだろうか。

　詳しい内容に入る前に、社会教育関係団体についてまず説明をしなければならない。社会教育法第3章には「社会教育関係団体」の条項が記載されている。第10条で、「社会教育関係団体とは、法人であると否とを問わず、公の支配に属しない団体で、社会教育に関する事業を行うことを主たる目的とするものをいう。」と規定されているように、ごく一般のアマチュア市民が同好の士と団体を構成し、継続的な教育活動を行なっていることが前提となっている。

　社会教育関係団体と聞くと、私たちは相当大規模な団体を想起しがちになるが、法第10条のとおり法人でなくともよいのだから、素朴な市民の集まりが社会教育関係団体となり得るのである。そこで、この団体には学習に関し二面性があることから話を進めていこう。

　その一つはいうまでもなく会員の学習である。これは団体発足の要因から考えれば、一定の内容について学習関心のある人々が集まって団体をつくることから、当然の活動であり誰でも理解ができるところである。もう一つは、団体が広く身近な知り合いや社会に呼び掛けをして学習機会への参加を促してともに学習しようとする活動である。

　後者については、まだ社会的に広く浸透していないかもしれない。しかし、この分野が現代社会で注目されている新しい動向である。1995年（平成7）の阪神淡路大震災で多くのボランティアが災害救援の活動に参加し、この年

をボランティア元年と呼ぶ社会的な盛り上がりがあった。それ以来ボランティア活動、すなわち市民による市民のための活動が一層活発となり、その関心の高まりを受けて1998年（平成10）にはNPO法（特定非営利活動促進法）が成立施行された。この法整備により、市民による市民のための非営利の活動の輪が広がることが期待され、社会教育の領域には多くのNPOが今日まで参加してきている。

　手話を学ぶ会が、会員の手話技術向上を目的として学習と聴覚障がい者を支援する活動を続けてきて、今度はもっと手話のできる人の輪を広げようと、手話講座を企画。身近な人に呼び掛けたり、ホームページを開設して広く参加者を募ったりして、思わぬ反響に企画者が驚いた。教えるのは、ベテラン会員だが、まだ入会して間もない人も、助手としてマンツーマンの学習の際には、今まで学んだこと経験したことを初めての人に伝えようと、一所懸命学習支援に務めた。このような話は枚挙にいとまがない。数多くの団体が、同じように学びの輪を広げようと頑張っている。

　環境問題に関心がある人たちの会、同じ病気や疾患で悩む人や家族の会、各種スポーツの団体等々、NPOであってもなくても、市民による市民のための学習の輪が広がってきている。行政、公開講座、民間事業者と異なり、市民が学習を企画運営することから、市民目線の良さ、手作りの良さが発揮されて新しい成人学習の世界が広がっている実感がある。市民の評価が概ね好評であるのもうなずける。

　1999年（平成11）6月、文部省（当時）は生涯学習審議会による「学習成果を幅広く生かす」と題する答申を受け、全国にその考え方を広めた。団体が、会員外を対象に学習会を行なうのは、この学習成果を生かそうとする活動である。手話や環境のほかにも、アルコール依存症患者の会、パーキンソン病友の会、自分史の会、各種スポーツクラブ等々、数えきれない団体が広く社会に対し呼び掛けをして学習会を開いている。

　会員外に呼び掛けて学習成果を広めようとする動機は、どのようなものであろうか？　それはより多くの人に関心をもってもらいたい、あるいは同じ病気で苦しんでいる人たちに参加してもらい共に学びあいながら病気と闘っていきたい、あるいは少人数ではなかなか進まない学習をより多くの仲間と支え合いながら学び続けていきたい、さらには会員の輪を広げたいなど、さまざまある。ここで大切なことは、行政や教育機関、あるいは民間事業者など

成人向けの学習プログラムを提供することが仕事であるところに頼るのでなく、市民自らの知恵と工夫で同じ市民に向けて学習の輪を広げようとするところである。しかも、市民目線の学習内容を提供することができる点でも、他の主体と異なる特徴であるし、利点でもある。こうした市民主体の学習活動は、いまインターネットなどで居ながらにして情報に接することができる。しかも最新情報が入手できるところが魅力であろう。

　こうした団体の中でＮＰＯ（Non Profit Organization、特定非営利活動法人）の出現が目を引く。ＮＰＯは1998年（平成10）3月に成立をみた特定非営利活動促進法に基づく新しい社会の担い手の登場である。このＮＰＯが、2000年（平成12）12月に国の閣議決定による行政改革大綱に基づく「行政改革」後の社会において、例えば「今後は行政では担えない分野」、あるいは「今までも行政ではきめ細かなニーズに応じきれなかった分野」などで住民の信頼に応えつつ新しいサービス、事業を提供するようになってきている。これまで公共といえば役所をイメージするように、私たちは成人学習、社会教育の世界を超えて社会における公共的な分野の担い手といえば国や都道府県、そして身近な区市町村の公民館や教育委員会、役所を想起してきた。しかし、もはや社会の様相は私たちの想念を超えて急展開している。私たちの生活で最も身近なゴミの収集業務に見られるように、民間活力の名の下に、それまで行政が担ってきた分野には多くの民間事業者が参入してきていることは周知のとおりである。2011年（平成23）3月11日に発生した東日本大震災の被災者救済の幅広い分野でＮＰＯが活躍していることは、私たちも直接間接に目にしている。ＮＰＯは行政が行き届かないきめ細かなサービスを提供するなど、民間事業者の一つとして社会的認知を得つつあるが、成人学習の分野でも、魅力あるきめ細かい学習プログラムの提供とそのフォローを通して市民の信頼を得ていくことが課題となっていると思われる。

## 5 企業内教育

### 1. 職能を高める　〜スキルアップ

　企業や役所など職場では、従業員や職員の職務能力の向上を目的に「研修」の名のもとに仕事に必要な知識・技術・心構えや態度などのレベルアップ、スキルアップを図っている。新人には新人向けの、中堅社員には職場の中堅としての、係長には係長としての、管理職には管理職としての研修内容が組ま

れ、勤務時間中に職務として行なわれる。職場を離れて研修所などに出向いて行なう「Ｏｆｆ－ＪＴ」(Off the Job Training）と呼ばれる研修だけでなく、通常の業務を行ないながら職務能力の向上を目指す「ＯＪＴ」(On the Job Training）と呼ばれる研修もある。

　長い間日本企業の雇用形態が"終身雇用"を基盤にして、企業内教育によって従業員等の能力向上に力を注ぎ、その成果が産業経済の維持発展を支えてきたのであり、企業内教育のそうした側面を私たちは忘れてはならない。

## 2. 退職準備教育　〜企業が従業員の退職後の生活を支援

　かつて日本の企業内教育は新入社員教育や管理職教育などを盛んに行なってきたが、それは企業の枠内の教育にとどまって、中高年層の能力開発や退職後の第二のキャリアに結びつくような教育ではなかったという批判がなされたことがある[*9]。ひるがえって、今日では「ライフプランセミナー」、「人生設計プログラム」などという名称で企業等事業所の該当年齢の従業員を対象に、企業退職後のそれぞれの生活プランづくりを支援する研修が行なわれている。ただし、こうした行き届いた研修は、大企業か役所で行なわれていて、中小企業や小規模事業所などではそこまで従業員の面倒を見ることは難しい。従って退職準備教育は、大企業と中小企業の格差が生じる分野である。本来、退職後の生活は従業員自ら考え計画すべきものであり、会社や役所が指南してくれなくても良いのであるが、大きな事業所ではそこまで支援策を講じてくれている。従業員は、このようなセミナーに参加して体験学習を含め一時集中的に退職後の生活を考える機会を得て、退職していくのである。

---

　＊9　佐多不二男「企業内教育」（古野有隣・伊藤俊夫・吉川弘・山本恒夫共編『現代社会教育の展開』
　　　文教書院、昭和55年）

# 第3章　成人学習の奨励策

## はじめに

　これまで紹介してきた成人学習に関わる領域を管轄する行政府は、文部科学省であるが、成人学習に関係するのは文部科学省だけではない。言うまでもなく、学習を必要としているのは、時間に余裕のある人ばかりではない。仕事や家事など時間に追われる日々を送っている人でも、それぞれの事情で何とかやりくりして学習する時間を確保している。

　次に焦点を当てるのは、特に職場で働く人々が学習の必要に迫られ、企業や行政の施策を利用して学ぼうとするその仕組みである。

## 1 教育訓練給付制度

　教育訓練給付制度は一義的には雇用政策であるが、成人学習を奨励する性格をあわせもっている。厚生労働省は、「労働者が主体的に能力開発に取り組むことを支援し、雇用の安定を図るため、労働者が自ら費用を負担して一定の教育訓練を受けた場合に、その教育訓練に要した費用の一部に相当する額を支給する」趣旨で、1988年（平成10）12月にこの制度を創設した。厚生労働大臣が指定する講座数は5,236講座である（平成20年10月1日現在）。

　教育訓練給付は、新たな職に就くために雇用保険に3年以上加入していれば失業期間中に一定の教育訓練を受けられるだけでなく、在職中の人でも新たなキャリア形成のために指定講座を受講する場合も含まれ、それに掛かる費用の一部を国が支給するという制度である。したがって、仕事をしていてキャリアアップを目指す人にとっても、また失業者にとっては再就職できるチャンスを広げてくれる。一般に事業所では従業員のために雇用保険に加入し、失業時に備えている。世情リストラ等会社の都合で辞めさせられる話が聞かれるが、もし失業した場合も、一定の条件を満たしていれば失業保険の適用を受けることができるので、急場をしのげるだけでなく、学習意欲のある人が新たな職に就くことを支援する雇用安定と奨励策ということができる。

　いままで身につけてきた職業スキルをさらに磨く人、新しい仕事につく前に資格を取ろうとする人、失業を機会に新たな世界に挑戦する人、等々。人生の岐路に立った人は、それぞれの選択をして新しい職場に入っていく。再就

職も厳しい現状であるから、この制度がもつ意義は一段と増している。しかし、学習しようという意欲がなくては何も始まらない。小中学校そして高校時代に、学習に関し良い思い出のない人は、失業という困難に直面した時、学ぶ習慣が身についていなかったことを悔いるだろう。また在職中の人で別の仕事につきたいと思っても、また勉強しなければならないのは嫌だという思いに立ち止まってしまう人もいるだろう。ここでも"学習格差"の問題が影を落とす。

　この給付制度は次のような手順で給付金の支給を受けることができる。まずは本人が講座を選択し、受講する。受講に掛かる費用は自己負担し、受講後に領収書と講座の教育訓練証明書の発行を受けたら、本人がハローワークで支給申請の手続きをする。ハローワークで所定の書類審査を受けてようやく給付金が支給される。制度の案内にもある通り、どの講座を受けるかが出発点で、この選択を誤るとせっかくの制度が活きないことになる。自己の関心や必要性をあらかじめしっかり確かめ、自分に合った講座を選ぶことが大切である。しかしながら、善良な人が考えた上で選択した講座が、途中で継続できなくなるケースもある。それは講座を提供する事業者（スクール）が倒産したり、不正行為を行なったりして厚生労働大臣の指定を取り消される場合があるからである。このようなことが実際に起きているので、消費者でもある私たちは講座提供者の情報を十分に入手して、信用できる確実な講座を選択したいものである。

## 2 有給教育休暇
### 1. 有給教育休暇とは

　一般に企業や行政機関など大規模事業所をはじめ職場環境が整った職場には、年次有給休暇制度が定着している。このほか育児休暇や介護休暇のほかボランティア活動をするために休暇をとっても休んだ分は減給されず、有給のボランティア休暇を採用する事業所も出てきている。しかしながら、自己の職業能力向上の目的で民間や大学の講座を職務時間中に受講しても、通常の年次有給休暇で仕事を休むことになる。フランス、ドイツ、イタリアなど欧州先進国では、事業所の使用者が教育を受けるための有給休暇の取得を認めているが、わが国ではほとんど整っていない。

　ユネスコ（UNESCO、国連の教育文化科学機構）は、1976年加盟各国に「成人教育の発展に関する勧告」を行い、その内容は「報酬を減ぜられ

ることなしに、又は補償的な報酬の支払及び受けた教育の費用を調整するための支払を条件として勤務時間内の教育休暇を与えることを促進し並びに労働時間の間において教育又は資格の向上を促進する他の適切な援助を行うこと」であった。この分野の先進国では、どのような背景のもとに有給教育休暇（教育有給休暇ともいう）制度が成立したのであろうか。次に二つの国の例を見てみよう。

## 2. フランスの有給教育休暇制度[*1]

　フランスは有給教育休暇制度の先進国中でも先駆的な役割を担った。19世紀の頃から既にこの制度の考え方が現われていたフランスでは、1970年労働組合と経営者代表との間で協定が結ばれた。次いで1971年に可決された法律により、職業に従事している人々とこれから従事しようとするすべての人々に、この制度を利用することによって、教育の機会を与え、職業上の新しい知識を獲得させることを目指した。

　当事者は、自分自身の意向と選択で、一定期間職業教育の研修に参加することができる。研修期間中は職場での身分が保障されるとともに、原則として経営者は、勤労者からの権利の請求を退けることはできない、というのが制度運用にかかわる勤労者と経営者の関係である。

　フランスがこの分野で先進的な歩みを進めてきた背景には、フランス固有の思想上の伝統がある。サン＝シモンやフーリエといった空想的社会主義者や、プルードン、カベなどの著作には、人間形成と理想的な社会建設に寄与する職業教育の重要性について語られている。また、職業教育施設や厳しい徒弟制度がフランスには古くから存在していたという社会的環境も見逃せない。「工芸学校」が18世紀においてすでに設置され、19世紀には代表的な職業教育施設に成長している。これは今日では職業教育研修所として利用され、規模を広げて全国36の分校センターの中心となっている。「工芸学校」は3年ないし4年の夜間研修をへて所定の資格を与える高い水準の教育機関としての評価を得ている。

　このほか、研修機関には技術学校や高等教育機関など、既存の各種教育機関をはじめ、商工会議所、農業会議所、成人職業教育協会などが利用されている。

---

*1　西出不二雄「フランスにおける有給教育休暇制度」（藤田秀雄編『学習権保障の国際的動向』日本社会教育学会年報、日本の社会教育第19集、東洋館出版社、昭和50年）

研修や教育の期間中、有給で生活と身分が保障されるということは、国家と企業の大きな経費負担が法律で義務づけられているから成り立つことで、例えば労働契約を解除されたり、6ヵ月以前に解雇されたりした勤労者は、給与の80～90％の報酬を受けることができる。これを国家が負担するだけでなく、企業側も一定の出資を求められるしくみができている。

　このように、この制度は企業活動、行政、財政、教育など多様な領域が関係し、複雑な機構によって支えられている。しかし、研修、教育参加者が大企業に多いこと、制度の運用が企業の自由裁量に任されている部分が大きいなど、改善を要する課題も残されている。

### 3. ドイツの有給教育休暇制度[*2]

　旧西ドイツは複雑な学校教育体系をもち、大学への進学の道が極めて限定されていて、多くの労働者は基礎教育を終えた後、職業教育を中心的内容とする中等諸教育機関を経て社会に出ている。そのため、大学進学や大学教育を受ける機会を享受できていない。多くの労働者によって組織される労働組合は、教育に関し単に成人教育だけを念頭においた要求をするだけでなく、学校教育を含む国全体の教育改革を視野に入れた要求をしている。

　その象徴的な出来事があった。1974年成立のＩＬＯ（国際労働機構）条約の中では、有給教育休暇の対象に、職業教育・労働組合教育と並んで"一般教育・社会教育及び市民教育"が含まれているが、その条約の採択にドイツ労働総同盟（略称、DGB）が役割を果たしたと言われている。しかし足元の国内では、この"一般教育・社会教育及び市民教育"を含むか否かをめぐって使用者と労働者側が激しく対立した。使用者の主張は、有給教育休暇の対象として産業・企業に直接関係ある職業訓練に焦点をおくべきであるというものであったのに対し、労働者側は、労働者が責任ある市民となるためにも、さらに教育を民主化するためにも"一般教育・社会教育及び市民教育"を対象に含むべきだと繰り返し主張した。

　このような背景があって旧西ドイツでは、1960年以来ＤＧＢの「一般教育、社会教育及び市民教育」に関する教育要求があり、要求の実現を目指してきた。8つの州と3つの特別市（ブレーメン、ハンブルク、西ベルリン）からなる西ドイツで最初の有給教育休暇に関する法整備は、1965年のブレーメン

---

＊2　佐々木英一「西ドイツの有給教育休暇制度」（藤田秀雄編、前掲書所収）

法（ブレーメン特別市）である。連邦制をとる西ドイツでは、州の自治制が伝統的に強く、とくに教育・訓練・文化に関する問題は州の法律によることが多い。ブレーメン特別市のこの法律は、「ブレーメン州のすべての民間企業および公益企業に働くすべての賃金労働者、管理者・経営者・技術者にも適用される。すべての労働者は以下の条件で年間6日間の教育のための有給教育休暇を与えられる。」として、次の条件を付している。

①企業内訓練については一日8時間、年間48時間の教育が与えられる。
②この教育は職業訓練、および市民教育に使われる。場所は企業、各種団体、公共機関などとする。
③与えられる教育・訓練の形式は、集合クラス教育、セミナー、実習、ミーティング、見学旅行などで、職業に関する知識や技能を高める目的で開かれる。
④休暇は、社会的・政治的現象など市民生活に関連する事項をよりよく理解するための教育にも使われる。
⑤この訓練や教育を管理・運営するために州の機関（委員会）が設立され、労使双方、議会から代表が送られる。
⑥教育・訓練を受ける資格は、入社後6ヵ月たった者。
⑦その期間の賃金は、直前13週間に支払われた賃金の平均を支払う。
⑧見学をするについては交通費を支給する。

　このブレーメン法が他の州の法律の基盤とされて、ベルリンやハンブルクなどに広がってきた。1970年ベルリンにおいて、「教育講座参加促進法」が成立したことがきっかけで、1975年までに全国的に有給教育休暇について法制定を準備することになる。しかし、実態をみれば教育休暇の大部分は、法的規定によらず個々の労働組合と企業との間の労働協約に基づいて実施されているという。ベルリンでは、法制定3年後の調査で、法の対象者の4％しか有給教育休暇を請求していない現実が明らかになった。労働者の教育・訓練参加促進のためには、法の整備だけでなく、休暇制度の普及啓発、使用者の理解、講座の質量両面にわたる拡充などが課題となっている。当面は、有給教育休暇を労働者の権利として認めるかどうかが焦点であり、使用者側は普遍的な権利として認めるのは現実的でないと主張してきたことから、「すべての労働者は、勤続、性別、職種、年齢などのすべての条件をこえて、有

給教育休暇に対する権利を持つ」とする労働者側と、これを認めようとしない使用者側とのやりとりが続くものと思われる。

### 4．ＩＬＯ有給教育休暇条約の成立[*3]

1974年6月、ＩＬＯは第59回総会で「有給教育休暇に関する条約」（Paid Educational Leave）を成立させた。有給教育休暇とは、「就業中の労働者が、適当な金銭的給付を受けつつ、一定の休暇をとって教育訓練をうけられるような機会を保障する制度」とされる。

条約制定の目的と内容の骨子については、条約第1条で有給教育休暇とは「労働時間中に一定の期間教育上の目的のために労働者に与えられる休暇であって、十分な金銭的給付を伴うもの」と定義されている。条約前文には、教育を受ける権利をうたった世界人権宣言26条に留意してこの条約を定めると述べている。特に第2条で、職業訓練にとどまらず、一般教育、社会教育及び市民教育、さらには労働組合教育など、労働者にとって最も本質的な三つの領域に対して広く適用されると定められた点は、大きな論議を呼んだ。

74年のＩＬＯ総会に向けた事務局原案は、有給教育休暇が「現代社会における諸個人の真の要求を満たす『新しい労働の権利』（a new labour right）という原理に立ち」、継続教育政策の一環として推進されるべきであるという格調高い理念が盛り込まれた。さらにその保障として第1条に「通常の就業時間中に、賃金その他の報酬の損失なしに」休暇が認められると記された。これに対し、使用者側をはじめ、イギリス・アメリカ・カナダ・日本・スイスなどの政府代表はこぞって反対し、条約ではなく勧告にとどめるべきだと主張した。労働者側代表や、すでに有給教育休暇を実施している西ドイツ・フランス・社会主義国・北欧諸国など条約推進側はこれに大幅に譲歩し、ようやく条約は成立をみた。

この結果、前文のこの部分は全文削除され、「権利」ではなく「個々の労働者の真の必要を満たすための一つの手段」と書き改められ、第1条も「十分な金銭的給付を伴う」とあいまいな表現になった。このため、事務局原案にみられた理念的な格調の高さが後退し、内容についても条約が加盟各国を縛ることを避け、国内慣行にゆだねられる余地を大きく残すゆるやかなものになった。

---

[*3] 佐藤一子「ＩＬＯ有給教育休暇条約の成立過程とその理念」（藤田秀雄編、前掲書所収）

このように条約成立の過程では、労働者側の主張が終始主要な役割を果たし、使用者側や各国政府代表には消極的な姿勢が顕著に見られた。それもそのはず、この条約はＩＬＯ加盟国の労働者側代表の結束した努力によって促進されてきたものだったからである。格調高い事務局原案は、主として73年の一次討議のさいに冒頭に示された労働者側代表が提案した次の4原則をふまえ作成されている。以下に示すのはその4原則である。

(1) 有給教育休暇に関する国際労働基準は、条約および勧告とすべきである。
(2) 有給教育休暇は、労働者が現代社会で真に必要としている社会権（a new social right）である。有給教育休暇は教育民主化の手段であり、労働者がより有効に現代社会の問題に直面し、最大限の力量を発揮して社会を理解し、責任ある市民として個々人を向上させるためのものである。
　　有給教育休暇には一般的、社会的市民教育、職業訓練、労働組合教育が含まれる。それはエリートの訓練による専門分化ではなく、知識の広範な普及をめざした継続教育政策の枠組でとらえられるべきである。
(3) 有給教育休暇は、政府並びに使用者がその費用を負担して、労働者は負担しない。
(4) 有給教育休暇は差別なく、すべての労働者に適用される。

これに対する雇用者側の見解は、全く正反対である。

(1) 有給教育休暇に関して、各国の実情は多様であり、厳しい制約となる条約は拒否する。
(2) 有給教育休暇を普遍的権利と認める条約の採択は、現実性を欠く。
(3) 休暇の適用範囲として、企業に直接関係のある職業技術訓練に焦点をおくべきである。一般教育は国家の責任であり、労働組合教育は労働組合自身の問題である。

こうして相容れない両者の主張は、労働者側が積極的な修正提案を行なって討議原案に豊かな内容を盛り込むために雇用者側に働きかけた。例えば

労働者側の「新しい社会権」は「新しい労働の権利」(a new labour right)におきかえるというイタリア政府代表の修正提案がなされたうえで可決されるなど、いくつもの修正を重ねて条約の成立をみている。

### 5. 日本の有給教育休暇

わが国でこの制度を採用する事業所は、全体のわずか4.5％に過ぎない。従業員が教育訓練を受けている間も全額賃金を支払うという事業所は、この制度を実施している事業所の90.4％で、残りは一部支給（5.7％）か無給扱い（1.2％）である。ただし、この数字は年次有給休暇とは別に付与される夏季休暇や病気休暇などいわゆる特別休暇全体のデータであるから、教育訓練だけに限定した場合は、さらに低い数字になると思われる。このように、国民の大多数が働く事業所を監督する厚生労働省の調査では、「有給教育休暇（有給教育訓練休暇ともいう）」を採用する事業所はわずかで、しかも有給とはいえ、一部支給か無給という不十分な処遇をしているケースもある。勤労者が自己啓発しやすい環境づくりのためにこの制度の前進が望まれるところであるが、そのためにも年次有給休暇の取得率をあげることが肝要である。最新データ[*4]によると、わが国の年次有給休暇の取得率は48.1％であり、付与される年間休暇日数の半分も取得できていない状態である。有給教育休暇制度の拡充とともに、年次有給休暇の取得率を上げる事業所の努力が強く求められる。

これほど消極的な日本の企業であるが、その背景にはどのようなことが考えられるであろうか。そこで前述した旧西ドイツの場合と比較してみよう。学校教育の体系は両国で大きく異なる。わが国は経済的な事情が左右するものの、誰でもが大学進学可能な教育制度上の機会均等が保障され、かつ社会的な合意もあって、"大学全入"ということさえ言われるほど高等学校卒業後は多くの人が大学進学を目指す。大卒者を社員として受け入れる企業は、労働組合や社員が要求する一般市民教育はすでに大学で学んできたことであり、それを企業が重ねて後押しする必要はないというような日本の企業方針がうかがえる。また、わが国は企業内教育によって労働者の質が高められ、高い技術力と知識に支えられたことが企業活動の基盤となってきた。こうして使用者が"責任"をもって労働者の教育を進めてきたという自負が非常に強

---

\*4　厚生労働省「平成21年度就労条件総合調査」

いのがわが国の特徴ではないかと考えられる。

このような教育体系の違いから、わが国では企業が有給教育休暇制度を設けなくても労働者が仕事と関係の薄いもの、関係のないものについて学びたいと自ら意欲のあるものが自主的に、つまり仕事と関係ないところで、会社の外で学べばよいという企業風土があるのかもしれない。これは企業、労働者ともにもつ日本独特の精神風土にように思われる。しかし、現実には高校卒業の労働者も大量に雇用しているわけだから、このままで良いとは言えないだろう。

かつて佐藤一子は、ＩＬＯ条約成立後１年以内に各加盟国の国会に報告され、政府見解の表明が期待されながら、国会審議を待たず労働省（現厚生労働省）が雇用保険法に基づく能力開発事業として「有給教育訓練休暇奨励給付金制度」を実施したとして、批判的にこの経緯を紹介している[*5]。旧西ドイツの使用者見解と同様に、またＩＬＯでも使用者側は労働者の教育の内容を職業訓練に限定しようとする意向が強い。日本政府見解もその典型として、1972年ＩＬＯ事務局に宛てて下記の政府回答を送っている。

(1) 有給教育休暇付与促進政策の企図するものは、「労働者の技能・技術変化への適応」と「労働者の社会的文化的向上」の二つの点である。
(2) わが国においては労働組合法第七条第三号の不当労働行為禁止事項にてらして、有給休暇の対象となる教育の中から、労働組合がその組織活動の一環として労働組合員を対象として行なう教育を除外すべきである。
(3) わが国の教育事情、雇用慣行、企業内教育訓練の実情にそくして、労働者の技能・知識の更新・向上を実質的に確保しうる他の措置——例えば、わが国の企業内教育訓練制度——の促進をも包含しうるような弾力的なものとすべきである。

教育訓練給付制度があればそれだけでよい、と考えてよいのか。今日もなお課題である。

---

＊5　佐藤一子、同前

### ③新たな奨励策の試み　～生涯学習バウチャー制度

　平成15年度から東京千代田区で実施されたこの制度は、成人学習の分野では全国的にも新しい試みである。区内で大学公開講座と民間教育文化事業者の各種講座・教室が非常に多彩に開かれているという千代田区ならではの地域特性を活かした施策と言えよう。大学の数でも他自治体が及ばない11校を数え、民間事業者も首都東京のど真ん中にあって多くの集客力をもつ千代田区である。

　行政が区民のために特に税金をかけて講座を開かなくても、身近に多くの講座があるから、区民にはその中から自分の関心に合ったものを選んでもらえばよい。区は区民がこれら講座に参加するのに受講料負担の面で、経済的に余裕のある人だけが参加することにならないよう、区が指定した講座に参加した場合には、受講料の一部を区が助成するという内容の施策である。

#### 1. バウチャーについて

　バウチャー（Voucher）制度というのは、そもそも引換券・割引券の意味であり、国や自治体が目的を限定して個人を対象に補助金を支給する制度のことである。所定の手続きにより引換券として支給する方式が多い。教育・保育・福祉などの公共サービスが対象で、利用者はその中から必要なものを選択し、引換券を提出してサービスを受ける（デジタル大辞泉）。

　かつて安部晋三内閣が創設した教育再生会議で、「教育バウチャー」が提唱された。学校教育への導入案だが、教育分野にバウチャー制度を採用することをどう考えるかその手掛かりとして、同会議の論議について一つの見方を紹介したい。

　　教育バウチャー制度とは、子どもをもつ家庭にバウチャーという一種の現金引換え券を交付したうえで、保護者や子どもが自由に学校を選択し、学校は集まったバウチャーの数に応じて行政から学校運営費を受け取るという仕組みです。教育バウチャーの実施例では、米国のウィスコンシン州ミルウォーキー市、オハイオ州クリーブランド市、フロリダ州などがありますが、いずれも低所得層や極端に教育環境が悪い学校に通う子どもなどを対象にしたもので、一種の社会格差是正策として導入されています。

　　これに対して現在の教育バウチャーの論議は、所得などに関係なく一律

に子どもをもつ家庭にバウチャーを配布することを前提としているようです。教育バウチャーの利点としては、

　①国公私立学校を問わず適用することで、家庭の授業料負担などの公私格差が解消される
　②国公私立学校を問わず自由に保護者や子どもが学校を選択することができるようになる
　③集まったバウチャーの数に応じて学校運営費が交付されるので、学校はより多くの子どもを集めるため努力し教育の質が上がる…

などが挙げられています。

　教育バウチャー制度は、選択の自由、自由競争による質の向上という規制緩和の考え方が背景にあると言ってよいでしょう。

　授業料などの公私格差がなくなり、国公私立の区別なく学校を自由に選べるようになるなど子どもをもつ家庭にとって、教育バウチャーは魅力的な面を多くもっています。ただし、一部の人気校だけに予算が集中し学校間の格差が拡大する、保護者や子どもに迎合する学校が増えて逆に教育が荒廃する、地理的に学校選択が困難な地方部と自由に学校選択できる都市部の教育格差が広がるなどのデメリットも指摘されており、文部科学省は教育バウチャー制度の導入に慎重な姿勢を示しています。政府与党である自民党（当時、引用者注）のなかでは、積極的推進派の議員もいれば、反対派の議員もおり、意見はまとまっていないようです。

　いずれにしろ、一つの制度にはメリットとデメリットの両方があります。教育バウチャー制度の導入が、現在の学校にとって得か損かではなく、保護者や子どもにどんなメリットがあるのか、デメリットがあるとすればそれは克服可能なのか、という視点で教育再生会議には議論してほしいものです。また、全国一律での導入が難しければ、通学のための交通網が整備されていて公私立問わず学校選択が可能な都市部において、地方自治体の判断で導入できるようにするというのも方法の一つでしょう（ベネッセ教育情報サイトより）。

　次の論評も「教育バウチャー制度」を巡る論議に役立つだろう。

　　日本の公立学校の制度は、過去40年にわたって、東京を中心に、

社会の格差と不平等を拡大する方向に働いてきました。高校受験の過当競争を無くすとして 1960 年代に導入された学校群制度は、その逆に、中学受験は当たり前、小学校、果ては幼稚園のお受験も珍しくない世の中を作りました。その愚策の後遺症から立ち直らないうちに、違う角度から、また新たな愚策が導入されようとしています。

　教育バウチャー制度です。義務教育に市場原理を導入しよう。お金を払っているのだから、われわれはいい教育サービスを選ぶ権利がある。そのために教育バウチャーというものを導入しよう、というのです。もっともらしく聞こえます。安倍晋三政権で誕生した教育再生会議などで議論されていますが、日本の実態にはとても合わない制度です（「教育バウチャーという名の格差拡大政策」、日経ビジネスオンライン）。

## 2.「生涯学習バウチャー制度」の概要

　当初「生涯学習バウチャー制度」としてスタートした千代田区の施策は、現在「講座講習会バウチャー制度」と名称を変え、より区民に身近な"行政サービス"のイメージづくりをアピールしようとしているようだ。

　わが国でも有数の大学が多数立地する地域特性を活かし、これまでも区内大学と基本協定を結ぶなど大学との連携協力に積極的に取組んできた千代田区は、大学以外の教育文化施設とも連携している。平成 23 年度前期は 8 大学、19 の民間教育文化施設が開催する趣味や教養に関する各種講座講習会を区が選定して、区民に「講座講習会バウチャー制度」の対象講座講習会として示した。区民はこの講座講習会リストの中からまず講座を選び、受講手続きを行なって参加する。学習を進めながら、区に補助金交付申請書を提出すると、区は申請した区民に受講証明書と補助金請求書を送る。区民は受講した学習施設で受講証明書に受講の認証を受けたら、それとともに補助金請求書を区に提出する。区は確認後に補助金を指定の口座に振り込む。以上がこの制度の仕組みである。

　補助金額は受講料の半額で、区民一人の年間上限が 1 万円と決まっている。受講料が比較的安い講座を選べば、この範囲内で上限に達するまで補助金の交付を複数回申請することもできる。区民は 1,000 近い講座講習会メニューを提示されて、この中から好きなものを選ぶことができるのであるが、区がバウチャー対象とする講座講習会を選定する基準がどのようなものかは計り

知れない。区民はただ沢山のメニューを示されて、その中から選ぶだけの存在である。

　この制度では、学習は個人の趣味や関心の領域ととらえている。学習は個人一人の世界にとどまるという認識が見える。学んだ成果が人と人とのつながりやまちづくりにどのような影響や成果をもたらすかという視点は、この施策からは感じ取れない。補助金は、ただ個人に還元されるだけであろうか？公費の使途は、通常公益性をもつものに限られるのではなかったのではないか、と疑問がわいてくる。

### 3. 行政改革の行き着くところ

　ところで、区政に立ち返ってみて、千代田区の「生涯学習バウチャー制度」はどのような背景があって構想されたのか、これを次に見てみよう[*6]。

　　平成14年度策定の「千代田区行財政構造改革推進大綱」実施から3年を経過するにあたり、見直しを行った結果が同16年11月策定の「千代田区第2次行財政構造改革推進大綱」である。ここでは、地方公共団体がいわゆる三位一体改革により、税源移譲や国庫補助負担金の縮減が進められるなかで財政を厳しく律する必要があること、また規制改革、民間開放の推進のなかで、従来の官民の壁を取り払って施策を実施する仕組みの導入が求められていること、などから行政構造の抜本的な見直しが喫緊の課題とされている、との基本認識に立って、国に先駆けて取組みを実践してきたと、それまでの改革の道のりを区は自負している。第2次大綱の「経営的視点を導入した行財政運営の推進」の項では、「区が行なっているサービスについては、これまで民営化、委託化を進めている状況を踏まえつつ、経営的視点で見直し、民間開放が適していると判断される場合には、それぞれ民営化、指定管理者制度の導入、民間委託を推進していく。民間開放にあたっては、その業務が必要か、区が直接実施しなければならないかを判断したうえ、区の関与の度合いや民間によるサービス改善の可能性などを考慮し、最適なサービス実施主体・形態を検討していく必要がある。」（要旨）との考えに基づいて「生涯学習バウチャー制度」を創設したのである。

---

＊6　千代田区ホームページ

以上、同区は行政改革の一環で、これまでの講座の直接実施方式を全面的に見直し、区内にある大学や民間事業者といういわば生涯学習資源を有効活用するという方向に転換したわけである。
　このような同区の施策について、その新しさと課題を考えてみたい。
　まずはその目新しさである。行政改革は無駄な事業を廃止する流れを加速させている。行政がいままで取組んできた施策が無駄だったかどうかは十分論議しなければならないが、ここではさておき、一層スリムな行政を目指す中で、成人学習の分野においても区が行うべき役割を精査し、区内に豊富な学習資源があることを有効活用して、区としては直接講座を開催する機能を最小限に絞り、間接的な支援策を重点においた。このことにより、成人学習において行政の役割を極限まで絞り込んだと評価される。
　しかし、こうした大胆な改革には置き忘れるもの、あるいは軽視された結果として何年か先には忘れ去られるものが出てくるものである。行革は一方で大切であるが、成人学習の分野で区民のために行政が果たす役割は何かが問われる。行政が直接講座を実施する機能を残したとはいえ、内容は従来型の趣味教養的なものに偏っていることは否めない。この大きな改革の影響は、今後区民生活や他自治体に対しどのような波及をしていくのだろうか。大学の公開講座や民間事業者の各種講座教室が盛んであっても、行政でなければできない成人学習がある。それを実証するものとして、これまで全国の公民館が地元住民のために長い蓄積をしてきた学習内容編成の知恵と経験がある。こうした公民館の社会教育実践の数々は、1992年（平成4）の生涯学習審議会答申で「現代的課題の学習」が謳われたこととは無関係のように行なわれてきた。行政はその知恵を一層絞って新しい施策を考案すべき時代である。「現代的課題」を提唱した同答申も、学習機会を提供する「行政の特段の努力が必要」と述べている。
　同区の社会教育担当部局は教育委員会所管であったが、文化・学習・スポーツ施策の一元的実施のため、平成14年度に区長部局に『文化・スポーツ課』を設置した。この一元化に際し、千代田区はいわゆる「現代的課題」の学習は、男女平等行政、人権担当部局、保健所等の専管部局が行なうものととらえている。そこには教育と啓発を同一視する姿勢が見えるだけでなく、生涯学習路線が明確に打ち出されていて社会教育の独自性は影をひそめた。組織名に社会教育の名称を使う自治体が減少し、代わりに生涯学習を使用する傾向と

なっている中で、千代田区は区長部局移管によってそれよりもさらに改革を加速した。そして、その改革の答とも言うべき施策が「生涯学習バウチャー制度」（現「講座・講習会バウチャー制度」）であり、生涯学習路線の一つの行き着くところを示している。

　ちなみに、この改革に着手する以前から今日まで、同区には社会教育主事が置かれていない。

## 第4章 成人学習の実際

### はじめに

　これまでさまざまな側面から成人学習について総論的に述べてきた。ここからはいよいよ成人学習の実際にふれてみよう。社会教育を学び始めたばかりの人や、社会教育の仕事に就いて間もない人にとって、具体的に見えにくい成人の学習場面を知ることは、学びを手応えあるものとしてくれるだけでなく、より深い理解へと導いてくれるはずである。

### 1 自分史

#### 1. なぜ自分史講座を企画したか

　職員として働き盛りを迎えた筆者は、それまで職場の先輩や同僚が担当する講座に物足りなさを感じていた。川崎市が1949年（昭和24）に全国に先駆けて開設した成人学校。大田区はその2年後の1951年（昭和26）に成人学校を開設した。以来、1974年（昭和49）の誕生後学習願望の強い顧客の信頼を得て急速に発展したカルチャーセンターなど民間事業者の社会的存在がありながら、大田区成人学校は依然として大きく変質することなく区民に学習機会を提供し続けた。しかしその内容は、教養・趣味・実用に関する科目で占められていた。しかも、多くの講座では講師の話を聴いてノートを取ったり質問をしたりするのがせいぜいという受け身の学習態度が目立っていた。公費を使ってこのような学びを継続していて良いのだろうか？　新たに担当職員となった筆者は、そんな疑問を抱き続けていた。

　1990年代に至って行政改革の波が大田区にも例外なく襲いかかり、成人学校も見直し対象となってついに2001年（平成13）成人学校が廃止されるが、その18年前に大田区で自分史講座が開かれた頃は、職員の意欲さえあればまだ自由に講座内容を再編成できる条件があった。

　成人学校担当者の一人として感じてきた物足りなさを、どのように超えようとしたか？　東京都の社会教育資料で大田区の講座を「区立の各種学校」と批判された[*1]ことにショックを受けた筆者は、数ある講座群の中に「成人が学習を通して社会の構成員としての力をつける」ことができる講座をつくれないか、という思いを膨らましていく。行政が開催する講座は、民間や大学

---

　*1　東京都教育委員会『東京都の成人学校』社会教育シリーズNo.63、昭和43年（『大田区成人学校第100回記念誌』大田区教育委員会、1982年で引用）

公開講座と異なり学ぶ人々が生活を変え、新しい地域を創造していく力になることを目指すべきではないか、という考えも若い職員である筆者の中に沸々と湧いてきていた。

　一般に社会教育の分野では、学習内容に関し市民が学びたいと求める要求課題と、必ずしも要求は高くはないが社会の維持発展の上で学ぶ必要があるという必要課題がある。自分史の構想は、上記のような必要課題として筆者の考えのもとにあり、その考えが要求課題と結びついて実現したものである。というのは、日頃周辺の講座には「歴史」や「文章の書き方」などに関する区民の学習要求が寄せられていた。筆者はそこに目を付けたわけである[*2]。成人学校は年3回、各20科目（午前8科目、夜間12科目）、年間で60科目（各科目週2回、14日間）を開講する大規模講座群である。その中の1科目名を「日本史」と銘打ちテーマを「自分史をつづる―昭和史をたずねて」と設定して受講者を募集することにした。

## 2. 自分史の意義

　自分史と似ているものに自伝や自叙伝といわれるものがある。現代では自伝を書く人も少ないようだが、自伝や自叙伝は「自分で書いた自分の伝記」（広辞苑）と定義されている。しかし、一般の印象としては自伝や自叙伝は、偉人や功成り名遂げた人が人生の晩年に書くもの、というイメージがあるのではないだろうか。それほどの功績をあげてはいないのではないかと思う一般庶民にとって、それは無縁なものだったのかもしれない。

　自分史は庶民でも書けるものである。自分史のきっかけを作ったのは二人のキーパースンである。「ふだん記」運動で知られ"どんなに下手でも、書かないより書いたほうがいい"と主婦を中心に文章を書く輪を強い信念をもって全国に広げた橋本義夫[*3]。その著書で橋本を広く世に紹介した歴史研究者の色川大吉[*4]の二人が提唱して社会の関心をひきつけ、自分史は今日ブームと言えるまでに盛り上がっている。

　自分史は自伝の大衆化、という定義もある。大衆化した結果、カルチャーセンターや公民館で数多く講座が開講されているだけでなく、インターネットでも出版社が自費出版を勧めるサイトが目につく。こうして多くの人が手軽に

---

＊2　拙稿「成人の自分史学習」（横山宏編『成人の学習としての自分史』社会教育実践双書②、国土社、1987年）
＊3　橋本義夫『だれもが書ける文章　「自分史」のすすめ』講談社現代新書、昭和55年
＊4　色川大吉『ある昭和史　自分史の試み』中公文庫、昭和57年

自分史に挑戦する機会が増えてきている。

しかし、こうしたブームとは別に自分史の本質的な意義を明らかにする営為も現われてきた。日本政治思想史の研究者である後藤総一郎は、「文字を持った常民」が「歴史を勉強しながら自分の人生とか生活とか社会とかを考え」、自分史を書くことを通して「自己認識のために自分の過去を洗い直していく」ことを重視して多くの人に影響を与えた自分史の普及者である。

神奈川県茅ケ崎市の公民館で後藤が講師となった歴史を学ぶ講座に参加した鈴木政子は、その影響を強く受けた一人である。後に大田区の自分史講座ほかで数多く講師を務めることになる鈴木は、「後藤先生のお話になる『自分史』が『日本史』『世界史』『人類史』にまでつながるもの」という話を聞いて納得し[*5]、後藤の指導で歴史を学び直す。敗戦後の満州で飢餓と寒さで次々と弟や妹を失う悲惨な体験をした鈴木は、当然ながら"被害者意識"で固まっていたが、歴史を学び直す過程で自分も（少なくも満州の人々に対して）"加害者"の一人であったことを自覚する。そうした歴史学習を通して話題作『あの日夕焼け』を書きあげた。

また横山宏は、社会教育研究の立場から、社会教育の学習として自分史の方法に注目し、自分たちの成長と変化に富んだ昭和の歴史とが余りにも強く結びついているゆえに自分史を綴るに当ってあくまでも社会や歴史（時代）とのかかわりで自分をとらえることを重視する。横山は、国分一太郎の生活綴方としての生活記録論、人間関係（小集団）をつくることに主眼をおいた鶴見和子、話し合いの記録と仲間づくりにねらいを置いたと思われる大田堯の生活記録論などは自分史の正道の名に値すると評価しながらも、歴史は自分を作り、自分は歴史をつくるという観点から、自分史の学習を通じて歴史の主人公となることを受講者に説いた[*6]。

### 3. 自分史を書く動機[*7]

鈴木政子は、1980年（昭和55）自らの悲惨な戦争体験を『あの日夕焼け母さんの太平洋戦争』（立風書房）と題する児童書として世に発表した。しかし、その結実は容易なものではなかった。

---

*5 鈴木政子「特別発表 ひとつの自分史—『あの日夕焼け』」（後藤総一郎編『生活者の学び 六 常民大学合同研究会記録』伝統と現代社、1984年）
*6 横山宏「『自分史』を綴るということの意義、そして綴り方」（横山編、前掲）
*7 鈴木政子「『ふだん記』運動からの出発—自分史教室からのレポート」（古澤輝夫編『現代のエスプリ 自分史』至文堂、1995年）

学生時代から浜田広介のような童話を書きたいと勉強してきたが、なかなか思うように書けずに悩んでいた。「ふだん記グループ」(橋本義夫主宰)に出会ってから、再び書くことを始めた鈴木は次第に変わっていく。なぜ書けないのか？　その悩みの原因を探っていくなかで、「わたしにはどうしても書かなければならないことがあった」と気付くのである。
　それは遡(さかのぼ)ること40年以上前の戦争中の出来事だった。鈴木は当時4歳、郷里福島県喜多方市を離れ、学校長の父親・母親と二人の兄弟とともに家族5人で遠く満州に移住した。その当時の時代背景は次のようなものだった。1932年(昭和7)の満州国建国宣言に続き、武力で現地農民を追い出して入植するという移民計画が立てられた。本土は来るべき戦争に備えて食糧事情が悪化し、"産めよ増やせよ"と言われた政策で膨張した人口を養うには、満蒙への移民で対応しようという国策であった。その移民計画で、満州国を「王道楽土」の理想郷と国民に宣伝した効果が実って、本土を離れ満蒙開拓団として希望をもって入植する日本人は増加の一途をたどった。増えたとはいえ、それでも日本人の数は現地人口のせいぜい3割を超える程度であった。満州国は、清国最後の皇帝・宣統帝＝溥儀(ふぎ)を満州国執政に据えながら実権は関東軍に防備された日本人が握っていた。現地学校長を始め社会生活全般において日本人が支配していたため、日本人は敗戦まで不自由のない暮らしを享受できたのである。現地では日本人は何かと威張っていることもできたという。
　ところが、敗戦はこのような日本人の地位を逆転させただけでなく、開拓団にとって悲劇の始まりともなった。鈴木一家だけでなく日本人は敗戦の民として現地人やソビエト兵に襲われ、逃亡と飢餓の日々を余儀なくされる。
　秋から冬になった大陸の酷寒の地で、逃亡の末たどり着いた収容所の日本人が次々と家族を失っていくなか、鈴木一家も幼い弟や妹が伝染病や栄養失調で亡くなっていった。そして、弟のみつるも衛生状態の悪い環境で赤痢にかかる。10歳になった一番上のお姉さん鈴木政子は、少しでも食糧を買うお金を稼ぐために、ミカン箱の上に一枚の板を乗せタバコや飴、おもちゃ、文房具などを売って家族を助けた。赤痢が一段落したら収容所内でははしかが流行する。4か月も食うや食わずの生活ですっかり衰弱したみつるの幼い体を病魔が蝕(むしば)む。洗濯物がバリバリに凍って乾かない12月になり、公園で商売をする鈴木もくたびれて働く元気がなくなっていた。衰弱した弟のみつるに

向かって「みっちゃんなんか早く死んじまえばいいんだ。そしたらみんなが助かるんだから。」(『あの日夕焼け』)と病床のみつるの前で泣き叫ぶ。

「おそろしいことを言ってしまったわたしは、一生、この言葉に悩み、苦しまなくてはなりません。」と告白する鈴木。後日、誰も書かなかった満州の悲惨な収容所生活を書いた自分史『あの日夕焼け』を世に出した後、「十歳の少女にとって、衝撃的な体験だった。帰国してからも、集い合う人の輪に入れず、控え目な日々を送る。そして、こんな体験をだれにも話そうとしなかった。思いだすのがいやだった。」と振り返る。「人生の節目に、いつも困難だろう道しか選べない。これでもかとばかりに身体を酷使する。どうして、そうするのか」と悩み、苦しんできた鈴木は、ふだん記グループに出会って書くことを再び始めた。鈴木は「お母さん、ぼくぐらいのとき、どこに住んでいたの」という長男の問いかけと、庶民の書くものがどんな役割を果たすのか答えが出せないでいたときに後藤総一郎との出会いがきっかけとなって「ひとつの自分史」を書く決心をした。それが『あの日夕焼け』である。

### 4. 自分史を書いてどう成長したか[*8]

鈴木政子は、『あの日夕焼け』を著して「わたしは自分の生きてきた原点を探りあてた。」と述べている。「人生の節目に、いつも困難だろう道しか選べない。これでもかとばかりに身体を酷使する。どうして、そうするのか、その謎が、書いてみて解けた」。酷寒の満州で「ジフテリアに感染し、もう4、5日の命と言われていた6歳の弟に吐いた私の言葉にあったのだ。」

> 「姉ちゃんはもう働けない、寒くてからだが痛くて——。私の働きで食べていこうなんて無理なのよ。みっちゃんが病気になったから困るのよ。あんたなんか死んでしまえばいい！　そしたら家族みんなが助かるんだから」

「それでも『姉ちゃん、好きだよ』と言って亡くなった弟に対する、償いの行為だったのだ。このことが分かっただけで十分だった。もし書かなかったら、と考えると恐ろしくなる。今後も罪を胸に生きていくのが、わたしの道なのだと確認できた」。

こうして自分の生きてきた原点を探りあてた鈴木は、地元神奈川県茅ヶ崎

---

＊8　鈴木政子、同前

市で初めて人前で話をする機会を得た。茅ヶ崎市立小和田公民館の開館記念行事の講座で、「書くことによる私の成長」と題する話は好評で、鈴木をさらに前に進める力となる。公民館の広報紙づくりに講師として参画し、自らの編集経験を活かして市民が広報紙等の編集に挑戦できるよう2冊目の著書『文章づくり本づくり』を発刊する。無口な鈴木が、ためらうことなく人前で話をするようになり、請われれば、どこへでも講師として出掛けるようになった。これほど積極的な姿勢に変わった鈴木は、講師として話をする前に話す時間の5倍か10倍の時間をかけて準備をしないと人の前では語れない。だが、控え目に"本屋のおばさん"を自称する鈴木にとって、これが日常の忙しさに流され、学びを後まわしにする自分には、よい勉強法になっているという。台所、電車のなか、喫茶店までが勉強部屋になる。そのうち神奈川県内、東京都、群馬、埼玉、千葉県などに足を運び、自分が講師となって講座をもつようになった。

『あの日夕焼け』は九州から北海道、沖縄に至るまで、小学校二年生から90歳の方々に読まれ、たくさんの感想文が鈴木のもとに送られてきた。その数は500～600通にのぼり、鈴木の宝となっている。以前は語ることは辛い過去を思い出すので、口が重くてどんな会合に出席しても発言などしなかったと言う鈴木だが、それからは真実は伝わるということを多くの人の前で話すようになる。子どもたちに生命の大切さと真実を見抜く力をもってほしいということを言い続けなければならない思いから、また自分の生き方の確認のためにも書くことを続けていこうと鈴木は考えている。この本を書いてから、自分を書くことが躊躇なくできるようになったと自ら不思議がっている[*9]。

## 5. 市民が書いた自分史

　鈴木政子が自分史の良き指導者として社会教育の世界で名が知れ渡る前、筆者が担当する大田区の自分史講座に鈴木を講師に迎えた。鈴木は、講座終了後も多くの講座参加者が「自分史年輪の会」に入会し、それぞれのペースで自分史を書き続けていく姿を会の常任講師として見守ってきた。その立場から大田区以外の人々も含め、市民が自分史をどう書いたかをまとめたものが『自分史　それぞれの書き方とまとめ方』である。その著書を中心に市民の自分史像を紹介する。これから自分史を書こうとする人々にとって、身近な

---

＊9　鈴木政子、前掲「特別発表　ひとつの自分史─『あの日夕焼け』」

事例を知ることで、「自分にも書けるかもしれない」という自信と見通しにつながると思う。

### ①**生きるお手本だった酒井さん**＊10

　酒井さんは、筆者が担当した「自分史講座」に80歳の時に参加した。宮城県の寒村に生まれ、小学4年生まで自宅から通学、5年生で奉公に出て子守りをしながら小学校を卒業した。結婚して上京、75歳まで働き通した。ようやくできた余裕の時間を、自分史を書くために講座に通った。思いつくままに原稿用紙30枚を書きあげ、「先生、これをなんとか本にしてください。」と講座講師の鈴木政子に差し出した。受け取った鈴木はびっくりした。受講者の中で酒井さんは最高齢者、若い人でさえ「書けない、書けない」と苦しんでいるだけに、驚きはなおさらだったという。

　原稿用紙の使い方も句読点の打ち方も自己流であるが、80年の人生の道のりは文章を通して胸に迫るものがある。「すばらしい文章ですね。是非本にしましょう、お手伝いしますから。少しお金がかかるかもしれませんが」と鈴木が言うと、酒井さんは「ありがとうございます。もちろんお金はかかっても結構でございます。着物を二、三枚買うお金はためてありますから。」と応じ、「着物を買うお金」と聞いて、鈴木は胸を衝かれた。

　引き受けた鈴木はわかりにくいところを少々直し、見出しをつけ、友人にタイプを打ってもらう。絵の達者な友人が表紙の絵を書いてくれた。酒井さんには30部作ってほしいと言われたが、50部作った。酒井さんはできあがった本『わたしの歴史―八十年を生きてきて―』（自費出版）を抱きしめながら、「わたしは、これからも一所懸命に生きます。そして、よい思い出をつくって、また本を作りたい――」と語った。酒井さんはその本を友人や元勤めていた会社、出身校などに送ったところ、50部はすぐになくなってしまった。読みたいという人がいると、進呈した友人に返してもらって読んでもらうほど好評だった。

　その3年後、鈴木はまた酒井さんから50枚ほどの原稿と手紙を預かる。「私はどうしても来年の5月の誕生日までは生きるつもりです。そのときまでに、どうぞもう一冊、本を作ってくださいませ。おかげさまで、この世に生まれた甲斐がありました。お迎えが来たとき、おいでくださった方々に配るように、今度は百冊作ってください。」この手紙を読んだ鈴木は「あんなにお元気なの

---

＊10　鈴木政子、前掲『『ふだん記』運動からの出発―自分史教室からのレポート」

に、85 歳の誕生日までって?」と笑ったのだが、徐々に笑顔はくずれ涙がにじんだという。「お葬式の時に配るなら、百冊では足りないでしょう」とおどけて答えた鈴木は、300 冊つくる手伝いを買ってでた。こうしてできた酒井さんの二冊目の自分史『わたしの歴史Ⅱ―明治、大正、昭和を生きる―』もよく読まれた。感激した人が、「わたしも書きたい」と「自分史年輪の会」に二人入会した。

　月に1回、会の講師として参加すると、酒井さんは欠かさず出席して、終わると必ずお礼のはがきをくださると鈴木は周囲に語る。文面はこれが最後の礼状という想いのこもった内容だったそうだ。あるとき、「死んだ時に皆様に読んでいただきたいと 300 冊も作っていただいたのに、もう数少なくなりました。それなのに、わたしはまだ生きております。」という便りをもらう。鈴木は「三冊目を作りましょうね」という返事を書いた。その矢先に酒井さんは突然に亡くなった。89 歳のお年であった。会の仲間からは、先輩として生きるお手本を示してくれた、と慕われた。

　鈴木の自分史の書き方をひもといた著書には、一つの模範例として酒井さんの年表が掲載されている[11]。横山宏は、自分史を社会とのつながりで書いていくことを重視して、その時、世の中がどうであって、そのことを自分はどのように考え、どう見たかという客観的な自分というものを少しでも浮かび上がらせるように書いていくと手法を説いている[12]が、年表づくりはその考え方から形となったものである。

### ②娘を亡くしたAさん[13]

　心の傷をかかえ、時間の経過とともに書くことを通して心の整理をする自分史の書き方を示した事例である。Aさんとの出会いは衝撃的であった。

　参加した大田区の自分史講座で、自己紹介代わりにと自分史を書く手習いの意味で原稿用紙2枚の文章を書いた。Aさんは、文章の最後に「娘を昨年亡くした」とだけ記した。それを読んだ講座仲間は、傷心癒えない母親の気持ちを推し量って「おいくつだったの? どんなご病気だったの?」と優しく尋ねた。

---

[11] 鈴木政子『自分史　それぞれの書き方まとめ方』日本エディタースクール出版部、1986 年
[12] 横山宏「『自分史』を綴るということの意義、そして綴り方」(横山編、前掲)
[13] 鈴木政子、前掲

「そんなこと聞かないでください！」

それは強い調子の返事だった。担当職員の筆者もその場に居合わせたので、その時の衝撃はいまも忘れることはできない。

講座の雰囲気を変えるほどの強い反応にびっくりする仲間の前のＡさんの眼には、涙がいっぱいあふれていた。仲間たちは、そのことには触れずに文集づくりに彼女を誘っては優しく励ますのであった。講座の後半に、鈴木政子は「読んでみていただけますか。娘が残した文をまとめたものです。これを完成したいために講座に出てきたんです。」とＡさんが手渡した30枚ほどの原稿を受け取った。彼女がポツポツと話す言葉を聞いて、娘の死は自死だったことを鈴木は理解する。それを母親として受け止めきれず、道を歩いていても人を避け、心を閉ざし、孤独な生活を続けていたという。娘さんは、親に心配をかけまいと口をつぐみ、あとでひそかに焼却してくれと遺書を友人に託し、駅のロッカーにノートを残していたのだった。

1回目の文集『年輪』（講座作品）には、娘さんの幼少期を書き、最後にたった一言「その娘はもういない」とだけ記したにとどまった。第2回の『年輪』（「自分史年輪の会」第1作）には、娘に死なれてからの、重々しく、むなしい虚脱状態を正直に書き、わたしもこのまま消えて楽になりたいと書いている。半年に1回文集を発行するのが「自分史年輪の会」の制作ペースである。1回目から一年が経過した第3回の『年輪』では、いくらか客観視した目で、娘の死を人に語ったことを記している。このときの文章には「娘はもう手の届かない遠い遠いところへお嫁に行ったのだ……。私は何度も自分自身に言い聞かせている。」という心情が吐露されている。

鈴木は、Ａさんの苦しい心に寄り添い、「Ａさんは書くことで、悲しさから、虚脱状態から少しずつ抜けられたのだと思う。加えて、そこに仲間のいたわりと励ましがあった。」[*14]と振り返る。

横山宏は、「仲間づくりの観点」と題する文章で、「みずからが書いた原稿をめぐって、周辺の人々（グループの他のメンバー）の批判や意見に耳を傾け、その感動や反響を率直に受け入れつつ深め、他人との比較を介して、他人とちがう自分をとらえていく」方法が有効だと説いた[*15]。しかし横山は、Ａさんのような深刻な体験に限らず、「どうしてもふれたくない"恥部"とでもいう

---

[*14] 鈴木政子、前掲『自分史 それぞれの書き方まとめ方』
[*15] 横山宏、前掲

べきものが誰にも存在している」として、「それをたとえグループメンバーのなかとはいえさらけ出すことについては誰にも憚りがあることは否定できない。」と認め、「そうであるからこそ、ともに学びあっていくなかで相互に気を許すことができ、かえって、それゆえに『励まし』『励まされる』という新しい人間関係が作られるであろう」と述べている。

　心を開く、というのは簡単にできることではない。人生で最大の悲しみにくれているAさんは、それでもなんとか立ち直らなければとの思いから、講座に参加し、鈴木と仲間に出会った。時間の経過とともに徐々に心を開いて仲間の中で活動するようになっていった。

　そのうちAさんは会に姿を見せなくなったが、消息では仕事を始めたようだとのことで、心を閉ざしていたAさんもようやく自分から人と接するようになった。道は開け始めたと、鈴木は考えている。書くことで心を開き、心の整理をつけるという自分史の一つの形がある。

　生きることと書くことが一体となった例である。

### ③「子産み」を書いたBさん[*16]

　若い人も自分史を書けるという好例である。子どもに託して綴る方法は、書きやすいひとつだと鈴木は言う。「子どもが成長してしまった人は、思い起こして永い年月にわたってのことが書ける。いま子育て中の人は、新鮮なおどろき、感動をなまなましく記録できる。出産を終えたばかりの人は、夫との出会いから、妊娠、出産、産後と書く。子どもの将来についても書けるだろう。書くことはたくさんある。」

　Bさんは大田区の自分史講座に参加後、「自分史年輪の会」に入会して、会員の中で最年少だが積極的に発言し、行動してきた。少し手が離れてきた小学5年生と3年生の女の子の母親として、出産に関心をもち始めた娘の疑問に答えるかたちで文章を綴った。「私の『子産み』」と題した文章は、「いつか「産む」ことについて、娘達に話そう。その日のために、私の妊娠―出産の経緯を書き記す。」という前書きから始まっている。

　この文章では、夫との結婚、妊娠、診察、周囲の喜び、出産間近の不安、出産時の克明な記録、出産直後の安堵、胎児の成長と実感、医師の判断をめぐる騒動、その後の順調な成育などが詳しく書かれている。

---

*16 鈴木政子、前掲『自分史　それぞれの書き方まとめ方』

鈴木は若い母親が「お産」について書くことが多いことにふれて、「わたしは、この30、40歳代の彼女たちに、子どもへの強いかかわりを感じる。それは、年配者と言われる50、60、70歳代の母親にはない、切迫したもので、『いま、子どもと共に生きている真最中！』だということを感じさせる。それぞれの人が、幅広くテーマを求めて書いているが、そんな中で『子産み』の記を書く若いミセスが多いことに気付く。『お産』は、今まではどちらかと言えば、秘められ、語られないことだった。だが、いま『お産』は解放された観がある。『お産は生き方に通ずる』と言われるようになった。こう書いているわたしも、彼女たちの『子産み』の記で教えられ、同性として『そうだ、そうだ』と思うようになった。」と率直に述べている。
　筆者も講座担当者としてBさんの積極的な姿勢に接し、若い世代の生き生きとした言動が印象に残っている。夫の転勤で関西に行ってしまわれたことは、「自分史年輪の会」にとっても痛手となった、と思うのは筆者だけではなかったのではないかと想像している。

### ④新聞社経験がいきる高井さん
　高井さんは自分史を書く動機について、こう記している[*17]。

　　私は小学校のときに父を、中学校のときに母を失い、どういう血筋のもとに生まれ、そして育ったのか、何も知らずに成長した。（中略）自分自身のこと以外は、先祖はもとより、父母のことさえ、定かには知らされていない。まずその点を探るとともに、記録すべきは記録して、これを子孫に残したいと思ったのである。

　せめて家族に自己顕示したいとの願望が年とともに強まり、自分史への関心がふくらみ始めた。この芽が育つまでに十数年はかかった。きっかけは叔母が生前、高井さんと姉妹のために残した覚書が見つかったことだった。大田区の自分史講座は、その追究の道を教えてくれたと述壊している。
　講座で高井さんと出会った鈴木は、「原稿を書くこと、それを割り付けし、校正する技術を十分すぎるほど持たれていた」[*18]とその力量を評価していた。高井さんご本人は、「サラリーマン時代、新聞社に籍を置いていたという理由

----
　＊17　高井房雄『行雲流水　自分史「続々・仙俗雑記」』揺籃社、平成2年
　＊18　鈴木政子、前掲『自分史　それぞれの書き方まとめ方』

だけで、私は何かといえば玄人扱いされるが、専門知識はとくに持っていない。（中略）記事あるいは文章については、素人同様の立場にいた」[19] と、いたって謙遜しているものの、会の仲間たちも一目置く存在である。長い間、新聞づくりの裏方として支えてきた仕事ぶりが、地味なお人柄を形成してきたのかと思われる。

　鈴木はその著『自分史　それぞれの書き方まとめ方』の「年表からの展開」の項で、自分史づくりの方法として年表作成の手法を数多く紹介している。高井さんの年表は、酒井さんに続き自費出版した自分史『仙俗雑記』の文章とつながって該当の項目が上手に展開されている好例として鈴木が紹介している。「年表づくりの過程で、はっきりしなかったことがわかってきたり、結果だけはわかっていたがその原因をもさぐりあてた、などということもある。ひとつのことがはっきりしたら、いもづる式に、五、六年間のことがよみがえったりすることもある。」というイメージが「年表からの展開」であろう。「お手本として、優等生の作品を持ってはきたが、みんなができないことはない。」と高井さんの年表から文章への展開例を紹介して、これから書こうとする読者にとにかく書いてみることを勧めている。

　長年高名な作家や文人と言われる人たちと仕事で接してきた高井さんだけに、高井さんの講師評が興味深い。「自分史年輪の会」の「初心者を相手に第一歩から懇切丁寧に指導して下さる奇特な方」として、鈴木政子を紹介している。「『私は主婦兼書店のおかみさんです』と卑下していらっしゃるが、どうしてどうして、実践女子大国文学科卒という立派な学歴をお持ちで、一時は出版関係の業務にも携わっておられた。（中略）お名前は、そう世間に知れわたっているとはいいかねるが、私たちは何も人の評価を、ブランド商品じゃあるまいし、ネームバリューで推しはかろうとは思わない。一見、どこででもお見受けする奥さまふうでありながら、その指導力たるや大したものである。加えてファイト満々、私たち『年輪の会』は安心して親船に乗った気でいられるというわけだ。」[20] とコメントしている。

　高井さんは同書で、自分史と自叙伝や自伝との違いについても、次のように明快に説明している（以下は要旨）[21]。

---

[19] 高井房雄『自分史・補遺版　続・仙俗雑記』揺籃社、昭和62年
[20] 高井房雄、同前
[21] 高井房雄、同前

自分史に似て非なるものに、自叙伝または自伝と呼ばれる著作物がある。その定義を下すことはむずかしいが、発生的にみれば自分史より古くから存在することは確かだ。岩波国語辞典（第四版）で「自叙伝」の項をひくと、「自分で書きしるした自分の伝記。自伝」となっている。口はばったい言い草だが、私はこれでは満足できない。この説明に加えて、「功成り、名とげた人のてがら話。体験談」という言葉を添えたいのである。この言葉がないと「自分史」との区別がつかない。では「自分史」は、どう説明してあるか？遺憾ながら「自分史」という項目がない。
　　　自分史には、自叙伝のような功績や栄誉は不必要である。市井のおじさん、おばさんが、きのう、きょうにかまわず、身辺のできごとや思い出を書く。自己形成のために、あるいは子や孫のために──少し気どっていえば命の証(あかし)として──書く。自分史とはそういうものを指していうのではなかろうか。だから、国語辞典に出ていなくて、"籍"がなくても、少しも恥じることはない。（中略）
　　　私は、自分史とは年をとってから思い出を書くものだと、とられそうなことを述べた。事実、そういう意見もあるが、そんな発想は「齢(とし)」のなせる仕業に違いない。自分史は「老人ホーム」ではないのだ。年輪の会の若いママさんは、実際に体験した出産の経験を自分史として書き上げた。男性には絶対書けない貴重な自分史である。

　この文章には、専門書を読んでいるのと変わらない説得力があるだけでなく、むしろそれ以上に明晰(めいせき)でさえある。
　こうして「自分史　年輪の会」会長として会員の文章づくりの環境を整えてきた高井さんは、最初の自分史集『仙俗雑記』を読んだ学友から、小金井市の老後問題研究会で自分史の話をしてくれないかとの依頼を受けた。高井さんは自分は初心者だから、と一度は断ったが、老人相手の話だから、評論家だの学校の先生などの大家ではとっつきにくい、むしろ初心者としての心構えや勉強の実際など、やってきたことをそのとおりに聞かせてくれればよい、という熱心な頼みこみに応じて講師役を引き受けることになった。慎重なお人柄の高井さんが依頼を受けたのは、ひとつにはこういう機会に自分史を見直してみよう、それが自分自身のためにもなることだと思ったからだと述べている[22]。大田区

---

　＊22　高井房雄、前掲『行雲流水　自分史「続々・仙俗雑記」』

における鈴木政子の講義を土台にしたと断ってはいるが、年配者を意識した内容ある講演には、非凡な力量があふれている。

## 2 識字　〜文字を獲得する学び
### はじめに

　識字とは英語でLiteracy、すなわち「読み、書き、算術」のことを指す。義務教育が普及した国では、識字能力のある人が国民全体に占める割合［識字率］が高く、日本政府は国連機関の一つであるユネスコに対し、識字率は100％であると報告している。しかし、わが国の実態は文部科学省が世界に向けて発信しているように識字率100％ではなく、国民すべてが識字能力を有しているわけではない。

　識字能力が十分でない人を"非識字者"という。英語では非識字のことを反対の接頭辞をつけてilliteracyと表現され、ユネスコなどで世界的に非識字者をなくす運動が進められている。わが国でも公民館や夜間中学校、民間団体などによって非識字者が文字を習得する場を設ける地道な努力が続けられているが、残念ながらこのことを知っている人は少ない。一般に識字率の高い社会では、文字の読み書きができることが当たり前とされるから、非識字者はとても生きづらい生活を強いられる。以下では、筆者のささやかな実践をきっかけに、わが国の識字教育の現実の一端を紹介する。

### 1. ひとつの識字教育実践
### （1）在日韓国人女性との出会い

　年度末で多忙なある日、学務課の職員から社会教育課に内線電話がかかってきた。用件は、家族が夜間中学校入学を希望しているとの区民の相談を受けたが、本人が夜間中学校の条件に合わないので社会教育で対応できないかという内容であった。勉強したいのは74歳の在日韓国人女性で、その家族が電話をしてきたという。社会教育課在籍の筆者は、電話番号を聞いて相談内容を詳しく確かめることにした。家族とのやり取りで日本語の文字を書けるようになりたい、というのが本人の願いであることがわかった。

　ご本人は血圧が高く、夜間の学校通いは不安がある。体育の授業もあるし、給食が体に合わないなど夜間中学校に通ううえでいくつもの壁があるので、夜間中学校は断念された様子であった。日本語の文字を書けるようになりた

いという願いを聞いた筆者は、その学習要求にどう応えるべきか悩み、職員として問われていると直感した。

この数年前まで、筆者は識字教育について一定期間集中的に勉強する機会に恵まれた。1985 年から 1993 年の 9 年間にわたり、筆者は東京都教育庁の委嘱を受け、東京都社会同和教育研究会の一員として「人権意識を育てる社会教育の推進」や「人権の視点から生涯学習を考える」をテーマとした研究活動に携わった。特に 1992 年の国際識字年をはさんだ 3 年間は識字教育が研究主題であった。それにもかかわらず、その後も自分の仕事として識字の問題に向き合うことはなかった。が、目の前に識字教育を必要としている区民がいる。それならば、「自分が識字に取組まないで、いったい誰がやるのか？」という不遜な気持ちも湧いてきそうであった。

他の仕事に追われながら、この自分が取り組まなくては区民の求めに応えられないという責任の重みは、筆者の心の中で次第に大きくなっていった。それでも迷いが続く。組織的に対応する予算などの裏付けは何もない現実があるからだ。「東京都内で識字に取組んでいる自治体はないのではないか」「ではどうすればできるのか？」。こういう思いが錯綜して、暫くは他の仕事の最中に「自分は何をすればよいのか」「何ができるのか」などと思いを巡らす日々が続いた。

当時筆者が働く職場は、東京 23 区の一つ大田区教育委員会事務局の社会教育課で、識字に関する認知が余り高いとは言えない状況であった。それを肌で感じていた筆者は、職場の正式な会議に提案したり、初めての企画として起案したりしても、正式な仕事の位置づけを得て取組める確証が得られないと思い、むしろ信頼できる同僚社会教育主事に内々に情報提供して彼の考えを参考にするという手法で構想を練っていく道を選んだ。

悩む中で固まってきたのは、少なくも「大田区で識字問題に取組む好機が到来したのだ。それをやるのは自分しかいない！」という受け止めであった。

そしてようやく 4 月も後半になって、筆者はこの相談者が学習を始められるよう準備にとりかかった。もちろん、自分が果たさなければならない既定の仕事を進めながら、それと並行しての作業である。予算もない、担当者も決められない、学習を指導する人もいない、という条件下で準備をするということは、手探りで迷いながらもできることから動き出すという方法となった。こういう課題を話して聞いてもらえる同僚はその人しかいなかった。彼に何度も

相談して、識字教育の構想が徐々に形になっていった。学習をするには会場が必要である。講師役も必要だ。まずはこの辺からスタートしたのである。

## （2）ノンフォーマル・エデュケーション

　学校教育は高度に制度化され、組織化されたという意味で、フォーマル・エデュケーション（定型型の教育）である。この学校教育と比べたとき、筆者が取組み始めた識字教育は、たった一人の学習希望者が学習できるよう、その条件づくりから手をつけたから、学校教育との違いは際立っている。条件づくりとは会場の手配、講師の選定と依頼である。しかも相談の電話を受けるまでとその後の筆者の検討も、新年度予算上何も計画がない中での取組みだから、予算もない、担当者もいない、という"ないものづくし"の状態から一つひとつ形にしていく作業となった。社会教育では何もない中でこのように少しずつ形にしていく、いわばノンフォーマル・エデュケーション（非定型型の教育）という形態をとることがある。よくいえば柔軟性ある教育の体制づくりができるところが、社会教育の特性の一つでもあろう。

　会場候補を検討する際、ご本人の体調や年齢を考慮して自力で通える近さが必要である。2、3の文化センター（当時の大田区社会教育施設）を候補にあげ、当該文化センターの意向を聞いたうえで、ご本人の意向を尊重して池上文化センターに絞る。

　講師には、予算がない中で無償で引き受けてくれる人、しかも外国籍の人に日本語を教えられる人という条件を加味して、かつて小学校長で国語を研究科目にしてきたという記憶があり社会教育指導員を経験された人物が筆者の頭に浮かんだ。電話でご意向を打診してみると、「私でよかったらボケ防止にもなるし引き受けましょう」と、思ってもみない快諾をいただいた。

　これで学習を始められる条件がひとまずそろった。あとは協力を約束してくれた会場の文化センター職員と、どのような学習環境を整えるかの検討になった。年度初めの多忙のせいもあって、時はすでに5月に入っていた。池上文化センターは大田区の中心に位置して東急池上線の最寄り駅から徒歩5分以内、バス便もよいので、利用したい区民にとって便利な区施設である。他の数ある文化センターと比べ、利用率の高さは群を抜いていた。予想通り集会室など教室として使える好条件の部屋は空きがない。体育室に併設されている幼児室も利用希望が多く空いていないという。仕方なく思いついて、ロビー

の一角をパーテーションで仕切り、人目につかない空間を作ることにした。1997年初夏のこと、文化センター職員の知恵と協力がなければ実現しないスタートの裏話である。

　次はどのように学習を進めるかに関心が移った。講師役を引き受けてくれた人が手づくりの教材を準備してくれて6月12日から学習はスタートした。学習計画は毎週木曜日の午後2時間、先生とご本人とのマンツーマンの学習というこれまでにないスタイルである。私は学習を始める前に意を決して上司に話をした。この間の経過と識字教育に取組む意義を強調したところ、上司は出張扱いをすることを快く約束してくれたのである。これで勤務時間中に池上文化センターに出張という位置づけがなされ、心おきなく毎回この学習支援の仕事をすることができた。私は職員として毎週木曜日の午後池上文化センターに出張するだけでなく、ご家族との連絡や講師との相談を含めご本人が字を覚える効果的な学習環境を創ることに努めた。このマンツーマンの識字教育は、暑い夏を経て秋まで続いた。いま思うと理解ある上司に恵まれたことが、その後の大田区識字教育の発展の基礎を作ったのだと思える。

### （3）事業化の構想

　このようにして、週1回のマンツーマンの学習が継続されていった。この間に筆者は、識字教育を正式な事業として構想する必要があると考え始めていた。

　マンツーマンで学習を始めたご本人は、教育委員会に文字を覚えたいと要望を伝えた当初、文字が書けなくて困っているのは自分だけではない、「同じ人がたくさんいらっしゃると思う」と語っておられた。第二次世界大戦が始まる前、両親に連れられて日本に住み着いたこの人は、以来ずっと異国の日本で暮らしてきたので、きっと古くからのお知り合いの中にそういう人がいることを筆者にお話しされたのだと思われる。韓国・北朝鮮籍だけでなく中国籍など、戦前から強制労働などで日本に居住することを余儀なくされた人々を含めたいわゆる"オールドカマー"の存在である。

　もちろん東京23区内でも「日本語教室」が開かれているように、アジア、ブラジルなど日本で働くために定住する"ニューカマー"と言われる人々も日本語の学習を必要としている。

　しかし、筆者が識字教育の事業化を構想する必要があると考えたのは、実は外国人のことより以前から意識していた人々のことが頭にあったからであっ

た。関西以西に住んで厳しい差別に苦しんできた人の中には、関東なかでも特に人口が多く匿名性の高い東京に移住すれば、差別されることはなくなるだろうと考える人がいる。近代史研究者の川村善二郎は、公務員の同和問題研修会や社会教育の講座で「東京は全国で同和地区出身者が最も多い地域」と何度も語ってきた。この話の説得力に背中を押されたこともあって、同和問題の解決を意識して識字教育の場を創らなければならない、と考えていたからである。事業化構想の一番の動機はそれであった。それだけでなく、同じ大田区で生活保護の仕事に従事しているケースワーカーから「窓口で文字の読み書きに不自由な人がいる」と聞いてもいたので、区内にも確かに識字教育を必要としている人がいるはずだという手応えもあった。

　予算がない中で筆者は文化センターの事業予算に注目した。当初予算は予算編成期に事業計画を立て予算組みをして査定にまわすのだが、編成期に立てた事業計画は大まかなものなので、この頃は途中の変更も時に行われていた。そこで、早目に池上文化センターの担当者に事業予算の中で識字教室に使える余裕があるかどうか相談して、使えるという確証を得ていた。講師役の方には毎週指導していただいているのに、ずっと無償でお願いしてきたので肩身の狭い気持ちでいたところだった。これで事業化できれば多少でも謝礼がお支払いできる目処が立った。もちろん事業化後も引き続き講師を引き受けていただく約束もとりつけていた。

　会場については利用者が多くて部屋に空きがない池上文化センターを諦め、歩く距離は増えるが落ち着いた学習環境の面ではそれ以上の区立教育センターを会場にしようと検討した。この施設は学校教育、社会教育両面で使用できる教育機関であるが、実際は長年の経過と実績もあって教員の研修施設として、施設使用上社会教育より優先権をもっていた。しかし、それは条例の規定には明記されていない。不承不承ながら所管の指導室に問い合わせて、教員の研修のない空き教室を確保し、マンツーマン学習と同じ木曜日の午後、週1回の事業計画を立てることとなる。教室は定員16名ほどの小研修室で、文化センターのロビーと比べると格段によい環境が整った。

　次は教材選びである。講師役を引き受けてくれた人は、教員出身だけに小学校低学年用の国語の教科書を使用する案を出した。筆者は成人教育の場であるから東京都社会同和教育研究会で視察した他自治体のように大人向けの教材を期待していたが、ここは講師の意向を尊重することとした。講師が

教員時代に知っていた教科書を扱う会社を紹介され、私が交渉役となった。直接教科書会社に出向き、必要部数を買い取った。

　このような検討を経て、やっと事業起案となる。マンツーマン学習だけでなく事業化についても上司は理解を示してくれて問題なく課長決定の手続きが終わり、参加者の募集に入った。区報原稿とチラシの作成には熱がこもった。

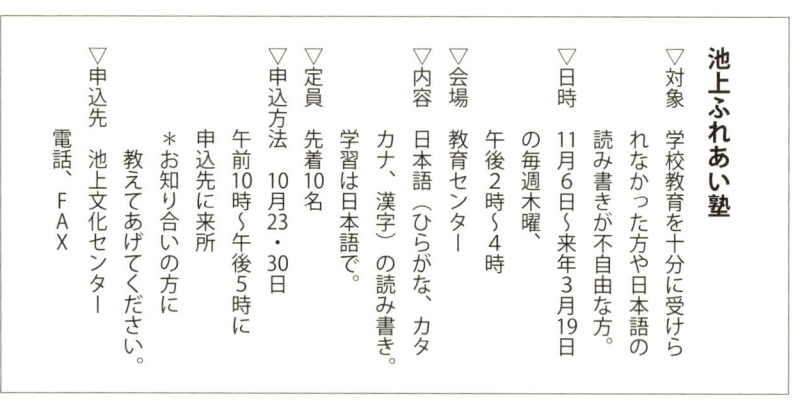

```
池上ふれあい塾
▽対象　学校教育を十分に受けられなかった方や日本語の読み書きが不自由な方。
▽日時　11月6日～来年3月19日の毎週木曜、午後2時～4時
▽会場　教育センター
▽内容　日本語（ひらがな、カタカナ、漢字）の読み書き。学習は日本語で。
▽定員　先着10名
▽申込方法　10月23・30日午前10時～午後5時に申込先に来所
　＊お知り合いの方に教えてあげてください。
▽申込先　池上文化センター
　　電話、FAX
```

**1997年（平成9）10月11日　大田区報**

　区報は広報としてこれまで講座受講者募集で最も強力なPR手段であることが立証されてきたので、ルビをふって誰にも読めるような記事を担当課に提出した。ところが校正段階になって、区報の編集方針でルビはふれないという説明を受けた。区報の読者は中学2年生以上を想定している方針とか。これは譲れないところと、事業趣旨を説明して復活を期したが、規則一点張りで取り付く島もなく、とうとう原稿を依頼する側の苦しさから当方が折れた。妥協案として「お知り合いの方に教えてください」の一言が入り、渋々納得させられた。このやり取りは、区の方針が社会的教育的マイノリティへの配慮に欠け、柔軟性がないことを物語っている。忘れられない出来事である。

　チラシは区報と違って自由に作成できるので、こうした束縛から離れて思いの丈を表現した（図）。問題はその置き場所である。通常、講座募集用チラシは図書館、文化センター（公民館類似の社会教育施設）に置くが、今回は社会教育課をはじめ国際交流担当課など区役所内、一般の講座ではチラシを置くことはない協力店舗、生活保護担当者から聞いた「文字の読み書きが不自由な人がいる」との話からその窓口にもチラシを置いてもらった。

## 参加者募集中

**池上ふれあい塾**
〜日本語の読み書きを
楽しく学びます〜

[場所] 大田区立教育センター (5748) 0801
(池上1−32−8)
交通＝東急池上駅から 徒歩7分

[日程] 1997年11月6日 〜
1998年3月19日
毎週木曜日、午後2時〜4時

[内容] 日本語（ひらがな、カタカナ、漢字）の読み書き
学習は、日本語で行われます。

[申込みできる方] 学校教育を十分受けられなかった方、日本語の読み書きが不自由な方。年齢、性、国籍は問いません。
（成人）

[定員] 10名 定員になり次第、締め切ります（先着順）。

[申込み] 10月23日(木)と10月30日(木)、午前10時から午後5時に、池上文化センターに直接来所して申し込んでください。

[問合せ先] 大田区教育委員会 管理課 電話 (3773) 5465
または 池上文化センター 電話 (3751) 4861

**「池上ふれあい塾」受講者募集チラシ**

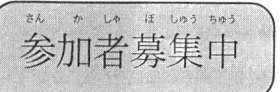

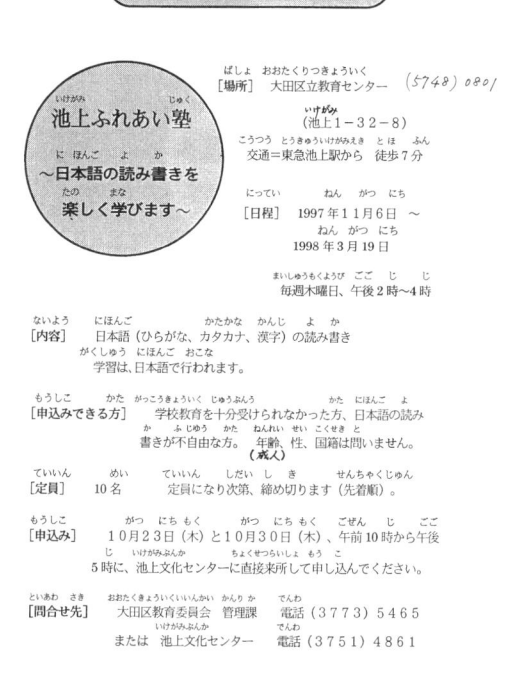

　「池上ふれあい塾」受講者募集チラシの配布で忘れられない思い出がある。それは都内でも8校しかない夜間中学校が大田区にあり（正式名称は「糀谷中学校夜間学級」）、その教員室を訪問した時のことである。配布をお願いした教諭は何気ない表情でこう切り出した。「こういう場はありがたいのです。というのは、卒業生が本気で勉強したいと再入学を希望してくるが、卒業した生徒を受け入れるわけにはいかないと言ってきたのです。そういう卒業生が『池上ふれあい塾』に行って勉強してくれれば良い。」というわけである。もちろん、配布には協力してもらった。このように、中学校は卒業したけれど、本当に社会で必要な学力が身についていない人がいる。これを"形式卒業"

という。卒業とは、中学校の課程を修了した証明であるはずだが、それは形式に過ぎないということであろう。いまこの問題は大田区だけでなく、新たな教育上の課題となっている。

## COLUMN 9

### 学校教育と社会教育の新たな教育統合

　かつて、学校教育と社会教育は車の両輪といわれた。その後、学社連携や学社融合、さらに接続という言葉も使われている。両者の関係は長らく社会教育サイドからの片思い的関係を続けてきた。その垣根が低くなったのは、開かれた学校づくりの政策が導入されてきてからである。
　従来教育統合といえば、ノーマライゼーションを意図しているが、改正教育基本法第13条の「これからの学校と地域の連携・協働の必要性」を考えれば、筆者は新しい教育統合という言葉を使い、それを学校教育と社会教育の視点から新しい統合という考え方を用いたい。このことをさかのぼっていくと、学校における資格・免許の履修単位や基礎的なスキルの獲得の問題に及ぶ。学校教育と社会教育の新たな統合に向けた今後の人材養成が喫緊の課題である。（堀越）

　募集が締め切られ、7名の応募があった。全員女性である。国籍別では韓国4名（74歳の在日韓国人女性を含む）、中国2名、台湾1名である。今回は残念ながら日本人の応募はなかった。これらの参加者を得た大田区初の識字教室は、「池上ふれあい塾」と称し、1997年11月から翌1998年3月まで毎週1回続けて開かれ、合計で19回の学習が行われた。

### （4）大田区「読み書き教室」の歴代参加者
　識字教室に限らず、一般論として講座を1回実施しただけではとてもその学習を必要とする人々に知れ渡ることはない、と断言できる。何度も何度も区報やチラシでPRし、講座を重ねていくうちに、参加者を中心とした"口コミ"という実感のこもった情報、率直な感想が地域に浸透していく。講座を必要

とする人が多い場合は、それまでの評価が良ければ次回も参加者があるであろうし、逆に評判が良くなければ参加は途絶えるだろう。

　1998年度（平成10）に入り、筆者は識字教室の本格実施に着手した。前年の予算編成期に予算上の位置づけを明確化して、他の社会教育事業と同格扱いがされるように固めるともに、講師や会場など学習条件の整備もしていった。1998年度に2回開催、各15回の「池上ふれあい塾」を実施してまた新たな参加者を得た。この年1回目は9名、2回目は18名の応募があり、日本人も初めて各2名、6名と参加した。この年の2回目から会場を池上文化センターから糀谷文化センターに変更した。これは、新しい参加者の都合を考慮したためである。その反面で、この事業のきっかけをつくってくれた74歳の方には負担となるのではないかと心配したが、何とか通い続けてくれた。

　こうして、ようやく筆者の「識字教室に日本人の参加を」という目標は、実現に向けた第一歩を踏み出したのである。その後、翌1999年度（平成11）までこの事業は糀谷文化センターで行なわれた。この間、事務担当の職員のほか社会教育指導員の熱心な事業へのかかわりによって年々参加者も増え、事業として定着をみた。

　1997年度（平成9）から始まった識字教室は、年2〜3回開催され、2001年度（平成13）の第10回までの5年間の教室参加者は、合計151人であった。国籍別にその内訳をみると、日本が最多の46人（30%）、次は韓国とフィリピンの25人（17%）、その次が中国の17人（11%）という結果であった[図表]。筆者の当初の目標は、日本人の非識字者が数多く学習参加することを保障することであったが、このデータは事業実施によって筆者の目標に一歩ずつ近づいていることを示している。もちろん、外国人が多くなった地域社会である。共生の理念にも合った事業でもあり、多文化共生社会の実現にも寄与できると考えている。

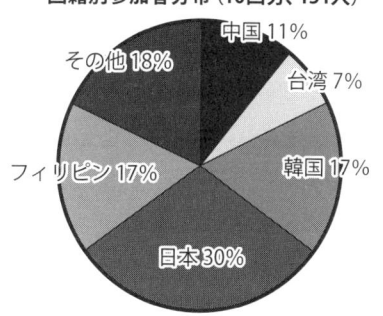

**国籍別参加者分布（10回分、151人）**

中国 11%
台湾 7%
韓国 17%
日本 30%
フィリピン 17%
その他 18%

### （5）「読み書き教室」参加者の声

　初めに出会った韓国籍の女性は、マンツーマン学習の後に6人の仲間と「池上ふれあい塾」に参加した。1回も休まず学び続けた成果は、次の感想文によく現われている。

　　　ある朝ラジオの放送を聞いていた時私とにている人の話が耳に入りました。それは、81歳の方の話で、無学から高校生になった話でした。ふとそれを聞いて私もやればできる気がおこり家族の力を借りて区役所の教育係へ電話をしました。その時の方が荒井さんとの出会いでした。とても親切にしていただきうれしかったです。そのご小田原先生から教えていただくことができて大変感謝しています。始めは自分に学問のないことが恥かしくて誰にもいえなかった私が今では下手ながら自分からどんどんかく気になれたことは先生方のあたたかいお人柄のおかげと深く感謝しております。これからもどうぞよろしくおねがい致します。今は感謝の気持でいっぱいです。ありがとうございました。（原文のまま）

　この人は、初対面の頃家族から「母は日本人よりきれいな日本語を話します。」と紹介された。その通り敬語を含め私たち日本人が忘れている敬語も違和感なく話す上品な印象の方である。
　次は30代かと思われる若い女性で、表向き日本語を不自由なく流暢（ちょう）に話す韓国籍の方は、日本語に対する不安から日本で暮らしてきた重苦しい日々をこう綴っている。

　　　日本に住みながら正しい日本語の会話、漢字の読み方、書き方が出来なくて、いつも心深く気にしていました。

　しかし、「池上ふれあい塾」に参加して、基礎から日本語を学ぶことができたことを感謝するととともに喜んでいる。
　3人目はフィリピンから日本に来て日本人と暮らす女性の声である。

　　　さいしょ、池上ふれあいじゅくをもうしこみして私でもできるかなと不安になっていました。でも、なかまができ、先生もやさしいのでだんだん学

校がたのしみになりました。

　しゅくだいが出たりですこしむずかしかったけど、なるべく休まないようにがんばりました。

　わからないかん字があるとじしょでしらべるようになり、べんきょうがおもしろくなりました。

　3月という日があっというまにすぎてしまいましたけれども、ほんとうにたのしくすごすことができました。

　以上は参加者の生の声であるが、いずれも初めて日本語を学ぶ人とは思えない学習能力の高さが窺える。このような学びの場を必要としている人は、社会にはまだ存在すると思われるが、成人学習の分野でも学習する人は、学ぶ意欲や学習を継続する力など一定の基礎的な能力がなければ続けることができないということに気付かされる。

### （6）「読み書き教室」の発展

　筆者は、この「ふれあい塾」を立ち上げ、しばらく担当の一人として事業運営に携わった。しかし、大田区で識字教育の機会を創った者として、他の仕事の忙しさもあってその単純な継続を願うだけだったのかもしれないとの反省がある。

　上司の命により、筆者はこの事業から手を引かざるを得なくなった。経験を積んだ社会教育主事として、より期待される職務に当たらなければならなかった。後ろ髪を引かれる思い、とはこのことである。とはいえ、筆者に今の水準以上の事業効果をあげる余力もなくなっていたのかもしれない。

　組織方針により筆者は担当から外れたが、後任に識字事業の企画運営が引き継がれた。しかし、筆者の心配をよそに後任はしっかりと事業の精神を踏まえて大田区の識字教室は継続発展していった。

　学習としての深化が課題であったが、2003年度（平成15）より次の担当者に代わり、新しい目が事業に注がれた。若い担当者は次のような問題意識で事業に関わりながら事業を変革し、見事に事業効果を一層高い水準に押し上げていった[23]。

　文字の読み書きに不自由していることが、その人の生活にどれだけの影を

---

\* 23　菊地紘子「読み書きの力の獲得と生きる力〜日本語読み書き教室（東京・大田区）〜」（『明治大学社会教育主事課程年報』No.15、2006年3月抜刷）

現在の「日本語読み書き教室」チラシ

　投げかけているのか、目の前でその姿を目にした職員にとって、読み書き教室がその人たちの力になっているのだろうかという問題意識は、社会教育職員としての職業意識でもある。
　「国語教育でもなく、日本語教育でもなく、識字教育って何だろう？」と手探りするなか、学校教員の（一斉授業による）教育観と社会教育職員の教育観や人間観を交叉させ、職員としてどうしていきたいかを講師に伝える地道な作業を続けた。
　職員から講師に提案し、合意形成に努めた内容は次のことである。

①カリキュラムに従って効率よく進めることより、学習者が主体であり学習者のペースでじっくりとわかるまで身につくまでやるスタンスでお願いしたい。
②年間25回ではすべてを網羅できないので日常生活に役立つよう生活に密着した学習をしたい。子どもに国語を教えるようなやり方ではなく、新聞記事を教材としたり生活の中で使う文字（例えば"危険"や"立入禁止"など）から学ぶことを大切にしたい。
③読み書きの習得だけに限らず、交流の輪を広げる。人間関係ができてこそ安心して学習に取り組むことができ、毎回通う意欲にもつながるのではないか。ここで築かれる人間関係も大切にしたい。

その結果、職員の提案を理解した後任の講師が意見を取り入れ、教室に新しい地平が開けてくる。一人ひとりを大切にした取組み、学習の進め方によって、参加者が安心して学習に取組める環境づくりができ上がっていった。また学習者同士だけでなく、学習者と講師・職員との交流が効果的との職員の考えも地道に浸透していった。

さらに学習内容の検証も行なった。それまでは義務教育修了程度という内容の曖昧さもあり、講師も学年進行で習得すべき漢字を意識して、学習者が文字を書くという学習をすることは少なかった。これを書くこと重点の学習に転換したのである。授業で書いた作文を通信に掲載することで、通信に載ることが学習者の励みになる。

こうして、職員と講師のズレを解消し、信頼関係を築いていった。その空気が教室全体に反映され、学習者にとって良い学習環境が整って定着する人が増えていった。

教室では読み書きの学習や交流を通して、本当の思いが語られ、社会参加や自己肯定の様子が見て取れるようになり、これこそが目指していたものだと実感する。職員としてまだまだ課題や積み残している問題点がいっぱいあるが、学習者の声が何より意味のある学習環境に育ってきていることを示している。

「友達ができてうれしかった」
「職場で自分から話し掛けられるようになった」
「ここに来るようになってから少しずつ外に出かけてみようかと思えるようになってきた」

「(「一石二鳥」の意味を勉強したとき) ここに来るのは一石二鳥。勉強できることとみんなに会えるのが楽しいこと」
「小さい頃勉強できなかったから、今が本当にありがたい」

「今の日本で生きていくために必要な、文字の読み書きという基本的な学習が保障されない、『もてる人』と『もたざる人』が二分化されるような社会であってはならない。すべての人が安心して生きていくために、これからの社会に識字実践を広めてください。」 これは、東京大田区において優れた実践をしたのち、志半ばで職を離れた担当の一人である菊地紘子の願いであり、心からの訴えでもある。

### 2. 識字教育の事例に学ぶ

筆者が職員としての強い思いから識字教育事業に関わることとなり、立ち上げた大田区の「池上ふれあい塾」が、東京では遅い取組みなのかどうか、客観的な資料も情報もない中で、筆者は夢中で事業の企画実施に当たってきた。

事業構想を練っている最中に、職場で回覧される資料等に目を通していると、東京を含め参考となる取組みがあることに気付いた。次に紹介するのは、東京福生市の識字実践、かつて筆者が訪問した西日本の識字教育の先進的な取組み事例、そして新聞情報等で入手したユニークな識字実践事例である。それぞれの取組みの中から、大田区の事例との共通点やそれぞれの個性を見出すことができるであろう。

### (1) 福生市公民館[*24]

福生市では松林分館で大田区より10年早く識字学級に取組んだ。ケースワーカーの依頼を受け生活保護家庭の大人が学ぶ学級として、たった一人からスタートした。外国人や子どもの参加者中心の学級が続いた10年後に、日本人の高齢女性が多く参加するようになった。その後、参加者が減って市民から「税金を使って市が実施する講座なのだから、あまりにも参加者が少ない講座はやめるべきだ」という声も上がったが、「識字学級を必要とする人が一人でもいる限り続けていく」と担当職員と公民館長が頑張って講座を継

---

*24 福生市公民館『公民館紀要'03』2004年3月

続してきたという。

　公費の使い方に"効率論"を持ち出す傾向が強くなって、これがあたかも"常識"のように語られるが、学習によって生活を支える新しい力を蓄える教育の営みに必ずしも効率論が有効であるわけではない。公民館主事と館長の高い見識と強い信念に敬意を表したいと思う。

　福生の実践で学ぶべきはもちろんこれだけではない。教材の選び方に特色がある。大田区では依頼した講師が小学校長経験者であったこともあり、当初職員は講師の考えに従っているが、福生で長く識字学級の講師を引き受けてきた人も小学校長だった人である。担当者と講師が教材選びで考えたのは、「日本語は、日本文化を培った基礎的、基本的なものの一つである」ということである。文学作品をじっくり時間をかけて読み、その中から心のやすらぎ、素直さを引き出そうと、心を動かす作品を選んでいる。なぜ文学作品かというと、文字の読み書きが不十分なため差別されてきた痛みを見据え、差別を乗り越え、自分の人生を主体的に選びとっていく力が必要と考えた担当職員は、文学作品に描かれた内容と受講者の人生をダブらせ、その生活感に十分応えられる教材として選定したという。受講者の背負っている背景によって異なった作品を選んでもいる[*25]。

　教材の中に憲法や児童憲章が出てくると、その都度資料を配って確認し合い、気になる新聞記事を参加者が持ってきて、それについてみんなで話し合うこともあるという。一つの物語を読み終わったら、感想文を書いてくるという宿題が出る。書かない人は誰もいない。感想文や作文は文集として製本し、参加者に返していく。

　大田区と共通するのは、識字学級が「奪われた人権を具体的に回復していく」実践である点である。筆者は大田区の「池上ふれあい塾」の事業紹介を、大田区の教育施策を公表した『大田の教育概要』（平成10年版、大田区教育委員会）で以下のように強い思いを込めて記載した。

　　**具体的な人権保障として日本語の読み書き教室を開設した。**

---

＊25　平成2年度社会同和教育研究会のまとめ『人権の視点から生涯学習を考える　国際識字年と識字教育』（平成3年3月、東京都教育庁生涯学習部）

東京のような大都市でかつ同和教育が西日本ほど普及していない地域では、社会教育における人権教育は市民に対する啓発レベルにとどまり、頭だけの理解に終わってしまいかねない壁がある。読み書き教室は本来義務教育を通して獲得されているべき識字能力が、何らかの理由で獲得されないままの人びとが、「具体的な人権保障として」読み書きの能力を身につけられる場として開設したものであるという担当者の思いが、この1行に満ちている。福生の識字学級も同じ立ち位置にあるのだろう。

さらに福生に学ぶべきは、教育関係職員と福祉や医療関係職員との連携である。縦割り行政の壁を超えたマイノリティに対する組織的な取組みは、今後の行政施策上の可能性を切り拓いている。単独では進めにくい課題も、連携によって効果を上げる実践事例として教訓となっている。

### （2）高知県南国市[26]

南国市では、市会議員選挙で「投票するのに、人に頼んで書いてもらうこと（代理投票）ほど身を切るような恥ずかしく、つらいことはない。」という市民の声を聞いた同和教育担当主事が、地域の人びととともに1971年（昭和46）に学級開設準備を進めた。他にも文字の読み書きへの願いをもつ人々がいることを確かめた担当者は、行政や関係機関にも働きかけて関係機関の代表者による準備会を開くと、「私たちは貧乏で学校に行けず、教育を受ける機会がなかったので、70歳を過ぎるまで字の読み書きができず、とても不自由でしたし、苦しい思いいっぱいで生き抜いてきました。なんとかして今からでも勉強したい。死ぬまでに一度でよいから遠く離れて暮らす子や孫に手紙を出してみたい。」という切実な訴えが出された。この願いに行政責任として一日も早く応えなければならないと思った担当者は、この年10月に識字学級を開設した。

しかし、開設当初は入学を申し出る人は少なかった。当時地域の高齢者の中には就学できなかった人がかなりいたと考えられるのに、呼びかけに応じて学級に参加したのはわずか7人だけだった。学校に行ったことのない人にとって、初めて鉛筆を握ることはかなりの緊張を伴った。70歳、80歳のしわが目立つ硬い手をブルブル震わせながら、芯が折れやしないかと思うほど強く鉛筆を握りしめ、紙に食い込むばかりの力を入れて書いていたという。

---

\* 26 前掲『人権の視点から生涯学習を考える　国際識字年と識字教育』

開設して数ヵ月が過ぎると、ようやく自分の名前が書けるようになり、ひらがなも大体読めるようになって、参加者の目も輝いてくる。そのうち誰ともなく仲間への呼びかけが始まり、参加者も日ごとに数を増し、やがて教室一杯という盛況となった。
　字を書き覚える中で漢字に慣れ、読むことが上手になる。バス、電車の行き先や店の値札なども読めて便利になり、読む力が生活に役立つようになる。歌詞カードを使って歌の稽古（けい）をしているうちに、だんだんと本も読めるようになる。こうして読むこと、書くことに慣れていって、参加者のほとんど全員が年賀状を自分宛てに出すことになった。訳をたずねると、「私たちは、生まれて初めて手紙を書いた。」という。だから「自分の書いた手紙を郵便屋さんが読んでくれて、本当に自分の家に配達されるのか、それを自分で確かめたいから。」というのが理由である。
　字を書ける喜びは、それだけにとどまらない。大阪の孫に初めて手紙を出したら孫がびっくりして、電話で「おばあちゃん、この手紙は本当に自分で書いたの？」と念を押してきたという。孫は翌日その手紙を学校にもっていき、クラスの友達に見せて得意顔になっていると、それを見た担任が「79歳のおばあちゃんが字を勉強して書いた手紙です。」とみんなに紹介してくれた。
　88歳から識字学級に通い始め、94歳で亡くなるまで病気がちで医者に行っても治らなかったのが、学級に来るようになって生き生きとして元気になった女性もいる。その娘も母の姿を見て学級で字を学ぼうと思って来るようになったという。

### （3）大阪府高槻市 * 27

　大阪と京都の中間に位置する中核都市の高槻市は、1972年（昭和47）に住民による識字運動が富田（とんだ）地区から始まり、1977年には春日地区にも広がった。その流れは、翌1978年に在日韓国朝鮮人の識字活動「成合（なりあい）識字学校」、さらに1981年に市内中心部で「アジメ学校」が開かれるまで発展していく。その実績をふまえて1985年からは教育委員会の事業として位置づけがされ、以後も継続的に取組まれてきている。
　富田地区で識字学級「松の木教室」が始まったきっかけは、地区の婦人会活動の中で「字が読めますか」「書けますか」「漢字で名前が書けますか」と

---

*27 『人権の視点から生涯学習を考えるⅡ　学びの原点としての識字をもとめて』平成3年度社会同和教育研究会のまとめ、東京都教育庁生涯学習部、平成4年

いうアンケートをとったところ、60％もの人が何らかの不自由を感じていることがわかったからである。「子どもが学校から持って帰ってくるプリントが読めない。それで諸会費の納入が遅れ、学校から督促を受ける」「参観日が過ぎていたり、学校新聞の内容がわからない」「電車の切符を買うのも困っている」「子どもに『この字なんて読むの』と聞かれても、すぐに教えてやることができない」といった切実な訴えがあった。こうした親たちの声を受けて女性たちの識字の取組みが始まる。府内や福岡県など先進地区の見学を含めた検討準備期間をおいて、1972年8月から毎週土曜日の午後7時隣保館[*28]に集まって教室は始まった。以後順調な運営が行なわれ、文集の発行、「生い立ち」「調理師受験」「算数・国語」の3グループ制の学習と全体学習の併用など、参加者や講師の関心や都合に合わせた運営の工夫がされてきた。講師には小学校教師や保育士が務め、講師会議も開かれてより参加者の識字能力が向上するよう意見交換をしている。

　このように先進的な取組みを積み重ねてきた高槻市の識字教室であるが、課題もある。地区内には参加してもらいたい人がいるが、その人たちからは「いまさら字を学ぶ必要がない」とか「ここに住んでいる分には字を知らなくても特別困らない」などの返事が返ってくる。市の担当者はここが事業の課題の一つだという。

### （4）北九州市の自主識字教室

　2002年1月4日の朝日新聞は、社会面で市内の自主識字教室で58歳から字を学び2年後に「字がなんぼか書けるようになったし、勇気を出しました」と語る一人の女性Ｉさんを記事にした。家が貧しくて小学校の途中で通えなくなって読み書きがほとんどできず、8年前の正月は自分宛ての年賀状を夫が読んでくれた。返事を書くのも夫だった。それがこの年の年賀状には「毎日楽しく学校に行っています。」と書いた。

　昨春、念願の中学校の卒業証書を手にし、今は県立高校定時制の1年生である。この記事にも2,000年の国勢調査速報値で15歳以上で中学校を卒業していないのは全国で高齢者を中心に0.15％、約16万人、読み書きの

---

[*28] 隣保館とは、同和地区およびその周辺地域の住民を含めた地域社会全体の中で、福祉の向上や人権啓発のための住民交流の拠点となる地域に密着した福祉センター（コミュニティセンター）として、生活上の各種相談事業をはじめ社会福祉等に関する総合的な事業及び国民的課題として人権・同和問題に対する理解を深めるための活動を行い、もって地域住民の生活の社会的、経済的、文化的改善向上を図るとともに、人権・同和問題の速やかな解決に資することを目的とする公共施設（全国隣保館連絡協議会）。

できない人はもっと少ないと記されている。読み書きのできることが当たり前の日本社会では、読み書きができないことは大きな苦痛でありハンディキャップでもある。

　黒板消しは子どもの時からあこがれだったと、Ｉさんは定時制高校の授業が終わると率先して黒板の文字を黒板消しで消す。おそらく若い高校生は黒板をきれいにしようなどと思わないだろう。文字を学ぶ喜びにあふれるＩさんの姿は、この新聞記事の中で際立っている。市内ＪＲ駅前で夜間中学校開設を求める請願に向けて、Ｉさんは買い物客らに頭を下げて署名活動にも参加した。「昔は署名をすることさえできなかったのに」と思いながら。Ｉさんが通った市内２か所の識字教室では、今もそれぞれ週１回在日韓国・朝鮮人や経済的な事情で学校に通えなかった人たち約30人が学んでいるという。

　「北九州・在日朝鮮人教育を考える会」[29]は1989年に発足、この会が主催する「よみかき教室・城野」は、毎週金曜日夜７時から９時まで地元公民館で開かれている。「すぐ忘れてしまう。くやしいねぇ」「だめでしょ、先生わからんこと教えちゃ」教室中にいろんな声が響く。その声は学ぶことはこんなに楽しかったんだということを私たちに教えてくれるという。「私の人生、テープなら巻き戻したいのに…」あるオモニが書いた作文の最後の言葉はスタッフの胸にささった。

　夜間中学の実現するまで、毎週金曜日の自主夜間中学で学習を続けるこの会は、夜間中学実現に向けた署名活動をしてきた。北九州市長への署名のあと北九州市議会への署名を始めて夜間中学実現に向け努力している。

### （5）横浜・寿識字学校[30]

　これも公立ではなく横浜の日雇い労働者のまち＝寿町にある自主的な学校である。1999年一人の労働者が横浜市民生局職員で寿生活館勤務の加藤彰彦氏（現沖縄大学学長、ペンネーム＝野本三吉）に「読み書きを覚えたい」と訴えたのがきっかけで無料の寺子屋として開校された。

　加藤氏の活動に共鳴した大沢敏郎さんは、出版社を退職して翌年から寺子屋に参加、以来法律事務所の手伝いで生計を立てながら寺子屋の運営に当ってきた。生徒は寿町周辺の労働者や在日外国人など約30人。出席をとらないので「１回しか来ない人もいれば、３年後にポッと現れる人もいる」そうだ。

---

＊29　北九州在日朝鮮人教育を考える会ホームページ
＊30　1999年10月20日、東京新聞

教室は鉛筆と消しゴムがあれば誰でも参加できる授業で、つづりや文法などを細かく教えることはしない。生徒たちは思い思いの言葉で原稿用紙を埋めていく。大沢さんの「生徒一人ひとりの中にある心の声を文字に表現することを学んでほしい」との考えからだ。ブラジルの識字教育学者のパウロ・フレイレは「読み書きができず沈黙を強いられてきた人の中に、未知の宝物が埋もれている」として、これを「沈黙の文化」と呼んだ。この言葉が大沢さんの原点である。ある女性（71歳）は、

　　勉強することと生きることが、こんなに尊いものかと感じました。今の時代の人は聞いて笑うでしょう。どの国でもこんな歴史はあると思います。（略）字もどんどん忘れますが、学校のおかげで、良いことをしっかりききとめております。先生が字は心と言っていたことが私にも当てはまったことに気付きました。

と作文に書いた。

　毎週金曜日の夜、教室は開かれる。ある晩のこと、58歳の男性がやってきた。「（手紙を人に書いてもらって）悲しくて涙が出る。小説が読みたいんだ」と語った彼は、久し振りに鉛筆を握る節くれた手が緊張で震える。口は真一文字に引き締めている。短気な性格で小学校に入学したが同級生とトラブルが絶えず、ろくに授業にも出なかったため、読み書きを身に付けないままその日暮らしの労働者生活を続けた。肉体労働と酒やギャンブル浸りの生活で体がいうことをきかなくなった。生まれて初めて住民登録をした際に、「もう体を張る仕事は無理ですね。文字の読み書きを習って事務をやったらどうでしょう。」と言われたことが識字学校に通う決心につながったという。

　フレイレに共鳴する大沢さん[31]は、「かつて文字の読み書きのできなかった人たちの表現することばには、文字の読み書きのできるぼくにはない何かがあるのだろうと思いつづけている。書き文字として表現することなく生きてきた人たちのことばを、ぼく自身のうけた学校教育のことばによって測ってはならないと肝に銘じている。」と述べている。「被抑圧・被差別の側の文化は沈黙を強いられてきた。」「学校教育を受けることのできなかった人たちのことばは、学校教育のことばではない。その沈黙のことばを、どのように掘り

---

＊31　大沢敏郎「ことばの文化の継承を」（『わたしと人権』人権文化を育てる会編、ぎょうせい、平成10年）

おこすことができるのかが日本の識字の本質のこととしてあるように思えてならない。」大沢さんのやさしい眼差しは、私たちの既成観念を揺さぶる。

### （6）神戸の自主識字教室[*32]

若き禅僧＝藤井さんがこの教室のキーパースンである。1997年1月私たちが忘れもしない阪神淡路大震災が起きた。岩手県の修行先にいたとき震災を知った彼は、「被災地で何かしたい。でも何ができるか？」と迷ったが、神戸市長田区のボランティア団体を訪ねた。それから1年、僧仲間のボランティアらと識字教室「ひまわりの会」を始めた。

被災地の訪問を繰り返すうち、老いた被災者たちが公営住宅への入居申請などいろいろの場面で読み書きができない悩みにぶつかっている事実を知ったのである。「文字を通じて心の交流ができないか？」それが教室を始めるきっかけとなった。

長田区の公民館で開かれる教室には、子どもの頃の都合で読み書きを学べなかった人々が集う。教室は週に1回、女性ばかり約40人が参加している。

## 3. 日本と世界の識字問題
### （1）日本の識字問題への対応

日本政府は、ユネスコに対し識字率は100％であると報告しているが、実際は99.8％であるという数字が総務省統計（1999年）に表われている。これはわが国総人口1億2千万人のうち24万人が非識字者であることになる。また、義務教育未修了者は全国で推定百数十万人いるといわれている。さらに長期欠席しても卒業できる学校教育の現実を考えると、この種の"形式卒業"者が少なからず存在することも疑い得ない。

こうした現実があるにもかかわらず、識字問題は日本には関係がなく外国の問題だととらえる状況が続いてきた。その認識は、文部科学省がわが国には識字問題は存在しないと表明しているのにとどまらない。松浦晃一ユネスコ事務局長は新聞で「『万人のための教育』を国内ではすでに達成している日本では、それが世界全体で達成されるよう協力する必要がある」と書いているが、その認識でよいのかとの問い掛けもある。成人、子どもも含めて、本当に達成しているのかと問い直すことが、今日必要ではないかという指摘[*33]

───────────────
　＊32　1998年1月29日　朝日新聞「ひと」欄
　＊33　上杉孝實「『国連識字の10年』を考える―これからの識字と成人基礎教育について」（『月刊Human Rights』No.181、（社）部落解放・人権研究所、2003年）

に、私たちは素直に耳を傾けてみたい。

　識字に関連して「アウトリーチ」という概念がある。これは「手をさしのべる」という語句だが、福祉部門で社会福祉の利用をする人々の全てが、自ら進んで申請をするわけでなく、むしろ専門機関の職権によって潜在的な利用希望者に医療・福祉関係者が手をさしのべ、利用を実現させるような積極的な支援を行なうという実践的意味で使用してきた用語である。この「アウトリーチ」は、最近成人学習の領域でも使用されるようになってきた。Web版『生涯学習用語事典』（日本生涯学習総合研究所）によれば、アウトリーチとは「学習から忘れ去られた人たちを対象にした活動」で、「学習要求を持っていない人たちを学習機会に参加させ、学習要求や学習行動を誘発しようとする活動」と説明されている。しかし、無理やり学習要求を持たない人々を学習場面に連れて行くことではない。文字の読み書きに不自由している人たちは、例えば講座の広報を読んでもまた人から聞いても、よく読めなかったり意味がよくわからなかったりするかもしれない。それだけでなく、そもそも学ぶという行動自体を子どもの時からプラスイメージでとらえられないため、参加するのにためらいや不安が少なからずあるだろう。こうした気持ちを理解して参加しやすい環境を整えることもアウトリーチの概念に入る。

　わが国の識字問題の状況を考えると、このアウトリーチの発想が欠かせない。従来のように広報で関心ある住民が集まってくる講座等と異なり、まずは文字の読み書きの学習が必要な人たちに、学びの場情報をどのように届けるかが出発点となろう。筆者が立ち上げた「読み書き教室」の場合は、広報担当の壁に阻まれて募集記事にルビをふることを断念させられたが、代わりに「お知り合いの方にお知らせください」と追記して学びを必要とする住民がなんとか集まり始めた。実践の交流もまた重要であり、担当職員の情報交換によって取組みの広がりと深まりが期待される。

　すでに紹介してきたさまざまな識字教育実践には、私たちに取組みの意欲さえあれば実践を始めるのに必要な情報があふれている。識字教育の必要性を自覚して、少なからぬ実践に学び、創意工夫してより多くのまちで識字教育の実践が始まることが、アウトリーチの発想から求められている。関心さえもてばアンテナが高くなり性能も上がる。必要な情報が次第に増えていくから必ず取組めるはずである。

## (2) 世界の識字問題[*34]

　ところで、世界を見渡すとアジアを中心に非識字者は驚くほど多く、その対応が急務となっている。日本ユネスコ協会連盟によれば、家が貧しくて働かざるをえない子どもが1億1,300万人、読み書きのできない大人は約8億6,000万人、世界の成人人口の6人に1人が文字の読み書きができないという。戦争や貧困、女性であるというだけで教育を受けられないというのが世界の現実であると紹介されている。

　国連は2003年1月1日、ユネスコの提唱により総会で「国連識字の10年」（2003～2013年）を決定し、「万人のための教育」を促進している。「世界寺子屋運動」がその一つである。ユネスコのデータによれば、アジアでは全体の人口に対し非識字者が73％を占め他の大陸と比べて飛び抜けて多くなっている。アジア以外ではアフリカが21％、アメリカが5％、ヨーロッパは1％、オセアニアが0.1％と、五大陸の非識字人口を示している。（図表）また男女別の比較では、男性では36％に対し、女性は64％の非識字者が世界に存在するとしている。

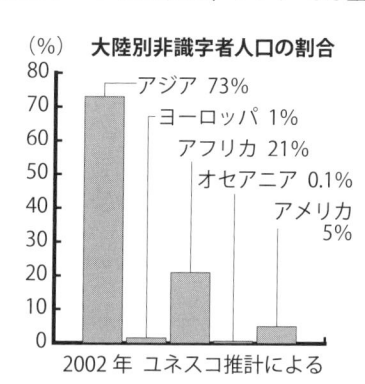

**大陸別非識字者人口の割合**

アジア 73％
ヨーロッパ 1％
アフリカ 21％
オセアニア 0.1％
アメリカ 5％

2002年 ユネスコ推計による

　ユネスコが推進する「世界寺子屋運動」は、「国連識字の10年」の決定に基づき、このような子どもたちや大人が「学びの場＝寺子屋」で読み書きや算数を学べるように、教育のチャンスを支援する運動である。具体的な活動には募金や書き損じはがきの回収、給食プログラムや食糧、恵まれない人たちへの医療品の支援、アジアの子どもたちの気持ちを代弁した絵本『アジアのこころ』を各国の小学校や寺子屋で学ぶ子どもたちに送る活動などがある。

　このように、識字率の高いわが国がこれらの運動をいかに支援するかが問われている。それとともに、識字問題を考えると、文字の読み書きがいかに生活を支え、切り開いていく武器となるものかを教えてくれる。学ぶことの意味をあまり見いだせない若者には、識字問題の現実を伝えていくことも意欲を呼び起こすきっかけになるかもしれない。

---

　*34　公益社団法人「日本ユネスコ協会連盟」ホームページより

## 3 家庭教育論
### 1. 家庭教育の今日的課題

　家庭教育は、そもそも私事である。プライバシーが尊重される社会では、行政も学校も無闇（むやみ）に家庭に立ち入ることはできない。本来、家庭が親や親権者のもとでその子どもをしつけ、家族のぬくもりを伝えていけているのであれば何の問題もないが、児童虐待のように子どもの生命、人権にかかわる深刻な事態だけでなく、青少年非行や"家庭の教育力の低下"、そして"家庭崩壊"とまでいわれる社会現象を受け、社会の側すなわち家庭の外からの支援や働きかけが必要となってきている。

　戦後社会をみても、青少年非行の増加と歩調を合わせるように、国による家庭教育政策が打ち出されてきた。文部省は1962年（昭和37）から予算計上して家庭教育資料を作成配布し、戦後第二の非行のピークといわれた1964年（昭和39）になると、政府は家庭の教育力を強化すべく、文部省が「家庭教育学級」を構想した。全国の区市町村に補助金を出して、より良い親になるための学習を奨励したのである。

　1964年は東京オリンピックが開催された年であり、新幹線が初めて走ったことでも私たちの記憶に残っている。所得倍増が政治レベルで語られ、家庭では家電製品やテレビの普及がめざましかった。このような社会の急激な変貌や家庭生活の変化という背景を受けて青少年非行が急増した時期であった。各方面から家庭教育を重視・協調する意見が政府に寄せられた結果、「家庭教育学級」は学習時間20時間以上、学習内容は家庭の機能と教育的役割、親の教育上の責任と態度、子どもの発達段階と性格形成などの条件をつけて区市町村で実施された[*35]。しかし、この種の政策はえてして学習熱心な親が集まる場となり、主催する教育委員会や実施校の教職員からみて本当に学んでほしい親が参加しないということになりがちである。実効ある学習の場が望まれてきたが、なかなか広がっていかない悩みが続いている。

　学校教職員は、家庭教育の実態と最もよく接する立場にある。児童生徒の学習面だけでなく生活面でも、問題があれば保護者と面談して教育上の協力を求めるが、強制的な言葉や態度は慎まなければならない。そこに限界もあり、学校教育と家庭教育の良い関係づくりはどこまで可能なのか、という課題がいつも付きまとう。そこでは、教職員の保護者への接し方、話し方や

---

　*35　俵谷正樹「家庭教育学級」（駒田錦一・新堀道也・日高幸男・吉田昇編『現代社会教育用語辞典』、ぎょうせい、昭和54年）

態度が重要であり、力量ある教職員は保護者を上手に説得するが、そういう例ばかりではない。学校教職員が両親教育について教員養成課程や現職研修で学ぶ機会が十分でない現状では、教職員各自の経験や工夫で乗り切るしか方法はない。かつて、文部省サイドでは教員養成課程の中で「両親教育」を重視する議論がされたことがある。1952年（昭和27）のこと、社会教育審議会の父母と先生の会分科審議会から、"ＰＴＡおよび両親教育に関する単位を必修とする"という提案がなされた。残念ながら、この提案は日の目を見ることなく終わった。

いま学校は、"モンスターペアレント"と呼ばれる人々により、常軌を逸脱した言動で悩まされている教職員がいる。これに対し、学校だけでは十分な対応ができないところを、外部から弁護士を頼んで問題解決にあたる例も出てきている。こうした新しい事態に対し、教職員にとって両親教育の課題が改めて浮かび上がっている。

## 2. 二つの家庭教育観

働く母親が珍しくなくなったいま、母親の就労を前提とした家庭教育のあり方を改めて検討する必要がある。1964年（昭和39）に「家庭教育学級」が全国の区市町村で取組まれてから、家庭教育学級はこれでよいのか、そこに集う母親たちがどのような学びの課題をもつのかを検証した研究[*36]をヒントとしてこの問題を考えてみたい。以下、その要旨をまとめ紹介する。

「家庭教育学級」を支える家庭婦人の層が広く存在するとして、この時期すでに核家族、保育施設、育児休暇、女性の職業、家庭経済などの諸問題が、ゆるやかながら密接な関連をもって学習の課題として表面化していた。この考察から、家庭婦人、労働婦人を問わず、基本的問題は家庭教育（しつけ）についてのつよい関心をどのような筋道で発展させていくのか、ということだとしている。

そこで、その筋道として「開かれた系」と「閉ざされた系」ともいうべき、二つの家庭教育観がある、と提起している。「開かれた系」としての家庭教育は、いわゆる「女性の自立」の精神的・物的基礎の確立との関係において、また、家庭での教育と保育・教育施設での集団教育を両者ともに基礎的ないとなみとする観点から、子どものしつけを問題にしていく。

---

*36 室俊司・阿久津一子「Ⅰ　家庭教育学級はこれでよいか　（その2）二つの家庭教育観の検討」
（「実験学級　『月刊』家庭教育学級」、『月刊社会教育』国土社、1968年）

「閉ざされた系」としての家庭教育は、いわゆる「家族愛」の確立との関係において、また、家庭での教育を基本的ないとなみとするいわゆる「親子関係論」的な観点から、子どものしつけを問題にしていく。
　伝統的価値観や慣習から自由な母親でも、子どものしつけに確固たる自信をもてない場合は、比較的たやすく「閉ざされた系」の家庭教育観に同調していく。文部省が推進する「家庭教育学級」の内容と方法は、いわゆる「家族愛」と科学としての心理学の「しつけ理論」を基礎にしている。今日の支配的な家庭教育プログラムには、科学としての心理学が非常に大きい影響を及ぼしている。しかし、この「心理学的」家庭教育論は、家庭をめぐる今日的問題にかなり接近することもあるが、その問題認識において「閉ざされた系」に向かっていく場合が多い。
　家庭教育の問題は、いわゆる「家庭問題」を離れてはありえないし、またこれからの「家庭問題」は、「社会・経済問題」との深いかかわりなしには、とらえられない。したがって、「心理学的」家庭教育論の一定の有効性は、「開かれた系」の家庭教育のなかでこそ、より十分に生かされなければならない。「開かれた系」としての家庭教育観形成をめざす創造的プログラムとしてまず確認されるべき問題は、次の4点である。

1　子どものしつけに自信がない若い母親に対して、その信念と方法において自信をもたせうるものでなければならない。
2　「働く母親」（「働きたい」母親を含め）に対して、子どもの成長発達についての不安が全くないような社会的諸条件は何かを明らかにするものでなければならない。
3　「女性の自立」が子どもの人格形成にもプラスであることを確信させるものでなければならない。
4　さらに、以上の3点が観念的に理解されるのではなく、みずからの課題意識として理解されるものでなければならない。

　このように、誌上家庭教育論は学習プログラムにも言及して「開かれた系」としての家庭教育観、すなわち開放的な家庭教育観の獲得を目指す学びを提起したが、この内容は社会一般に心理的な保守回帰が進む今日、なお有効な家庭教育論として再考する機会が待たれる。

### 3. 家庭教育論の系譜 ～9つの視座から[*37]

現代の家庭教育問題を論究することは、現代社会の基本問題、とりわけ社会的存在としての人間をめぐる法則を問題にすることになる[*38]といわれる。家庭教育は、社会教育の理論と実践上決して小さなテーマではない。以下は、社会の複雑化に伴ってとらえにくいこの問題を多角的に考察し、関係する諸側面を明らかにするために、次の9つの視座から、従来の家庭教育論[*39]の系譜を日本社会教育学会（以下「学会」）の研究蓄積を軸としてたどった論稿に一部手を入れたものである。

家庭教育論とは、一般に家庭教育のあり方を論ずるものとされるが、ここでは家庭教育に関する諸問題をそれぞれの視座から論考したものをまとめたので、家庭教育の問題へのアプローチを検討する際の参考となろう。

### （1）親や関係者向けに家庭教育のあり方を説くもの

家庭教育論の主流を占めるが、それらの多くは心理学、社会学の知見を反映して対症療法的、ハウトゥ（How to）的な解説で、問題の本質への究明については必ずしも十分ではない[*40]。このジャンルの家庭教育論が一般に与える影響の大きさを考えると、たとえ家庭教育をめぐる諸問題を社会的視野から広く究明しているようにみえても、それと問題性の認識とは区別されなければならない[*41]という室・阿久津の視座を重視したい。

### （2）家庭教育振興政策をめぐる論議

文部省が家庭教育振興を行政上の措置として打ち出したのは1930年（昭和5年）が初めてだが、戦後は若干の経緯をへて1962年度に家庭教育振興費を本格的に予算化する。この動向に着目した森田俌三郎と古川原は、家庭教育振興を謳うときの権力の意図や政治・経済・社会的背景を論究している[*42]。そして、家庭教育学級が具体的な実施段階に入って須藤克三や重松敬一は現実的な批判[*43]を展開した。

---

* 37 拙稿「家庭教育論の系譜」（日本社会教育学会編『現代社会教育の創造 ～社会教育研究30年の成果と課題～』東洋館出版社、昭和63年）初出
* 38 「家庭教育学級はこれでよいか（その1）」（『月刊社会教育』1968年5月）
* 39 その類型化は、森田俌三郎（原題「家庭教育論」批判、『月刊社会教育』1963年4月）と藤井治枝（『現代家庭教育論』ドメス出版、1974）が試みている。
* 40 日高幸男「現代家庭教育研究参考文献解題」（同編『現代家庭教育概論』同文書院、1986）
* 41 室俊司・阿久津一子「家庭教育学級はこれでよいか（その2）」（『月刊社会教育』1968年6月）
* 42 森田俌三郎、前掲。古川原「家庭教育振興論の由来とゆくえ」（『月刊社会教育』1964年2月）
* 43 須藤克三は、「家庭教育学級」を社会のしくみの変化と関連させて取り上げるならば望ましいとした。また、重松敬一は文部省『家庭教育資料』(1964年) の発行意図と内容を批判した。『月刊社会教育』1964年8月

続いて宮川淳一、島田修一、大野太郎一など家庭教育学級の運営者からの鋭い批判[*44]もあり、これを室俊司が「家庭教育学級批判」[*45]、三井為友が「家庭教育学級か婦人学級か」[*46]の形で一応の総括を試みている。その総括を緻密にし、家庭教育学級への実践的批判と社会教育分野での学習理論をつくりあげるための問題提起をしたのが「実験学級『月刊』家庭教育学級」[*47]である。これらは、今日もなお家庭教育の理論と実践を検討する際に一定の生命を保っている。（後述）
　前後するが、家庭教育振興のねらいを家庭の自力更生とみてこれを批判しようとした吉田昇と、自由な個性尊重の立場から家庭教育重視を唱えた永井道雄の論争[*48]は、熟さずとも問題の本質をラディカルに掘り下げた。

### （3）家庭教育の学習内容論

　家庭教育の学習について当初は政策論議が多かったが、「月刊家庭教育学級」の実験結果が出て以来沙汰やみとなり、昭和50年代に入るとむしろ学習内容論議に関心が移行した感がある。
　本山政雄[*49]は家庭教育学級構想の前夜に、「国民の心構えや努力だけではいかんとも解決できないこと」を学習する必要性を述べている。「月刊家庭教育学級」実施プランの検討段階では、北田耕也が3つの提起[*50]をし、室俊司と阿久津一子は「家庭婦人、労働婦人をとわず、基本的問題は家庭教育（しつけ）についてのつよい関心をどのような筋道で発展させていくか、ということ」ととらえ、"開かれた系"としての家庭教育と、"閉ざされた系"としてのそれという新しい命題[*51]を出して4つの問題提起をした。それを受け

---

* 44 家庭教育学級は「天下り的な」事業で、自由な社会教育をやりにくくする、などと指摘している。『月刊社会教育』1965年12月
* 45 室・阿久津、前掲
* 46 『月刊社会教育』1969年2月。ここで重要なのは、文部省が家庭教育振興の根拠とした1930年文部大臣訓令以降の行政措置に家庭教育振興の時代を超えた普遍的合理性があると断じた点の批判である。
* 47 『月刊社会教育』1968年5～8月、11月～1969年2月、3月
* 48 永井道雄・島津千利世・吉田昇「〈てい談〉婦人の職業と家庭」（『月刊社会教育』1964年8月）
* 49 本山政雄「社会のなかの家庭」（『月刊社会教育』1964年8月）
* 50 北田耕也ほか、前掲「家庭教育はこれでよいか（その1）」。それは、①学校教育批判の視点から家庭教育をとらえかえす②親、教育専門家、子どもの三者が日本の育児学、家庭教育学の中味をつくる③親と子の成長と人間的高まりを相即的にとらえる、の3点である。
* 51 室俊司・阿久津一子、前掲。"開かれた系"とは、子どものしつけを、女性の自立の精神的・物質的基礎の確立との関係で、また家庭教育と保育・教育施設での集団教育との両者を教育の基本的な営みとする観点でみていくこと。"閉ざされた系"とは、子どものしつけを、家族愛に基づく家庭内の親子関係のあり方に関心を向けて考えること、と説明している。

た小川利夫[*52]は、家庭教育の学習にとって「心理学的」家庭教育論批判や「社会学的」家庭教育論批判等現代諸科学の論争は不可避と言っている。

こうした議論の一方で、「よい親よい家庭の条件」など一、二の主題をあげて学習内容と方法を説く現場向きの論[*53]も有力である。しかし、大勢は長谷[*54]、木全[*55]、室[*56]、神田[*57]、美土路[*58]らの主張する婦人問題を学習の中心とした学習内容編成論といえる。その一方で、子育ての課題を「書く」ことで解決しようとする渡辺康麿のユニークな方法[*59]も注目される。

### （4）家庭構造の変容をとらえたもの

これは、家庭教育を規定する諸要因の把握をねらいとしている。古くは本山政雄や一番ヶ瀬康子等の研究[*60]にその緒をみるが、家庭教育の問題を政治・経済・社会・教育等の変化と密接に関連づけて動態的に考察する姿勢は、社会教育関係者にも影響を与えたと思われる。

酒匂一雄[*61]、保田正毅[*62]、千野陽一[*63]らの研究は、その意味で現代社会の基本問題をとらえた鋭い論稿といえよう。これらに共通しているのは、母親の就労、父親の労働過重、核家族化と少子家族化、余暇時間の増大、「教育」過剰、不良文化財の氾濫、住宅事情の悪化、家庭の崩壊等々現代社会の様々な変化の中で、単に心構えや個人の努力を強調するだけでは済まない子育てのむずかしさを認識している点である。また、メンタルな部分でも情報化によって不安や焦りを抱いたり、子育てに自信がもてなかったりする人が増加し、主体性の欠如なども指摘されている。

---

* 52　小川利夫ほか「家庭教育学級はこれでよいか（その4）」（『月刊社会教育』1968年8月）
* 53　虫明糺「子どもの教育についての学習」（『社会教育』財団法人全日本社会教育連合会、1965年3月）
* 54　長谷幸江・中藤洋子「婦人問題と家庭教育学級」
* 55　木全力夫「労働をめぐる婦人問題学習の分析」
* 56　室俊司「生涯学習論と婦人問題」
* 57　神田道子・木村敬子・野口真代「女性のライフサイクルの変化と学習課題」
* 58　美土路達雄・千葉悦子・古村えり子「現代農家婦人問題と学習課題」（以上5編とも、『婦人問題と社会教育』日本の社会教育第26集、東洋館出版社、1982、所収）
* 59　渡辺康麿「『どうしたらよいのか？』と聞くまえに─「自己形成史の会」の生まれるまで─」（『月刊社会教育』1983年12月）。書くことが親の行動を変える力になることを実証している。
* 60　本山政雄、前掲。一番ヶ瀬康子「婦人労働者と『家庭復帰論』」（『月刊社会教育』1964年8月）及び一番ヶ瀬康子『現代的家政論』批判」（『月刊社会教育』1969年2月）
* 61　酒匂一雄「家庭の教育力とその創造」（『発達の保障と教育』子どもの発達と教育7、岩波書店、1979）
* 62　保田正毅「子育ての困難と親の問題」（『月刊社会教育』1984年3月）
* 63　千野陽一「生活変容と社会教育の新動向」（『生活構造の変容と社会教育』日本の社会教育第28集、東洋館出版社、1984）

## （5）マスコミと家庭教育の関係

小木美代子[*64]は、従来のテレビ悪影響論は子どもの精神発達段階によって異なる点で科学的でなかったとして、子どもの望ましい精神発達を考えたテレビ視聴の具体的方法を提案した。

古賀寿[*65]は、テレビを除外し度外視してはもう学校教育も家庭教育も成り立たないとして「通俗的テレビ影響論」を退け、子どもの素質、家庭の環境と教育、マスコミとの接触度、交友関係等の諸条件からテレビ視聴だけを切り離してその影響を速断することなく、テレビの形成の重層的、個性的メカニズムを知って教育の立場から的確な目的意識をもってよりよき方向を与えることを重視している。

こうした論調を発展させた吉田昇[*66]は、マスコミの悪影響を受けない主体性を身につけるだけではなく、マスコミの内容編成への参加の重要性を認識させるために、当面「宣伝分析」の手法により「宣伝にだまされない人間」の形成を提唱した。同様の立場で親子両者の批判的視聴能力の形成をめざすＣＶＳ（Critical Viewing Skill）学習の開発と普及に尽力している鈴木みどりの研究[*67]は示唆に富む。

## （6）婦人問題からみた家庭教育論

学会で婦人教育研究が本格的に手がけられたのは1980年度のことであるが[*68]、これに先駆けて神田道子[*69]が婦人問題の視点から婦人の生涯教育を展望している。そこでは特に婦人問題の視点で把握した課題を、基本的課題と現状対症的課題、長期的課題と短期的課題に区別すること、その作業を経て初めて学習課題が明らかにされるとの論点が注目された。

長谷幸江・中藤洋子[*70]は、公的社会教育の事業として定着した感のある家庭教育学級での婦人問題の位置づけられ方、認識のされ方、プログラムへの組み入れられ方を探りながら、家庭教育の学習において婦人問題の視点を

---

\* 64 小木美代子「子どもの発達保障とテレビ視聴問題」（『月刊社会教育』1979年5月）
\* 65 古賀寿「テレビ影響論」（『社会教育とマスコミ』日本の社会教育第21集、東洋館出版社、1977）
\* 66 吉田昇「生涯教育におけるマスコミとマスコミ利用学習の位置づけ」（『社会教育とマスコミ』）
\* 67 鈴木みどり「子どもを変えるメディア教育」（『テレビ』シリーズ・現代の子どもを考える2、共立出版、1981）
\* 68 木村純ほか「昭和55年度社会教育研究の動向」（『日本社会教育学会紀要』№17、1981）
\* 69 神田道子「婦人の教育の視角から―婦人の生涯教育論の再構築―」（『日本社会教育学会紀要』№13、1977）
\* 70 長谷・中藤、前掲

位置づける必要性を述べている。

　こうして、家庭教育の学習に限らず、婦人の学習では婦人問題学習が不可欠との認識が出てきたが、「婦人問題学習が何を核として展開されるかは今後の研究に待たれる[*71]」とした井上恵美子は、「婦人問題学習の内容に関しては、労働権を軸とした女性史の学習を基本にすえることを重視する[*72]」という考えを提示した。

　一方、共働き家庭の教育上の課題を克服する可能性を示した研究[*73]も目をひく。このような現状に即した有効かつ積極的な研究に続き、子育ての負の要因を正の方向に転化しうる担い手の主体形成論が求められる。

### （7）地域ぐるみの子育て論

　家庭教育を閉鎖的な家庭個々の問題と限定せず、家庭教育のおかれている今日的状況から家庭相互をつなぐ地域の課題として改めて子育ての問題をとらえようとする論は、比較的最近よく見かける。しかし、馬場四郎[*74]は早い時点で家庭の責任と限界に気づき、親や大人が地域ぐるみの住民組織を結成して「青少年健全育成のための住民運動」を展開すべきことを示唆した。
　その後、社会の急激な変化に伴う子育ての構造的危機をとらえた酒匂一雄[*75]は、親や地域住民が子育ての主体として自ら活動することを重んじ、主体形成のための社会教育の問題を論じた。特に親の地域教育運動参加は、家庭の教育力にとって向上、部分的共同化、修正原理の機能をもつという指摘は重要である。

---

* 71　井上恵美子ほか「1982年度社会教育研究の動向」（『日本社会教育学会紀要』No.19、1983）
* 72　井上恵美子（戦後「婦人学習論」の現段階、『月刊社会教育』1983年5月）
* 73　酒匂一雄は関根庄一『共働き家庭教育論』の新しい視点を紹介した（前掲『月刊社会教育』）。
* 74　馬場四郎「教育における家庭の役割」（『社会教育』財団法人全日本社会教育連合会、1964年4月）
* 75　酒匂一雄「子育ての構造的危機と社会教育」（『月刊社会教育』1979年5月）及び、酒匂、前掲

---

COLUMN 10

### 長期間キャンプの教育的意義

　昭和63年に、旧文部省は、自然生活へのチャレンジ推進事業（フロンティア・アドベンチャー事業）を行った。事業内容は、10泊11日の長期間キャンプ、

そして無人島のような欠乏体験であった。まず、テントサイトをつくって生活の場を確保し、トイレ、炊事場と続く。筆者も40歳を過ぎて、この長期間キャンプを担当した。小中学生とともに長期間キャンプを体験した。

　この長期間キャンプの教育的意義については様々な視点から研究されており、不登校の子どもにも有益との情報を入手した。そこで、教育研究所の心理職とタイアップして参加者を募ったことがあった。

　終了後には、体験を作文にした報告書を作成した。その中に、不安、葛藤、仲間との協調の大切さ、家族の大切さ、達成感といった、心的変化をうまくまとめた秀逸の文を忘れない。成長した子どもの中で、10年のときを経て、当時の場所を確認したいとの電話がかかってきた。忘れられない貴重な思い出である。（堀越）

---

### （8）家庭教育の学習者論

　家庭教育の問題を学習者の面から論じたものは数少なく[76]、学習によって短期、長期に学習者がどのような意識、態度、行動の変容をしたかという学習構造の研究が急がれる。

　山本恒夫[77]は、学習効果測定を情報科学の研究成果を駆使して態度変容の度合を調べるという精緻な研究をしている。小木[78]は、家庭教育学級の成果は一向に上がっていないとして、科学的な子育て原理の導入を唱えた。なかでも、松下拡の実践に裏づけられた理論[79]は我々の注目をひく。とりわけ主体形成の観点から公教育主導の内容編成を批判する論調には説得力がある。また、自主編成がややもすると形骸化しがちな中で、社会教育労働は学習しようとする人の「要求の質をひきあげ、学習意欲を喚起し、内容とかかわってそれを支え継続させようとする学習者の主体的な営みに焦点をあてて行われる」との指摘は、「住民が主体であるという学習とは何か」、職員は何をすべきかを改めて我々に問いかけてくる。

---

＊76　中島昭人・木全力夫「東京都における家庭教育の実態に関する研究Ⅲ―家庭教育に関する母親の学習要求の分析―」（『東京都立教育研究所紀要』第7号、1971年9月）など
＊77　山本恒夫「放送利用学習と態度変容」（前掲『社会教育とマスコミ』）
＊78　小木美代子「青少年の非行問題と社会教育実践」（『月刊社会教育』1981年11月増刊）
＊79　松下拡「婦人の学習と主体形成」（『月刊社会教育』1984年4月）

## （9）家庭教育の研究方法に可能性をひらくもの

　家庭教育論は学問的には未開拓の分野[80]といわれるが、ここに取り上げた論稿のほか、歴史的に家庭教育を研究した吉田[81]、小林[82]、藤井[83]らの方法論と、外国の家庭教育を紹介する萩原[84]、保田[85]らの研究方法は、今後の家庭教育研究に当たって十分参考にされるべきである。

　このように家庭教育に関わる諸論をみてくると、いまこれらの理論上、実践上の蓄積をどれだけ継承しえているかの視点から、改めて現状分析をしてみる必要があると思う。

　最近、行政と企業が提携して父親の家庭教育学習に取組む動き[86]がみられるが、ハウトゥ式の理論や実践でなく、あくまで父親を含む"開かれた系"の家庭教育観の創出に向けた家庭教育研究[87]が進められるべきではないか。

---

* [80] 藤井治枝、前掲『現代家庭教育論』
* [81] 吉田昇「明治の家庭教育」（『女性・子ども・学校』吉田昇著作集3、1981、三省堂）
* [82] 小林輝行『近代日本の家庭と教育』、1982、杉山書店。明治・大正期の研究。
* [83] 藤井治枝、前掲書
* [84] 萩原元昭・谷清子「諸外国における家庭教育」（前掲、日高編書）
* [85] 保田正毅・大崎功雄・川口祐二共訳、C・ツェトキン、H・シュルツほか『家庭の医学』、1983、明治図書
* [86] 『社会教育』1986年2月号（財団法人全日本社会教育連合会）では、「父親と家庭教育」を特集し、家庭教育に関する父親の役割論や行政・企業の取組みの模様を紹介している。
* [87] その意味で次の論文は新しい視角を提示している。諸岡和房「婦人問題と男性問題」（前掲『婦人問題と社会教育』）

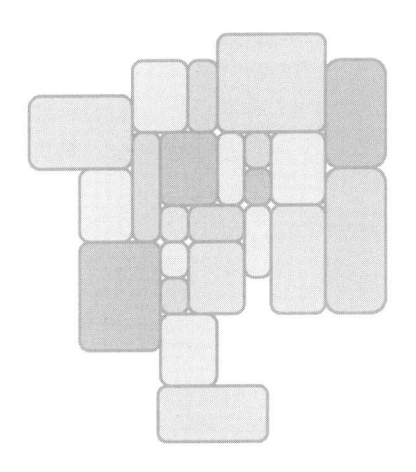

## 第Ⅲ部

## 社会教育の団体を考える

# 第1章 社会教育団体とは何か 〜歴史的考察〜

## 1 用語の説明

一般的には「社会教育団体」と表現されるこの用語は、現在の法律（＝社会教育法）では「社会教育関係団体」が使用されているが、戦前から敗戦後の一時期までは「社会教育団体」が使われた。社会教育法最終原案の前までは「社会教育団体」が使われ、最終原案で「社会教育関係団体」に改められた[*1]。

社会教育団体が歴史に登場するのは、およそ明治30年代後半以降のこと[*2]で、戦前の社会教育行政では、公権力の支配が全一的に（まとまりのある完全な形で）社会教育の団体に及んだ[*3]。戦前、戦中の社会教育の歴史をふりかえると、社会教育団体は「半官半民的団体」といわれる性格をもっていた。半官半民的な性格をもつ社会教育団体の役割は無視できない。団体の問題を考えるとき、誰が団体の運営に当るのか、誰が責任をもつのかという"組織主体"が重要である。団体側が運営責任を握っていたのか、それとも官＝行政側が（補助金等をテコにして）団体運営の主導権を握っていたのかは大きな問題だからである。この時代、半官半民的性格をもった一種の「社会教育関係団体」ともいうべきものが次々と設立されていく。これは、社会教育が公権力の関与のもとに国家的規模で展開され始めた時と機を一にしている[*4]。この時期が明治30年代後半であり、日露戦争の戦勝気分で欧米列強と対等に立ち向かえると国全体が高揚していた頃のことである。

「半官半民的団体」とは、表面的には民間団体（Voluntary Association）のかたちをとりながら、実質的には官僚によって創設され、その統制指導のもとに、権力の要求する教育・教化を国民に浸透させる「媒体」となる団体である。わが国戦前の社会教育体制の中で、その組織主体として極めて特異な役割を果たした「教化団体」ともいわれるものは、この半官半民的性格をもつ社会教育団体の典型であった[*5]。

敗戦後わが国の教育の方向を定めるために教育刷新委員会が設けられたが、それは教育基本法の制定をはじめ、教育改革実施のために最も重要な

---

*1 藤田秀雄「社会教育関係団体」（日本社会教育学会編『現代社会教育の創造 社会教育研究30年の成果と課題』東洋館出版社、昭和63年）
*2 大蔵隆雄「社会教育関係団体」（小川利夫・倉内史郎編『社会教育講義』明治図書、1974年）
*3 千野陽一「社会教育の集団」（碓井正久編『社会教育』教育学叢書16、第一法規、昭和47年）
*4 橋口菊「社会教育の概念」（前掲『社会教育講義』）
*5 橋口菊、同前

役割を果たした組織である。社会教育はその第7特別委員会が担当し、山崎文部次官は席上で社会教育団体を通じて国民道徳の退廃を改める権力側の意図を次のように鮮明に述べている*6。

> 終戦後、国民道徳の廃頽(たい)は著しく、道義地を払った観(ママ)がございまするが、道徳心を昂揚し、秩序と責任を重んずる風を作興する為には、学校教育の根本的刷新と相並んで、社会教育の画期的作興を図ることが喫緊の要務であると存じます。

ここでは、敗戦後もなお社会教育は国民教化*7と同義にとらえられている。

### 2 社会教育団体の代表例　～青年団史を通して

社会教育団体を歴史的観点からとらえてきたが、次に青年団史を通して実際の社会教育団体と公権力との関係を明らかにしていこう。

#### 1. 明治初年の社会統制と青年団

明治維新直後から権力の本質が露呈された事件が起きている。明治政府は、戊辰戦争（1868年）に破れ降伏した旧会津藩士を下北半島にやり、寒冷の地に藩ぐるみ流刑に処した。藩士たちのくらしは赤貧どころの生易しいものではなかった。権力の座についた一集団が、敗者となった他の一集団をこのようにいじめ、しかも勝利者の側から心の痛みも見せなかったというのは時代の精神の腐った部分である。歴史の中で都市一つがこのような目にあったのは会津若松市しかない*8。当時の為政者の非人間性をここに見るのである。

このような権力の本質は、次の出版条例が政治権力への批判を封殺する意図で出されたり、讒謗(ざんぼう)律・新聞紙条例が新聞記者恐怖時代といわれ最も苛酷

---

\*6　藤田秀雄「社会教育法の制定」（海後宗臣監修、碓井正久編『社会教育　戦後日本の教育改革10』東京大学出版会、1971年）

\*7　「教化」とは、権力の立場から、ある一定の政治的価値の実現を期して、主として国民の精神面に対する働きかけであり、教育というよりはむしろ政治的支配といわれるものである。わが国において「社会教育すなわち社会教化」といわれて、両者がしばしば同義語として置き換えられた。このことが示しているように、社会教育における教育といわれるものの中には、政治と教育が最も露骨に結びつくところに成立してくる教化という概念が含まれている。（橋口菊、同前）

\*8　司馬遼太郎『白河・会津のみち、赤坂散歩』街道をゆく33、朝日文庫、1998年

を極めたりしたように、国民の自由な言論や集会・出版・表現の自由を制約するところに現われている。

 1869年（明治2） 出版条例
 1873年（明治6） 新聞紙条目等表現の自由を抑圧するための治安立法
 1875年（明治8） 讒謗律（ざんぼう）・新聞紙条例

　明治10年代全国規模に展開された"自由民権運動"は、政府を震撼させるほどの盛り上がりをみせるが、政府は次の方法によってその弾圧や買収等を行ない、切り崩しを図った。

 1880年（明治13） 集会条例
 1882年（明治15） 同改正追加
 1883年（明治16） 新聞紙条例改正
 1884年（明治17） 上書建白類の公表禁止
 1887年（明治20） 保安条例

　こうした一連の治安立法を強化した結果、民権運動は崩壊し、出版の自由、集会結社の自由は大幅に制限されることとなった[*9]。その集約が1889年（明治22）の大日本帝国憲法の発布である。憲法は、表現の自由などの基本的人権を法律の範囲内でしか認めないと規定した。これを自由民権運動家の中江兆民は一読して苦笑し、「われわれに与えられた憲法は、はたしていかなるものか、玉か、また瓦か。その実際をみないうちに、まずその名に酔っている。これほどわが国民の愚であり狂であることを示すものはない。」[*10] と述べた。
　教育界では、1872年（明治5）の学制以来、教科書は学校の自由裁量で決められていた。しかし明治10年代の自由民権運動の高揚を抑える必要から、政府は教育界にも手を伸ばす。1880年（明治13）、近代的民主主義を説いた書物を教科書として使用することを禁じたのである。その書では、文明開化の息吹を受けて欧米の近代社会理念や近代民主主義を強調している。政府は、儒教的封建道徳の復活を企て、その方向に教科書編集を開始

---

 *9 家永三郎『太平洋戦争』岩波書店、1981年
 *10 家永三郎編『日本の歴史：5』ほるぷ出版、1977年

した。教科書採択の変化をみると、届出制から許可制に変わり、1886年(明治19)には検定制になった。そしてついに1904年(明治34)に至って小学校(義務教育)の教科書は国定教科書となった。このように教科書を統制することで、国民の思想形成を政府の思う方向にリードする国家体制を築くのである。それより前1890年(明治23)には教育勅語が渙発され、各学校で式日に天皇の御真影礼拝を行なうとともに、教育勅語の奉読儀式が始まっている。教育に対する統制は、教科書、教育勅語、御真影礼拝の儀式など幾重にも重なる装置を使って行なわれ、国民の思想形成は巧みに進行していく。このような方式は明治30〜40年代に定着して、天皇を神聖な権威をもつ君主として国民に崇敬させるとともに、天皇を元首とする権力への無条件服従の心情を植えつけた。この時期の教育の特徴の一つは子どもたちに画一的なものの考え方を身につけさせることであり、幼年期から天皇とその国家への畏服の習性を肉体的に定着させることが意図された[*11]。

この頃、小学校を卒業したばかりで社会に出る青年層は、青年団や青年会に入って異年齢集団の中で学習し、大人になるうえで必要な情報を得ていた。大阪府内では夜に集まる青年夜学会があちこちで開かれた[*12]。

1882年(明治15)　大阪市内に「基督教徒青年会」
1886年(明治19)　堺に「進徳会」(16歳以上の会員、日曜午後7時から10時に会合、内容は講義、演説、討論)
1886年(明治19)　茨木市に「上穂積勉強組」(15歳以下の子どもに勉強を教えたり講話をしたりした。)
1889年(明治22)　玉櫛村内に「旭倶楽部」

大阪だけでなく、1887年(明治19)前後には全国各地で相当数の青年会が生み出された。その要因の一つには有志青年層の学習要求の高まりがある。義務教育年限が短かった時代だけに、もっと勉強したいと学校教育の補完や義務教育の補習など青年会が中等教育機関的な役割を果たしたこと、二つには村の有力者および教師による上からの組織化の意図により青年会が結成された。背景には農村の状況に対する危機感があり、民風の改善、悪習の矯正、

---

*11 家永三郎、前掲『太平洋戦争』
*12 宮坂広作「天皇制教育体制の確立と社会教育」(碓井正久編『日本社会教育発達史』講座・現代社会教育Ⅱ、亜紀書房、1980年)。青年団の名称は、青年会、夜学会等さまざまだった。

村治の基礎づくりを目的とした青年教育により、農村の再建を図ろうとしたことがあげられる[*13]。明治30年代に大阪の有力者が青年会を組織化し近代化しようとしたのは、「専ら旧弊の打破、風俗の改善を目的とし」(泉北郡東百舌村土師の信盟会、明治33年) たり、「専ら風儀矯正を勉め」(南河内郡高向村の郷友会、明治33年) ようとしたりするためであった。それまで江戸時代から存在した「若連中」が旧弊、悪風、淫風として非難されて廃止されており、こうした風俗を改善することが青年会の目的と考えられていた[*14]。

このように、青年会では地方有力者の関心が集まったとはいえ、この時期は国家権力が直接関与することもなく、まだ比較的自由で自発的な活動が各地で行なわれていたと言うことができる。

## 2. 国家権力と通俗教育[*15]

上記のような時代背景のもと、わが国社会教育史上最初に登場する「大教宣布運動」は、政府が天皇の神格化を図り、天皇を国民に結びつける目的をもって全国的に展開した運動で、運動の立案・推進者は復古神道派の国家主義者たちであった。「大教」とは彼らによれば、「惟神(かんながら)」の教えを指し、「大教宣布」は祭祀者であり政事者でもある天皇が人民を治めるという立国の精神を人民に知らしめることで、早くも1869年(明治2)に政府は、天皇が伊勢神宮に参拝し、現人神(あらひとがみ)として天皇を宗教的に権威づけようと図った。

この年、政府は惟新の大道宣揚のため国学者を動員して「宣教師」を設置し、翌1870年(明治3)には、国家が全神社の祭神を支配することを明らかにした。国民に対し「大教宣布の詔(みことのり)」を発布して宣教師が全国で惟新之大道＝皇道主義(王政復古による天皇制国家を建設するという考え方)を布教するなど大がかりな大教宣布運動を行なった。その方法は、管轄の府藩県の官員と密接に連絡をとりながら一定の時間、一定の場所に民衆を集め、教典を誦読(しょう)するというものであった。そのような場で民衆から願書や訴状等の取り次ぎを頼まれても、一切断ることが「宣教師心得書」に記され、宣教師は民衆の主体的意思表明を封殺する役割をも担わされていた。このよ

---

　＊13　大蔵隆雄「通俗教育期の時代的性格と構造的特質」(国立教育研究所編『日本近代教育百年史7　社会教育』財団法人教育研究振興会、1974年)
　＊14　宮坂広作、前掲
　＊15　藤田秀雄「明治初期の教化活動と民権学習結社」(藤田秀雄・大串隆吉編著『日本社会教育史』エイデル研究所、1984年)

うな宣教師の実践を通して、民衆一人残らず教化の網の目から漏れることのないように枠付けされてもいたのである[*16]。これは廃仏毀釈運動と結びついて展開されたもので、天皇崇拝中心の神道を布教し、国民の信教を国家の手によって統一しようと企図されたものであった。

「大教宣布運動」をさらに進めるため、国においては1872年（明治5）に新たに教部省が設けられ、省内に「教導職」を置くこととなった。これは神官、僧侶など全国に7,000人を超える人員配置によって国体を擁護し、欧化的共和政体を排斥することを主要な任務とする役職である。1873年（明治6）にはさらに俳優、講談師等の民間人を併用して民衆教化の幅を拡大している。このようにして大教宣布を進める組織上の整備が確立していった[*17]。

その民衆教化の内容については、従来の神道一辺倒では民衆の教導に限界があるとして、適度に文明開化的諸題目を織り込んで教化の実質的効果をねらっている。福島県の「教導職」は、各寺院を小教院と定めて檀家を集め、皇道宣布の伝導教化を進めた。中には一律に寺院の名を廃して「説教所」に改めたり（青森県）、寺や周辺の場所と日時を定めて民衆を集めて説教したりするところ（秋田県）もあった。いずれにしても、その布教形式は各地方において細密に規定されるほど民衆教化網の組織的な体制ができあがっていた[*18]。

こうして明治維新直後から政府主導で取組まれた大教宣布運動は、神道という宗教を起点として民衆を皇道精神によって思想統制しようと意図した政府の教化政策の端緒であり、わが国社会教育がこの時期以降やがて本格的に上からの教化へと定着していく契機となったといえる[*19]。

この政策は、仏教関係者の反発を招き、1871年（明治4）の廃藩置県を境に性急な神道国教化政策は変更を余儀なくされ、明治10年代には大教宣布運動は終焉している。しかしながら、この運動はその後の国家神道教育（天皇神格化教育）の原型となる。こうして国民の精神にまで国家政策が関わろうとする上からの社会教育の性格は、当初から国家主義、軍国主義への流れとつながりをもっていたといえる。

社会教育の用語は、その後暫く経ってから公式に使用されるようになったもので、その前は「通俗教育」が使われた。通俗教育の用語は、1885年（明治18）に文部省管掌事項の中に登場している。通俗とは学問的高度な知識

---

[*16] 松村憲一「民衆教育における啓蒙と教化」（前掲『日本近代教育百年史7　社会教育1』）
[*17] 松村憲一、同前
[*18] 松村憲一、同前
[*19] 松村憲一、同前

内容を、一般人民誰でもが理解できるようにやさしくくだいたものという意味で、啓蒙的発想から用いられた言葉である。通俗教育は、大人たちに教育とは何かを理解させ、そのことを通してできるだけ多くの子どもや青年を国民教育の中に組み入れようとする[20]発想によっていた。1921年（大正10）に「通俗教育」が「社会教育」に改められるまで使用された。いずれの用語も政府の公式使用によるものであることから、社会教育とは『社会教育すなわち社会教化』といわれた歴史的性格を理解する必要がある[21]。

　通俗教育には、国民の不健全な思想に対して健全な思想を啓蒙するという国家の考えがみえる。社会教育を歴史的視点に立ってとらえると、通俗教育の消極性を補い、国家が全面的に国民の精神面に働きかけて政治的支配を完成させようという意図が含まれる用語といえよう。明治10年代に各地の教育会（教師たちの団体）を中心に通俗教育談話会が全国で開かれ、就学奨励を行なった。これは民間レベルの盛り上がりであり、1890年（明治23）の教育勅語発布以後天皇制イデオロギーの普及を目的とする各種の教化団体・修養団体が生まれて、自主的に通俗教育を展開してますます発展した。

　その例をいくつかあげると、富山県では明治20年代に教師を中心に就学の意義などを説く通俗教育談話会が活発化した。石川県の石川教育協会は1886年（明治19）に通俗教育会を設立、通俗教育談話会の経費は寄付金によって賄った。大阪府、愛知県、群馬県、千葉県でも明治20年代に通俗教育談話会が盛んに行なわれた。この自主的な動きは婦人会でも同様に現われ、福島県河沼郡「八田連合婦人会」では、入会しない者を排斥者とみなしてすべての交際を謝絶する村八分で網羅組織を作ろうとした。さらに教化団体の代表格として知られる「報徳会」が、1905年（明治38）に設立されている。「報徳会」は内務省の後援を受けた半官半民の典型的な団体で、全国に組織を広げて自治民育の地方改良運動[22]の担い手を育成した。農村の生産と消費の両面の生活に密着しつつ、農民を実利で誘導しながら家族主義的国家観へと引きつけていく教化方法は大きな成果を上げた。このようにして「報徳会」は民間の立場からイデオロギー普及運動を進めたのである。

------

＊20　大蔵隆雄、前掲「通俗教育期の時代的性格と構造的特質」
＊21　橋口菊、前掲「社会教育の概念」
＊22　地方改良運動；　日露戦争後、わが国が帝国主義列強に伍していくための国力増進策の一環として、町村財政と生活風俗の改良を目指した内務官僚の試み。国家祝祭日を町村の祭休日として定着させて町村民の一体感の形成を促すなど、名望家や青年会を動員して「地方改良」を意図した運動。（『国史大辞典』9、吉川弘文館、昭和63年）

当時の内務省は、資本主義経済の発展に伴って農村の前近代的な社会関係や村落共同体的生活様式が次第にひび割れて天皇制の基盤が揺らぎ始めたことや、社会主義などもろもろの反天皇制イデオロギーが勢力を得つつあることなどに強い危機意識をもっていたことから、文部省より国民の意識の統制に熱心であった*23。

　このように政府が直接関与しなくても、民間レベルで自主的な通俗教育の普及が見られたことに注目しなければならない。明治30年代（1897〜1906）に入るとようやく就学率が上昇し、教師、官公吏、医師、僧侶、神官などに依嘱して修養・産業等について講話する通俗講演会が開催されるようになった。しかし、社会教育の発展は軍国主義と関係が深い。日清戦争（1894〜5年）を経て日露戦争（1904〜5年）に勝利して軍国主義体制を整えたい政府は、民間での通俗教育の成功に目をつけ「列国ノ大勢」「開国ノ理由」「戦争ノ経過」「忠勇ノ美談」「国民ノ覚悟」などの題目で「忠君愛国ノ志操ヲ鼓舞」するために通俗講演会を数多く開催した。こうして日露戦争以後、国家の通俗教育への関与が強まるのである。これは、政府が中央集権国家体制を利用して末端の役所に命じ国民に働きかけて強権的に進めた国策でもあった。

　内務省は1905年（明治38）9月、「地方青年団向上発展ニ関スル件」（通牒；書面による公文書の通知）を地方長官宛てに出すと、文部省は内務省に後れをとらないよう、同年12月に「青年団ニ関スル件」、続けて1906年（明治39）には「通俗教育に関する件」と題する通牒を矢継ぎ早に地方長官あてに出した。そのうえで各地方の通俗教育活動のために「教育基金令」による資金を使うよう指示した。ここに国庫補助金を通俗教育の振興や青年団の活動に使うという新しい形態が成立する。すなわち、団体の自主的な活動に対し公金を出して統制するという、団体と国家権力との関係が出現したのである。

　この政策の動機は、地方改良運動における各地青年団の自発的行為が官僚の国民統制意識を刺激したからであった。日露戦争の最中、青年団は軍資献納運動を進め、地元出身兵を励ますとともに、出征兵士の家の農作業を手助けした。これが兵士の士気を高めたことから政府が青年団に着目したのである。日露戦争が終わると、内務・文部両省は中央報徳会の山本滝之助と結んで青年団を統制し、全国の郡町村に"官製青年団"をつくっていく

---

＊23　宮坂広作、前掲

ことになる。この時期から、わが国は国家権力によって本格的な社会教育政策を開始する時代に入っていく。

　ところで政府が青年団に着目したのは、ただ出征兵士を励まし担い手が不在となった農作業を手伝ったという理由だけだろうか？　筆者はそれだけでなく国家的規模で構想された理由が大きいと考えている。それは就学率と関連する。当時の社会は、三年制から六年制に延長した義務教育年限を終えた者が中学校に進学する例は非常に少なく、データが残されている1910年（明治43）時点でも公私立中学校入学者は尋常小学校卒業者の4.4%にすぎない[24]。参考までにわが国初の国勢調査が実施された1920年（大正9）では、3.7%である[25]。この数字は、圧倒的多数の勤労青年が社会を占めていたことを裏付けている。政府が目をつけたのはここである。社会の多数派に政府が考える価値観を植えつければ、国民統制は効果的に進むとのアイデアを得たことは想像に難くない。しかも勤労青年の多くは地域網羅組織の青年団に入会している実態もある。

### 3. 軍国主義の時代と官製青年団[26]

　1889～1891年と1898～1900年の2回にわたり総理大臣を経験した山県有朋は、軍備意見として教育の重要性を強調する次の言葉を残している。「日本の利益線の焦点は実に朝鮮に在り。この利益線を保護する外政に対し、必要欠くべからざるものは、第一兵備、第二教育是なり。国民愛国の念は教育の力を以って之を養成保持することを得べし。」[27]

　すでにわが国は、1873年（明治6）に征韓論が唱えられて以来、1910年（明治43）の"朝鮮併合"に至るまで、隣国を脅かす動きを続けた。1875年（明治8）日鮮修好条約という不平等条約を朝鮮に押し付けると、朝鮮は日本からの輸入品に課税できず大きな不利益を受けた。かねて食料供給地として日本から期待されていた朝鮮は、1889年（明治22）凶作にみまわれた日本に対し、防穀令を出して日本商人の朝鮮米や大豆の買いたたきに対抗し、穀物の輸出を禁止した。これに対し日本政府は日本商人が損害を受けたとして賠償金の支払いを要求するなど強硬な態度に出た。その意図は、朝鮮に紛争の種を持ち込み、国内の反政府世論を朝鮮に向けることにあった。国内では

---

　　[24]『全国中学校ニ関スル諸調査　第三巻』（大空社、1988年）
　　[25] 文部省普通学務局「全国公立私立中学校ニ関スル諸調査」大正9年10月1日現在
　　[26] 大串隆吉「社会教育政策の確立と展開」（前掲『日本社会教育史』）
　　[27] 家永三郎、前掲『太平洋戦争』

伊藤博文内閣が今日でいう内閣不信任決議を受けるなど大きな危機に直面
していた時期にあたり、清国を頼みとする朝鮮に軍隊を派遣して追い込み
を図った。この動きに反応したロシアが撤兵を要求すると、日本はロシアと対
立するイギリスを味方につけ、治外法権を撤廃することに成功した。これに
より国際社会でイギリスに認められたと認識した日本は勇気づけられ、1894
年（明治 27）日英通商航海条約の締結 3 日後に、朝鮮で事実上の軍事行動
に出たのである。政治危機を切り抜けるため、解散を命じられた衆議院議員
選挙は、軍事作戦行動を開始した日本軍が清国艦隊を奇襲して勝利を得たと
いう報が伝えられるなかで行なわれた。こうして「東洋平和のために」という
謳（うた）い文句で日清戦争が始まり、1895 年（明治 28）講和条約が結ばれ戦争
は区切りをつけた。ロシア、フランス、ドイツによる三国干渉で、日本は一
部三国の要求を受け入れたが、その後の朝鮮侵略の手掛かりをしっかりと確
保した＊28。

　このような政府方針及び軍隊の行動は、教育勅語の「一旦緩急あれば義
勇公に奉じ、以って天壌無窮の皇運を扶翼すべし」という軍国主義的至上命
令を教育の世界で浸透させることによって、国民の支持を得ようとするもので
あった。日清戦争当時の小学生は、成人した後に当時の小学校を回顧してこ
う述べている。「戦争が始まって以来、仲間の話は朝から晩まで大和魂とちゃ
んちゃん坊主でもちきっている。それに先生までがいっしょになって、まるで
犬でもけしかけるような態度で、なんぞといえば大和魂とちゃんちゃん坊主を
くり返す」（傍点、引用者）＊29。戦争中に流行した歌謡は戦争の相手国であ
る中国人に対する敵愾心（てきがいしん）を煽（あお）り、"ちゃんちゃん坊主" という蔑視語を頻発し
て中国に対する優越意識を助長した＊30。このようにして教育の世界は戦争遂
行の環境を整えていく。

　国全体の戦争ムードはやがて次の戦争へと国民を導き、1904 年（明治
37）日露戦争が勃発する。この頃から先にみたように社会教育への国家の
関与が明確となり、青年団に対する権力者の期待が表面化するのである。
1905 年（明治 38）の内務省通牒、および同年その翌年の文部省通牒は "青
年団育成" の方途を示した。この国の方針は、大正期に入るとさらに鮮明な
形となって現われ、内務・文部両省が一体となって共同訓令を出した。

＊28　家永三郎編、前掲『日本の歴史：5』
＊29　中勘助『銀の匙』岩波文庫、2011 年
＊30　家永三郎、前掲『太平洋戦争』

1915年（大正4）第一次訓令「青年団体ノ指導発達ニ関スル件」
1918年（大正7）第二次訓令「青年団ノ健全発達ニ資スヘキ要項」
1920年（大正9）第三次訓令「青年団・内容整理並実質改善方」

　この時期の文部行政は、自治や警察などに関する行政を担当する内務行政とともに行なわれ、教育行政が内務行政の一部、すなわち内務行政を「公共ノ安寧秩序ヲ保持」するための警察行政と、「社会ノ幸福利益ヲ推進スル」助長行政に区分し、教育行政は後者に属するものとされた。ここに軍事行政が割り込みながら、社会教育行政がつくられていったといわれる。これを端的に「教育行政は実に内務行政の一部を占めるものと解すべきである」と語った初代の下村寿一・文部省社会教育局長の言が、当時の社会教育行政の置かれた位置をよく示している。

　さて1915年の第一次訓令の内容をみると、青年団を「青年ノ修養機関」とするなどその後の青年団の性格を基本的に規定する役割を果たし、軍部の意向によって青年団の対象年齢は義務教育修了から20歳までとされた。さらに市町村単位で結成運営すること、指導者（団長）は民主的に互選するのでなく小学校長・市町村長その他地方名望家から選ぶこと、市町村全員・教員・警察官・在郷軍人・神官・僧侶から協力者を得、運営に必要な財源は団員の勤労収入によることとした。当時の青年団は、従前の「若者組」の伝統を受け継いで20歳以上の組織となっており、訓令のいう組織形態と一致するものではなかった。しかし軍部を代表する参謀次長・田中義一は、日本陸軍が模範とするドイツが第一次世界大戦（1914～1918）の戦闘での活躍に感銘したことから、ドイツの徴兵年齢までの青年の組織化に学び、かつ第一次大戦中を好機ととらえて20歳までの青年の組織化を強く主張し、その通りに決定された。第二次訓令は、青年会の具体的事業を示した内容で、第三次訓令は第一次訓令の画一性を修正して青年団の一定の自主性を受け入れ、最高年齢を25歳と改めたが、郡や市、県レベルでは団長を行政の長や教員が占めるなど青年団に対する官僚統制自体は変わらなかった。

## 4. 権力の統制に抵抗する青年団　～通俗教育から社会教育へ[31]

　このような官僚統制は、軍部の意向に左右されるものであったが、これに

---

[31] 大串隆吉「軍事教育の体制化と軍事教育反対運動」（前掲『日本社会教育史』）

対する青年集団の疑問や抵抗の歴史が今日伝えられている。長野県下伊那郡青年団では青年団を自分たちの手に戻そうとする自主化運動が展開されている中で、上からの構想である青年訓練所や青年団において軍事教練を実施する案に反対する運動が起きた。

青年訓練所とは、1926年（大正15）に至って学校非進学者の民衆青年に軍事教練を行なうという青年訓練所令による。これこそ国家権力が主導する社会教育であり、その前年の1925年（大正14）には陸軍現役将校配属令が出されて、中学校以上の学校で軍事教練が実施される根拠となった。つまり、国家権力はこのような方法によって学校および社会教育の場で兵士となる若者たちを根こそぎ軍事教練の世界に引きずり込む政策を発動して戦争の準備体制を敷くのであった。

これだけ網羅的な軍事教練を行なうには、相当数の指導者が必要となるが、軍部を中心とする政府は巧みな人材活用法を考案して、これを実現させていくのである。第一次大戦後のワシントン条約は世界に軍縮の努力を義務付けた。これに従わざるを得なかったわが国は、いわば失業した現役将校の新たな働き場として「青年訓練所」を構想したのである。こうした人材活用策は、いざというときの動員に備えた現役将校の温存策でもあった[*32]。これを決定づけたのは、1917年（大正6）設置の臨時教育会議を継いだ文政審議会（1924年設置）における審議である。さらに軍事教練の評価を陸軍省が管轄して教育行政に介入し、かつ青年訓練所においては在郷軍人会と青年とを結びつけようとするなど、教育の世界はいまや軍人の支配するところと化していった。

長野県下伊那郡青年会は、青年団活動の自由、青年団の教育や研究の自由を抑圧する青年訓練所構想に反対の意思表示をした。すでに当時の社会は、反対論を述べれば警察官に発言中止を命ぜられる時代に入っていたが、反対論は長野県下伊那郡青年会だけでなく水平社青年同盟、日本農民組合、全日本無産青年同盟などそれぞれの立場からも唱えられた。

青年団に関する三次にわたる訓令が出された時期に合わせて、青年団への官僚統制を決定的にする国の体制づくりが着々と進んだ[*33]。

1919年（大正8）　通俗教育、図書館及博物館、青年団等担当の普通学務局第四課を設置

---

[*32] 家永三郎編『日本の歴史：6』ほるぷ出版、1978年
[*33] 大串隆吉、前掲「社会教育政策の確立と展開」

| | |
|---|---|
| 1920年（大正9） | 「社会教育に関する主務課」と称す |
| 1921年（大正10） | 通俗教育を社会教育に改称 |
| 1924年（大正13） | 普通学務局社会教育課が発足 |
| 1929年（昭和4） | 社会教育局が独立し、青年教育課と成人教育課が発足 |

　国の組織が整備されるに伴い、社会教育は「個人をして社会の成員たるに適応する資質能力を得せしむる教化作業」（乗杉嘉寿）であり、国民としての資質能力を向上させる積極的な意味を帯びた。この積極性は、青年団や報徳会等の半官半民的団体である教化団体の組織化および社会教育職員の創出においてみられる[*34]。

| | |
|---|---|
| 1919年（大正8） | 文部省に通俗教育主任官を設置 |
| 1920年（大正9） | 府県に社会教育主事の設置を指示 |
| 1925年（大正14） | 地方社会教育職員制が敷かれる |

　これにより道府県に社会教育主事・社会教育主事補が制度化された。その役割は、①各官庁、市町村、各機関、各団体の連絡結節点、②「視察指導」という思想善導・文化統制の役割、③政府のイデオロギーの地方への伝達、にあった[*35]。

　このような状況にあって、長野県下の青年会は「官製青年団」を改造しようと、国家からの教育の自由と青年の教育機会の獲得を目指し、かつ青年会活動の自由を求めた運動を展開した。下伊那は養蚕業が盛んな地域で生糸の輸出で現金収入を得て生活が成り立っていた。沿道は塩の道であり、古くから文化交流が行なわれる地域特性を有していた。生糸の輸出は、中央の動向に目を向けることとなり、広い視野を養いながら文化的土壌を育んできた。このような精神風土の影響を受けた青年たちには、自分の人生を自分で決定したいという自律要求が芽生えていた。青年の中央文化への憧れと、封建的家制度の下での親との衝突とが相交わって「家」からの自立要求が高まっていた。青年会を支配する大人の村長等から、青年の手に取り戻す運動が展開される。

　[*34] 大串隆吉、同前
　[*35] 大串隆吉、同前

それはまず青年会の役員を青年会員から選ぶことから始まった。1920年の第三次訓令で年齢制限が緩和されたことが、青年会自主化運動の弾みとなった。そのころ盛んとなった普通選挙運動や社会主義の影響を受け、青年たちは大人世代からだけでなく、官僚や軍閥からも独立して青年の教育の自由を主張した。1924年（大正13）下伊那郡青年会は「反動思想の台頭に鑑み下伊那郡青年会の立場を宣明す」とする宣明文を出した。

　また、別の青年組織が教育機会の均等を主張した。社会主義の影響下で結成された下伊那自由青年同盟の機関紙「第一線」と、その改組後の政治研究会下伊那支部の機関紙「政治の青年」に、当時の青年の教育の機会が無産階級と有産階級・支配階級に分かれ、中等学校・大学は主に有産階級の青年が進学し、無産階級の青年には実業補習学校と青年会くらいだとしたうえで、いずれも教育内容は支配階級によって支配階級のために決められていることを批判した。そして労働に従事する無産階級の青年に応えた教育機会と内容をつくることを訴えている＊36。

### 5. 青年団自主化運動の限界＊37

　このように青年団を自分たちの手に取り戻そうとする自主化運動は、下伊那から始まり長野県下で展開されたが、1926年（大正15）下伊那郡青年研究大会で「青年団の青年教育費は多数民衆を教育する重要性からみても当然国家或は自治体が支弁すべきもの」という声明文を出し、青年団活動に補助金が使われるようになってこの主張が受け入れられたかにみえたが、結果として青年たちの主張は公権力に利用されることとなった。国は青年会等の社会教育の団体に公費支出をするが、それは無条件の支出でなく、いわば"ひも付き"の公金支出であった。社会教育を振興する公権力と団体との関係でとらえると、"サポート＆コントロール"つまり団体活動を援助するが同時に公権力の思惑通りに活動してもらうよう統制も行なうという相互関係を生み出すことにつながった。当時の公権力と青年団との圧倒的な力関係の差があったから、青年たちの主張がなし崩しにされたわけであるが、第二次世界大戦後のわが国社会教育の新体制下の視角からみて、下伊那の青年たちの主張は"サポート・バット・ノーコントロール"という公権力と団体との新しい関係を築くための先駆的なものであったという評価もできる。

---

＊36　大串隆吉「青年団自主化運動の展開」（前掲『日本社会教育史』）
＊37　大串隆吉、同前

自主化運動は村立図書館設立にも及び、自由な集まりや討論・活動の場を求める声が高まった。しかし、1929年（昭和4）の昭和大恐慌による経済社会の急変が長野県の農村を襲うと、繭の価格も暴落して村税滞納者が増え村財政を圧迫した。『信濃毎日新聞』が1930年（昭和5）から投稿募集を始めたところ、大恐慌の中で生活難にあえぐ青年の声が寄せられた。生活を守るため青年たちは、マルクス主義、農本主義、ファシズムのいずれかの立場から打開策を考えたが、次第に青年同士の対立が深まっていく。1931年（昭和6）には満州事変が勃発し、多くの青年たちを排外主義的発想に導く中で、県当局や警察は青年団の自主化運動を抑圧する姿勢をとった。具体策として県当局は青年団の方向転換を強要するため補助金打ち切りをもって臨んだ。その一方で県は独自に産業組合青年同盟の育成と青年講習所を設け、経済更生運動を担う中堅青年の養成に乗り出した。こうした分断策のほか、1933年（昭和8）には長野県下の左翼運動の一斉弾圧が行なわれ、少なくない青年会指導者が逮捕されるという事態に陥った。

　こうして意見の対立が激しくなった長野県連合青年団は、1934年（昭和9）町村青年代表者会議で大日本連合青年団の方針を受け入れ、「一切の活動の基準を国民的自覚の下に求むべき」と決議した。「国民的自覚」とは、「若し夫れ満蒙問題に至っては、青年団の本質に鑑み、克く郷土を守り、銃後の責任を尽し、慰問救護奉仕等出動軍人をして後顧の憂なからしむるに努めなければならぬ。万一国際問題に於て危機到来するが如きことあらば、陛下の指し給う所、我等は身命を捧げて、国家に殉じなければならぬ」（信濃毎日新聞、1930年3月29日朝刊）ことを意味した。長野県連合青年団は、事務を県社会教育課に依託し、天皇制政府の政策を基本的に受け入れることとなった。ここに自主化運動は限界をみせ、体制内に取り入れられて終焉を迎える。

# 第2章 法制面からみた社会教育団体

　戦後教育改革期における社会教育振興の論議では、社会教育を行なう団体の問題が政策や行政の中心課題であった[*1]ということもあって、戦後の新しい社会における社会教育のあり方を方向づけるのが社会教育団体の問題であった。

## 1 戦前から戦後の団体政策の変化[*2]

　戦前における社会教育の団体は、第1章で見たとおり一言でいえば国家が進もうとする方向に団体を統制支配する歴史であった。団体の自主性は、会員の会費で賄えれば担保されるとしても、圧倒的多数の青年たちが所属する青年団の歴史が教えるものは、政治や社会の状況と無関係に青年団の活動が成り立つわけもなく、青年たちが公金を青年団の活動にも支出することが社会的公平を保つと主張したことで、公権力にとって都合のよい団体の統制支配を容易にしたともとらえることができる点である。

　戦後は民主主義社会の構築を国是として国家社会を再建しようというところから出発した。国家体制だけでなく、教育の制度も根本からの改革が求められた。敗戦後まもなく教育刷新委員会が創設され、その第7特別委員会が社会教育を担当して改革案を論議しわが国社会教育の方向づけをした。1948年（昭和23）4月の教育刷新委員会第64回総会で、「社会教育振興方策について」の建議が採択された。この中で社会教育を行なう団体を、次のように三種に分けた。

(1) 社会教育団体
　「全国的あるいは府県全体にわたる社会教育の仕事をおこなう団体」を指し、「財団又は社団法人」であって、これに対しては、国及び地方公共団体が「助成奨励」をおこない、財産に対する課税と寄付金に対する課税を免除する。
(2) 市町村の社会教育を行う団体
　「全住民の総意によって設置するもので」、法人とはせず、これが「公民館運営に当たるし、社会教育の仕事もおこなう」。

---

[*1]　藤田秀雄「社会教育関係団体」（日本社会教育学会編『現代社会教育の創造　社会教育研究30年の成果と課題』東洋館出版社、昭和63年）
[*2]　藤田秀雄、同前

(3) 社会教育関係団体
　　青年団等の地域の団体を指す。同建議の原案説明によれば、公民館が単に諸団体の連絡調整をするだけでなく、この「社会教育関係団体」を動かして社会教育をすすめるという趣旨であった。

　当時文部省は、社会教育団体を法人化し、何らかの形で（できれば補助金を与えて）これを動かし、それによって社会教育を振興させようとしていたが、この意図はのちに崩れ、「社会教育関係団体」という語の範囲に全国的・全県的団体も含ませて、社会教育法上の「社会教育関係団体」の概念がつくられた。

　その前の同総会では、公権力が関与して社会教育を振興する立場から、団体活動促進の方法を研究願いたいという問題提起がなされている。その後も同総会の議論は行なわれたが急転直下、1948年7月に至ってアメリカ占領軍のCIE（Civil Information and Education Section、民間情報教育局）の要求により、文部省社会教育局長通達「地方における社会教育団体の組織について」が出された。通称"ネルソン通達"と呼ばれるこの内容は、例示された社会教育協会、婦人・青年団体、ボーイ・スカウト等の「社会教育諸団体」は、「官庁の干渉を受けずに、……自主的に活動すべきもの」とし、情報・資料の提供、「協議会、公聴会その他の公共的会合の費用」支出以外、行政機関は一切の援助を行なってはならないというものであった。ここで初めて"ノー・サポート、ノー・コントロール"の原則が示された。

　これによって、「社会教育団体」に一定の規制を行ない、同時に援助を与えて文部省の意図のもとにこれを活用しようとする構想は崩れたのである。かくて社会教育法第13条では「国及び地方公共団体は、社会教育関係団体に対し、補助金を与えてはならない」と定め、第12条で「国及び地方公共団体は、社会教育関係団体に対し、いかなる方法によっても、不当に統制的支配を及ぼし、又はその事業に干渉を加えてはならない。」ことを規定した社会教育法が成立した。しかし、こうしたアンバランスな力関係は、第3章でみるようにのちに法「改正」の動きとして表面化していく。

## 2 団体の定義と認定の問題

　1949年（昭和24）6月に公布施行された社会教育法（以下、「法」という。）

は、わが国社会教育史上初めての法制化であり、戦前の社会教育が公権力の恣意によって国民の自由な社会教育が統制されてきたことを考えると、画期的な出来事である。

法第10条は「社会教育関係団体の定義」で、「この法律で『社会教育関係団体』とは、法人であると否とを問わず、公の支配に属しない団体で、社会教育に関する事業を行うことを主たる目的とするものをいう。」と規定されている。これを分析すると、

「法人であると否とを問わない」
「公の支配に属しない団体」
「社会教育に関する事業を行うことを主たる目的とする」

の3要件を具備した団体が「社会教育関係団体」であるということになる。法人といえば大中を含め比較的大きな団体を思い描くが、法はその法人でなくともよい、と言っている。従って大規模の団体だけでなく、小さなサークル・グループもこの団体に含まれることになる。

「公の支配」とは、まさに戦前的な系譜を指して、戦前の青年団のように公権力が補助金を出して人事や活動内容まで口出しするような状態を「公の支配」としている。それに属さない、ということは、行政とは無関係に自由に活動しているものはこの団体とみなすことができる、と法は言っている。

問題は「社会教育に関する事業」である。戦後の社会は国民が自由に自らの意思で学ぶ内容を選択できるようになった。とはいえ社会教育の概念は非常に幅が広いので、どこからどこまでが社会教育で、社会教育でないものはどのような活動なのかの見分けがつきにくくなっている。一般的には国民が自由に行う学習文化スポーツの活動を指して社会教育ととらえてよい。

そこで「社会教育関係団体」であるかどうか、の判断が重要な問題となってくる。法第13条は上にみたように補助金を禁止する規定となっているが、10年後に「改正」された。現行規定の同条は、「審議会等への諮問」の見出しのもと「国又は地方公共団体が社会教育関係団体に対し補助金を交付しようとする場合には、あらかじめ、国にあっては文部科学大臣が審議会等(カッコ内省略)で政令で定めるものの、地方公共団体にあっては教育委員会が社会教育委員の会議の意見を聴いて行わなければならない。」と規定されてい

る。そこで、地方において教育委員会事務局は該当の団体が社会教育関係団体かどうかを判断することが先決となる。その場合のポイントが「社会教育に関する事業」である。

　この認定の問題は、補助金交付だけにとどまらず、当該地方の判断で公民館等の社会教教育施設の使用にも拡大運用される例が出てきたため、古くから社会教育学会等で論議され、行政が自主的活動をする団体を認定することは不当であるという議論も展開された。現場では社会教育関係団体と認定された団体と、認定から外れる団体が自ずと生じる。本来自由でどの団体も要件を満たしていれば補助金を受けることができたり、公民館等の会場使用やその他の活動面で公平に扱われたりすべきところを、不公平や差別を生む温床となってしまうということが認定にかかわる問題点として指摘されてきた。しかし、現場の行政運営はその認定を怠っていれば、社会教育関係団体に補助金を交付できないなどの事態が続くという問題が生起する。ここに認定をめぐるジレンマがある。

### 3 求めに応じた指導・助言

　法第11条は「文部科学大臣及び教育委員会との関係」について、「文部科学大臣及び教育委員会は、社会教育関係団体の求めに応じ、これに対し、専門的技術的指導又は助言を与えることができる。」と規定する。1948年（昭和23）7月の"ネルソン通達"は、官庁の行なう社会教育活動としての正しい機能とは何かについて、諸情報、関係啓蒙資料を印刷配布したり、協議会、公聴会その他の公共的会合の費用を支出したりすることにある、と全国にその趣旨の徹底を図った。

　戦前の社会教育における、公権力が団体を統制支配する関係を払拭しようとする意図がこの規定に表現されている。団体の自主的意思と活動を前提に、文部科学大臣・教育委員会による指導助言については、まず社会教育関係団体の「求めに応じ」てのみなされるべきこと、次にそれは「専門的技術的」なものに限られるべきことを規定して民間の社会教育活動の自主性尊重の原則を確認している。なお指導助言行政は戦後教育法の中核的原則である[*3]。

　戦前と戦後の社会教育の違いについて、文部省の要職にあって新しい社会教育政策の責任を担った寺中作雄は、「現在の社会教育の施策が、終戦前

---

*3　『解説教育六法』三省堂、2002年

の社会教育施策に比し、著しい差異を示しつある事項」の一つに、「青年団を初め、各種の社会教育関係団体に対する統制的指導を廃し、補助金の交付を打切ったこと」をあげている*4。しかしながら、戦前の社会教育における団体と官公庁との長い関係性を考えると、「これが現行法の精神であるが、実際には、こういう認識とそれにともなう活動は今まで行なわれていなかった。社会教育といえば、国や公共団体が行なうものだときめてしまっていて、自分たちの活動は自分たちだけでやるものとあきらめていたのが一般の傾向であった。」*5 という指摘は重要である。国民の側が社会教育の主体と客体は国民であることを自覚する必要があることを説いた次の箇所に注目したい。「法律では明確に規定されていながら、国民の認識が欠けている場合、行政当局はとかく昔のやり方に戻ろうとする。それが中央統制の見地からみて好都合な場合はなおさらのことである。社会教育法による政治的支配をふせぐためのより強力な運動をこれからも進めてゆくためには、ただ社会教育関係団体といわれるものだけにとどまらず、ひろく一般国民が社会教育の主体であり客体であることを自覚し、……努力してゆかなければならないであろう。」*6

　つまり、社会教育を行なっている国民が文部科学省や地元教育委員会に指導助言を求めることができるような状態が望まれるという主旨である。「純粋に民間のサークルでも、ポスターの書き方や話しあいの技術について相談相手を必要とする時には、社会教育主事から専門的・技術的な助言と指導をうけることができる（法第9条の3）。その場合、社会教育主事は「命令及び監督をしてはならない」のであるから、サークルの自主性はそこなわれないことになっている」*7。このように、法が指向する新しい社会教育とは、社会教育の主体は国民自身であり、その国民が自らの望む活動を自主的に進めながら、必要な場合に国や地方の行政に専門的・技術的な指導または助言を受けるような関係が期待されるということである。

　筆者が在籍した社会教育現場では、指導助言には二つの側面があると考えられていた。法第9条の3で「社会教育主事は、社会教育を行う者に専門的技術的な助言と指導を与える。」と明記されている条理の一つは、言うまでもなく住民の求めに応じた助言指導であるが、もう一つ組織内の助言指導

---

＊4　寺中作雄「社会教育法の意義」（島田修一編『社会教育の自由』教育基本法文献選集6、学陽書房、1978年)
＊5　吉田昇「社会教育法改正をめぐる社会教育観」（前掲『社会教育の自由』）
＊6　吉田昇、同前
＊7　吉田昇、同前

があると上司から教えられた。筆者も常時は学級講座等事業の企画運営をともに行なう事務担当者に専門職としてのアイデアや情報の提供をするだけでなく、隣の課長から求められて専門的な助言を経験したこともあるし、区長部局の事業に専門職として協力参画することもある。このように組織内では必要に応じて係長とか課長とかいう立場、また社会教育課や教育委員会の枠までも超えて専門的技術的な助言指導が行なわれる。

### 4 統制的支配と干渉の禁止

法第12条の禁止対象の具体的行為とは何か。寺中作雄は次のように明示した[*8]。

(イ) 国及び地方公共団体の所管事務担当官公吏を団体の役員として送り込むこと。
(ロ) 団体の事業内容、運営方法等について具体的指示命令を発してこれを統制すること。
(ハ) 補助金その他の名目で財政的援助を与え援助に伴う義務を強制すること。
(ニ) 一定の思想内容を示して、団体員各自にその思想を遵奉させること。
(ホ) その他団体の人事会計等に干渉すること。

寺中は、これらは「普通に考えられる団体支配の方法」として列挙したが、なお「これらの行為の程度が過当となれば本条に抵触することとなるであろう」と述べている。

こうした原則的な理解は、実際問題との関係で重要となる。実は、戦後社会でも当局等によって次のような干渉が行なわれたことが明らかにされている[*9]。

> ＜事例1＞　PTAに対して
> 1948年（昭和23）、全国組織をつくるため二つの組織が動き出すと、文部省とCIEはこれをおさえ、自らの手で全国組織結成を進めた。

---

＊8　寺中作雄『社会教育法解説／公民館の建設』現代教育101選55、国土社、1995年
＊9　藤田秀雄、前掲「社会教育関係団体」

<事例2>　教育委員選挙で
　1948年10月の第1回教育委員選挙で、日教組・革新政党から多数の候補者が出たため、これに対抗してＣＩＥ、地方軍政部がＰＴＡからの立候補を勧めた。
<事例3>　教育委員選挙で
　1952年（昭和27）の市町村教育委員選挙では、ＰＴＡ役員が立候補したりＰＴＡが推薦したりすることを文部省がおさえた。
<事例4>　アメリカ教育使節団報告書に反共方針
　1950年（昭和25）9月、同報告書はＰＴＡは成人教育の大きな源泉であるとその重要性を強調し、成人教育の目的を「極東において共産主義に対抗する最大の武器は日本の啓発された選挙民である」と明記している。
<事例5>　青年団の主張は好ましくない
　1954年（昭和29）第3回全国青年大会の主管問題で文部省と日青協が対立したとき、文部省社会教育課長は青年学級振興法に反対するような政治活動をする日青協を主管とすることはできないと発言した。
<事例6>　文部省が好ましくないと考える活動
　1958年（昭和33）以降、文部省が招集した府県の担当者会議で、文部省が好ましくないと考える活動をしている青年団の存在する府県の課長を文部省係官が叱責した。
<事例7>　講師・助言者を変更せよ！
　第6回高知県青年大集会に際し、県教委は青年団の選んだ講師・助言者25名中17名を変更するよう迫るとともに、大集会の決議を取り止めるよう求めた。これに対し、高知県青年連合青年団と県教委が対立し、15日間の交渉の末決裂して、青年団独自に大集会を行なった。
<事例8>　サークルへの聞き込み
　青年や婦人によるサークル活動が活発になった頃、群馬県下ではサークルメンバーに対し、警察が連日の聞き込み捜査を行なった。

　このように少なくない干渉の事例が報告されると、戦前の公権力の体質はどこまで変わったのだろうかと疑問が出てくる。憲法や法律が新しくなって、国民の気持ちも民主主義の時代がようやくやってきたと期待に胸ふくらませる

ようになっても、社会の古い体質は戦前のまま残っていたり、社会を構成するさまざまな組織機構の担い手たちの昔の意識は捨て去って変わらなければならないのに、戦前への郷愁や古い価値観、政治的立場など何らかの理由でそれができず戦前の感覚のまま現代社会の運営に関わっていたりするのかもしれない。日高六郎は、この状態を「戦前と戦後の不連続と連続」と称して的確に言い当てている[*10]。

> 戦前から戦後へという日本の歴史は、8月15日を区切りにして、急速度に変わったということではなく、ずっと連続している側面があるのです。……　もちろん、日本国憲法が制定される前後を中心として、戦前・戦後の変化はけっして小さかったとはいえないでしょう。しかし同時に、戦前から連続して残ったものの力は、相当に大きかったのです。……そして支配層の頭のなかはむかしのままでしたし、民衆の意識も古いものからなかなか脱却できませんでした。

こうして、政治にもまれ、社会の圧力を受けながら国民の自覚の高まりに向かってすすむ社会教育の歩みが続いていく。

## 5 補助金をめぐる考え方

社会教育関係団体にどのような支援をするかは、社会教育の法制化にあたって重要な課題となったのであるが、すでにみたように法第13条は、一切の補助金支出を禁じた。しかし草案段階においては、1947年（昭和22）6月の第二草案に、国・地方公共団体は補助金を交付できること、憲法第89条との関係から社会教育団体は社団または財団法人で公の支配に属するものとし、それによって社会教育の振興を図ろうとした[*11]。憲法第89条は、「公の財産の支出利用の制限」について、「公金その他の公の財産は、宗教上の組織若しくは団体の使用、便益若しくは維持のため、又は公の支配に属しない慈善、教育若しくは博愛の事業に対し、これを支出し、又はその利用に供してはならない。」と規定した。教育法学者の兼子仁は、この法規定には「国家と宗教の相互不介入（政教分離）と公金の濫用防止という二つの条理がふくまれている」と明示している。ここでは、公費の濫用防止が問題であり、「公

---

[*10] 日高六郎『戦後思想を考える』岩波新書、1986年
[*11] 藤田秀雄「社会教育法の制定」（碓井正久編『戦後日本の教育改革10　社会教育』東京大学出版会、1971年）

金その他の公の財産は、…公の支配に属しない教育の事業に対し、これを支出し、又はその利用に供してはならない」との教育に関係する部分との整合をどう保つかが法制定時に問われた。

　法案審議がまとまりかけた1948年（昭和23）7月に全国に出された"ネルソン通達"（文部省社会教育局長名の通達）は、国内の議論の大勢に反する電撃的な内容であり、行政からの援助を求める団体側は一斉にこの通達に反発した。もともと財政的に苦しいうえに、財産税・興行税に苦しめられていた各府県の社会教育協会、青年・婦人の社会教育活動を行なっていた団体は、社会教育連合会のよびかけのもとに結集して社会教育全国協議会を結成し、この通達が出されて間もなく、強力なサポートと課税撤廃を求める決議を行ない発表した[*12]。団体に関する決議内容は次のとおりである。

1. 強力な社会教育法を制定し、これによって社会教育機関の積極的な整備普及と社会教育団体の育成強化を計ること。
2. 国及び公共団体は直に社会教育に関する国費、地方費を飛躍的に増大し、社会教育の強力な推進を期すると共に、これが継続支出によって、社会教育の物的人的条件の整備を期すること。
3. （略）
4. 社会教育団体主催の映画、演劇等に対する課税を撤廃すること。
（昭和23年10月21日）

これが団体側の本音であり、占領下とはいえ急転直下の政策転換には納得がいかなかった国内事情を明確に映し出している。

　こうした世論の背景が、法第13条の「大改正」へと導いた。それについては第3章で詳しくふれることになる。

---

＊12　藤田秀雄、同前。および横山宏・小林文人編著『社会教育法成立過程資料集成』昭和出版、1981年

## 第3章 ■社会教育法「大改正」と社会教育団体への補助金支出

　補助金の支出を禁止する法第13条は、占領下の法制定という事情もあって、国内の社会教育に関係する諸団体が行政からの補助金を含めた援助を期待していた立場と相容れない結果となった。これはいわば妥協の産物であり、1951年（昭和26）のサンフランシスコ講和条約により晴れてわが国が独立してからは、団体側の意見は行政に伝えられていたであろうし、社会の様相は1950年の朝鮮戦争を機に、反動的な空気に包まれていたこともあって、次第に戦前的な方向を是認する世論が力を増していく。本章では、補助金支出を軸として団体に対するサポート（援助）とコントロール（統制）の問題を考えることを主題として、法第13条を中心とする「社会教育法一部改正」の経緯を概観する。

### 1 法「大改正」のポイント

　1959年（昭和34）に至り、文部大臣は国会の場で社会教育法一部改正の提案理由を次のように説明した（社会教育関係団体の項目のみ）[1]。

> 　今回の改正の第二の要点は、社会教育関係団体に対する補助金の支出禁止の規定を削除することであります。すなわち、国及び地方公共団体が社会教育関係団体に対して助成し得る道を開き、これらの団体の健全な育成をはかり、もって社会教育の振興に資したいと存ずるのであります。

　第30回国会（臨時会、昭和33年10月）でも「社会教育法等の一部を改正する法律案」に関する質疑がなされ、第13条に関して以下のようなやり取りがあった[2]。

　問　補助金を受けた社会教育関係団体は公の支配に属することになり、社会教育関係団体とはいえなくなるのではないか。
　答　憲法第89条にいう「公の支配に属する事業」とは、民法法人に対する行政官庁の監督程度のものでは足らずその構成、人事、内容及

---
[1]　横山宏・小林文人編著『社会教育法成立過程資料集成』昭和出版、1981年
[2]　横山宏・小林文人編著、同前

び財産等について公の機関が具体的に発言、指導または干渉することのできる特別な関係にある事業をいうものと解されている。

　国の交付する補助金については、「補助金等に係る予算の執行の適正化に関する法律」の定めるところにより、所定の補助条件が付されることになり、この限りにおいて補助事業者はその条件を遵守すべき義務を負うことになるが、しかしながら、補助金は、本来事業者の申請に基いて、それが国の公共的利益に合致する限りにおいて与えられるものであり、その交付にあたって付せられる補助条件は、国家財政の濫費を防止するために、補助事業の確定と、その確実な実行とを期待するものであって、事業そのものについて国が干渉することを目論むものではありえないのである。従って、補助金の交付を受け、この補助金の支出目的の確保のためにする監督を受けたとしても、そのことによって、直ちに社会教育関係団体が公の支配に属し、社会教育関係団体といえなくなるというようなことはないのである。例えば日本体育協会には、国が補助金を充てているが依然として公の支配に属しない社会教育関係団体である。

　このように「改正」のポイントは、単にそれまでの第13条を削除し、国や地方公共団体が社会教育関係団体に補助金交付ができるようにする、というだけである。しかしながら、戦前の社会教育団体と公権力との関係史や戦後の社会教育法制化の経過をみれば明らかなように、問題はそう単純には収まらない。

　以下に述べるように、この問題は国会内だけでなく、日本社会教育学会や社会教育関係の各団体、そして新聞等でも大きな論議を呼ぶこととなる。それは、国論を二分するほどの大きな関心事となり、切羽詰ったものであった。自主的な団体に国や地方公共団体が財政的援助を行なうことが、どういうことなのか。敗戦から間もないこの時機だからこそ、世論は根本的な問題に直面して白熱した議論を展開した。大きな勢力地図は、朝鮮戦争で勢いを得た反共産主義を旗印とする反動派と、新しい民主陣営の二大勢力であり、両者が対立軸を形成した[*3]。

　この大論議は、結局補助金の支出を無限定に行なうことを避け、支出する

---

*3　この間の論議は、次の論稿に詳細に紹介されている。
　　藤田秀雄「社会教育政策の転換」（碓井正久編『戦後日本の教育改革10　社会教育』東京大学出版会、1971年）

場合はあらかじめ審議会等で意見を聞いて行なうことと修正されて決着した。新しい第13条は「国及び地方公共団体が社会教育関係団体に対し補助金を交付しようとする場合には、あらかじめ、国にあっては文部大臣が政令で定める審議会の、地方公共団体にあっては教育委員会が社会教育委員の会議の意見を聞いて行わなければならない。」と定められた。

すなわち、旧第13条は"ノー・サポート、ノー・コントロール"の原則がしっかり規定されていたが、新第13条では"サポート、バット、ノー・コントロール"なのか、それとも戦前のような"サポート、アンド、コントロール"になっていくのか、という課題が新たに生起することとなった。

### 2 憲法89条と「教育の事業」への公金支出

第2章5節でふれたように、憲法第89条の「公金その他の公の財産は、…公の支配に属しない教育の事業に対し、これを支出し、又はその利用に供してはならない」という教育に関係する部分との整合をどう保つかという課題に直面した政府は、内閣法制局を頼んで「教育の事業」の新解釈を発表した。これにより、憲法違反とはならない法の規定および運用ができるとの判断があったと思われる。

内閣法制局意見とは、要旨次のとおりである。

憲法89条にいう教育の事業について（法制局意見、1957年2月22日）

1. 問題
   社会教育法第10条に規定する社会教育関係団体の行う次の事業は、憲法第89条にいう教育の事業に該当するか。
   （1） 図書・記録・視聴覚教育等の資料を収集し、作成し、社会教育関係団体相互間で貸借する事業
   （2） 社会教育活動の普及、向上又は奨励のためにする社会教育関係団体若しくは一般人に対する援助若しくは助言又は社会教育関係団体間の連絡調整
   （3） 機関誌の発行若しくは資料の作成配布の方法による社会教育に関する宣伝啓発の活動又は社会教育に関し相談に応ずる事業
   （4） 図書・記録・視聴覚教育資料を公衆の利用に供する事業又は資

　　　　料展示会若しくは展覧会の開催
（5）　競技会、体育大会又はレクリエーション大会の開催
（6）　研究会、読書会、鑑賞会、講演会又は講習会の開催
（7）　社会教育に必要な専門的、技術的指導者の養成

2．意見及び理由
　　教育の事業とは、人の精神的又は肉体的な育成をめざして、人を教え導くことを目的とする事業であって、教育する者と教育される者との存在を離れてこれを考えることはできない。すなわち、教育される者についてその精神的又は肉体的な育成を図るべき目標があり、教育する者が教育される者を教え導いて計画的にその目標の達成を図る事業でなければ教育の事業ということはできない（中略）。もともと人を教える行為が介在せず、したがってまた教育する者及び教育される者の存在しない事業はむろんのこと、人を教える行為が介在していても、単に人の知識を豊富にしたり、その関心をたかめたりすることを目的とするだけの事業であって、教育される者について、その精神的又は肉体的な育成を図るべき目標があって計画的にその達成を図るのでないものは、教育の事業には該当しないものと解される。
　　社会教育関係団体の行う事業であることの故をもって、その事業がただちに右にいう教育の事業に該当するものと解すべき特段の理由は存在しないから、社会教育関係団体の行う事業が教育の事業に該当するかどうかは、それぞれの事業について個個に判断するほかないものといわなければならない。この観点から（文部省から、引用者注）お尋ねの問題を検討してみると、

1）（1）から（5）までに掲げる事業は、あるいは、もともと人を教える行為の介在を欠き、あるいは、その行為の介在はあっても、教育される者についてその精神的又は肉体的な育成を図るべき目標及びその計画的な達成という要件を欠いているが故に、社会教育関係団体によって行われる場合であっても、いずれも、教育の事業に該当しないものと解してよいであろう。
2）（6）及び（7）に掲げる事業は、種種の形態で行われることがあ

りうるので、前記の教育の事業の観念にてらし、それぞれ具体の場合について判定すべきもので、一律に決定することはできないが、たとえば、社会教育関係団体が特定の受講者についてその精神的又は肉体的な育成を図るべき目標を定め、講師を委嘱して受講者を指導させる等の方法により、計画的にその目標の達成を図るものであれば、研究、読書、鑑賞を指導させる等の方法をとると、研究会、読書会、鑑賞会、講演会、講習会その他いかなる名称を用いるとを問わず、教育の事業に該当するものと解すべきであろう。

　ここで明らかにされたのは、「教育の事業」を従来の一般的なとらえかたよりも狭く解釈するものだった。要約すると「教育の事業」とは、教育される者の精神的肉体的な育成を図る目標があり、教育する者が教え導いて計画的に目標の達成を図る事業のことであり、一方、社会教育関係団体の行なう事業が、「教育の事業」に該当するかどうかは、それぞれの事業ごとに判断するほかないとして、具体的に下記の事業は「教育の事業」に該当しないとする意見内容である。

1. 図書・記録・視聴覚教育等の資料を収集し、作成し、社会教育関係団体相互間で貸借する事業
2. 社会教育活動の普及、向上又は奨励のためにする社会教育関係団体若しくは一般人に対する援助若しくは助言又は社会教育関係団体間の連絡調整
3. 機関誌の発行若しくは資料の作成配布の方法による社会教育に関する宣伝啓発の活動又は社会教育に関し相談に応ずる事業
4. 図書・記録・視聴覚教育資料を公衆の利用に供する事業又は資料展示会若しくは展覧会の開催
5. 競技会、体育大会又はレクリエーション大会の開催

　この意見によって、文部省は「教育の事業」に該当しない社会教育の事業に対し、補助金支出の道を開いた。つまり社会教育関係団体が行なう各種事業のうち、「教育の事業」でない事業には、補助金を支出しても憲法違反とはならないという、いわばお墨付きをもらったのである。

## 3 法「大改正」をめぐる論議の概要
### 1. 公金支出賛成派

「大改正」前の1958年（昭和33）、参議院文教委員会で「改正」案に賛成する西崎恵（社会教育審議会副会長、当時）が発言した内容は概ね次のようなものだった[*4]。

> われわれ社会教育関係者は法の公布後10年間、改正の意見を出し続けてきた。……戦前はわずかながら政府から補助金が出て、それが呼び水となって民間からの寄付も集まって社会教育団体は活動の基礎を固めてきた。政府が補助を少しでもすると民間にはいろいろ影響を与える。13条は悪法で、進駐軍の意図であったにしても、これだけは早く削除して欲しい。
>
> われわれの希望は予算の範囲内で補助金を交付することができると書いてほしかったが、そこまでいかず非常に遺憾。文部省の統制については、団体役員はそれ相当の見識があり、政府が任命しているのでも人件費を出してもいないのだから、そのおそれはない。しかも12条の規定もある。

次に、内閣法制局意見の根拠となる専門的見解をもつ憲法学者の意見を紹介する。田上穣治・一橋大学教授は、憲法第89条を現実的に解釈する立場を明らかにした[*5]。

> 憲法89条の教育事業の定義については、現実に合うような解釈ができると思う。直接規定する教育の事業に対して支出し、その利用に供してはならないと書いてあるから、社会教育関係団体がどういう事業を行なうかによって考えるべきではないか。社会教育団体であっても、その事業が厳密に考えて教育事業に該当するかどうかは、具体的個別的に検討しなければならない。もし教育に関係する事業であっても厳密な意味では教育事業そのものでなければ、その限度においては社会教育関係団体に対しても憲法上は補助金を出す余地がある。出してもそれは憲法違反ではないということがいえるのではないか。

---

[*4] 横山宏・小林文人編著、前掲
[*5] 同前

このように国や地方公共団体が社会教育関係団体に対して補助金を出すことを望む人々がいること、またそうした人々の願いを組み入れて憲法解釈を柔軟に行なって道を開こうとする"公金支出賛成派"の存在があった。

### 2. 反対派
　これに真っ向から反対の論陣を張った日本社会教育学会は、補助金をはじめとする「大改正」[*6]について特別委員会を設け、以下のような報告を行なって広くアピールした[*7]。

　　現在政府が臨時国会に提出中の「社会教育法等の一部を改正する法律案」は、これまでの社会教育の政策を根本的に改変する内容をふくんでいるので、社会教育研究者として重大な関心をもたざるを得ない。…第5回日本社会教育学会大会は、総会において、この改正が社会教育に対する政党の支配と官僚統制とを招来するおそれのあることが論じられ、その問題点を…確認し、報告することとなった。
　　一、二、三、（略）
　　四、改正案では第13条を削除し、しかも提案理由にもその説明をなんら明示していないが、この点は憲法第89条との関係において、とくに重大な疑義がある。

そのほか研究者や団体の反対意見は、概略次のようなものであった。

### （1）「教育の事業」見解は、一般の通念に反する
　この見解は、教育の事業を著しく限定したもので一般の通念に反するものであった。憲法89条との関連で関係団体の教育活動には支出されず、教育活動以外のものに支出されることになったが、これは補助金支出の意義（効果）から考えて、まったく矛盾している[*8]。

---

[*6] 「改正」事項は補助金以外に、社会教育主事の資格付与を大学に限定せず、文部省または都道府県の教育委員会が行なう講習によっても可能とする案や、社会教育委員に青少年団体に対する指導助言の権限を与える案などにも及び、法の一部改正とはいえ、大きな改変事項が含まれていることから、「大改正」と呼ばれた。

[*7] 藤田秀雄「社会教育行政の本質と課題」（千野陽一・藤田秀雄・宮坂広作・室俊司共著『現代日本の社会教育』法政大学出版局、1973年）

[*8] 藤田秀雄、同前

## （2）憲法違反であり、非教育的な行為

　関係団体に対する補助金支出が憲法違反であることは当然すぎるほど当然であって、第13条はほんの「念の為に」作られたものにすぎなかったのである。わが国の社会教育の歴史に対する反省から、社会教育関係団体に対する、ノーサポート・ノーコントロール（金も出さぬが口も出さない）の原則は当然かつ好ましいものとして受けとられていた。

　社会教育関係団体の「教育の事業」を一層活発にするために、止むを得ず教育に非ざる事業に補助金を出すというのであれば、それは明らかに、実質的憲法違反であり、また、ヤミ行為であるといわねばならない。…それは、社会教育関係団体の非教育性を助長する極めて非教育的な行為といわなければならない[*9]。

## （3）憲法第89条を無視する恐れ（社会教育法研究会の見解）

　教育事業のうちインフォーマルなものには補助し得る、というのであれば、実態としては、きわめてルーズな公金の支出をも法制上可能とし、憲法第7章（財政、引用者注）全体の主旨にもとり、とくに憲法第89条の本旨に反することになる。

　また、インフォーマルな活動こそ、「公の支配に属しない」ものによって、多く行われる実態からみて教育活動をフォーマルまたはインフォーマルの態様によって区別して、前者は憲法第89条の教育の事業に含まれない、と解することは、「公の支配に属しない」という要件を、全く滅却し去ることになる結果をみちびくことになる。このことは、憲法第89条そのものを無視する恐れがあるものである[*10]。

## （4）統制への露骨な野望

　上記日本社会教育学会特別委員会委員長の吉田昇（お茶の水女子大学教授、当時）は、研究者としては異例の激しい口調で文部省の態度を批判する意見を毎日新聞に投稿した[*11]（要旨）。

---

　*9　大蔵隆雄「社会教育関係団体」（小川利夫・倉内史郎編『社会教育講義』明治図書、1974年）
　*10　社会教育法研究会「社会教育法第13条の削除について」（前掲『社会教育法成立過程資料集成』所収）
　*11　吉田昇「統制への露骨な野望─社会教育法改正の問題点は正しい─」（毎日新聞「私の意見」昭和33年11月4日、前掲『社会教育法成立過程資料集成』所収）

「(1958年、引用者注)10月31日付のこの欄で、文部省の宮地課長は、現在国会で審議中の『社会教育法等の一部改正案』を弁護し、日本社会教育学会が衆参両院の文教委員会に申入れた問題点は、『多くの誤解に基づいた』とるに足りないものだといっている。これは学会の見解を正しくみとろうとする態度を欠いているばかりでなく、だれの目にも明らかな事実さえゆがめようとする意図につらぬかれている。」

「こんどの改正案がどんなに統制的支配に都合よくできているかは、自主的な活動を取り締ろうとする権力の側に立って考えてみるとよくわかる。統制を強化するためには国家基準をつくることが先決問題である。その基準も、施設や職員の資格だけをきめたのでは内容をしばることはできない。」

「第13条を削除して、補助金を出して、団体をヒモツキにする道も開いている。宮地課長は補助金を出すことは憲法第89条の問題と関連して『疑義がある』とする学会の意見に対し、……教育事業以外のことで社会教育関係団体に補助するというのだから、エビでタイをつることを考えているのではないかという『重大な疑義』が起こるのは当然である。」

「これでもか、これでもかというように統制の網の目をはりめぐらした改正案は、権力をもつものが支配しようと思えば、どんなにでも支配できる余地を与えている。これが自主的な民間の社会教育団体を育てようとしてきたこれまでの社会教育政策を『根本的に改変する内容』をもつものといわないでなんというべきなのであろうか。社会教育改正案(ママ)こそは、やっきになって反動立法を急いでいる政府の意図と、官僚の失地回復の夢とが結合した露骨な立法であって、それをどんなにいいつくろってみても、社会教育の現実と、改正案の条文がその野望をなによりも雄弁に物語っている。戦後の民主的な立場で育ってきた社会教育関係者が、この改正案のねらいを『誤解』しないで、検討されることを切に希望する次第である。」

## (5) 社会教育法改正する必要はない

著名な憲法学者・宮沢俊義(東大教授、当時)は、朝日新聞で次のような意見を述べた[*12](要旨)。

「社会教育法の改正案は…たしかに重要な内容を含んでいる。」

---

*12 宮沢俊義「社会教育法改正する必要はない　弱味につけ込まれるな　問題は社会教育団体にも」
(朝日新聞「学芸欄」昭和34年3月3日、前掲『社会教育法成立過程資料集成』所収)

「去年は多くの婦人団体が中心になって、『社会教育に関する婦人研究懇談会』を作って反対ののろしをあげたが、今年はさらに社会教育に関係のある約80の団体が参加して『社会教育の自主性を守る全国代表者会議』を開いて反対の決議を行っている。この改正案は『国及び地方公共団体は、社会教育関係団体に対し、補助金を与えてはならない』という現行社会教育法13条を削ろうとしている。そして、そのために、補助金を通じて社会教育を統制しようとの下心だと非難されている。」

「公の支配に属しない社会教育関係団体に対して公金を出せる道を開こうとするものであり、その点で、まさに憲法89条を無視しようとするものである。政府はしきりに、そういう意図はない、というが、それなら13条を削る必要はない。それをわざわざ削ろうという以上は、国家統制への道を開くためだと評されても、弁明の余地はない。」

「たとえ13条が削られても、『国及び地方公共団体は、社会教育関係団体に対し、いかなる方法によっても、不当に統制的支配を及ぼし、又はその事業に干渉を加えてはならない』（同法12条）という規定は削られずに残っているから、国家統制の心配はない、という弁明が文部当局によってなされているようであるが、あまりに人をばかにするものである。もしそれが本気ならば、13条を削らずに残しておくがよろしい。」

「現在の社会教育法13条は憲法89条から生ずる当然の結論ではなくて、憲法の要求する以上の制限を定めたものであり、…この13条を削れば、今後は社会教育関係団体の行う教育の事業以外の事業に対して国または地方公共団体が補助金を出せるようになる。」

「ヒモつき補助金を通じて社会教育の自主性が犯される心配がないとははたしていえるか。」

「社会教育の自主性を犯すものは、しかし、はたして政府だけだろうか。私はそれを疑う。もし社会教育関係団体がほんとうに自主的な精神とそれを裏づけるだけの財政的基礎をもっているならば、実はそれほど心配しなくてもいいのではないか。社会教育法13条が削られたからといって、補助金が強制されるわけではないから、そんなものをあてにせずに、社会教育の自主性を守って行くことは、理論上は、不可能ではないはずである。ところが、実際は多くの社会教育関係団体には金がないから、とかく公金をほしがる。その弱味につけこんで、補助金を通じて社会教育関係団体を多かれ少なかれ事実

上『公の支配』の下に置こうという考えが出てくる。弱味につけこむのがけしからんことはもちろんであるが、つけこまれるような弱味をもつことがいちばんいけない。」

　このように、多くの個人・団体から法第13条を削除する「大改正」に対し、国民的議論が展開された。しかし、この法案は与野党の妥協によって決着をみることとなった。野党第一党の社会党の修正意見によって満場一致で修正案が可決成立した。その修正点とは、補助金交付禁止規定を改め、「国または地方公共団体が、社会教育関係団体に対し補助金を交付しようとする場合には」と、それぞれ社会教育審議会、地方においては社会教育委員の「会議の意見を聞いて行わなければならない」の二項で、これを付け加えることでようやくまとまったのである[*13]。

#### 4 社会権的教育権論の登場

　上記大蔵隆雄は、法第13条の「改正」に対し、反対の論陣を張りつつも、次のような見解も同時に表明した[*14]。

> 　ヨーロッパ諸国においては、ノーサポート・ノーコントロールであるよりも、サポート・バット・ノーコントロール（金は出すが口は出さない）の原則こそ国民の利益と幸福を増進する道であるとしてその政策がとられていることを考える場合、わが国においても、将来社会的な条件が許すならば、憲法第89条の規定を含めてこの問題が再検討される時期がいつかは来ることが予想されるのである。

　このような見解は、法「大改正」論議が盛んなこの時期にもかかわらず、他にも見られる。法改正案の審議を行なっていた参議院文教委員会で、参考人として出席した吉田昇は、法第13条問題に関し次のような発言をした[*15]。

> 　政治的中立の確保の必要から、何かの特別の法律が立案されて、それで13条を取っていくというふうなやり方が考えられなければならないの

---

　＊13　前掲『社会教育法成立過程資料集成』
　＊14　大蔵隆雄、前掲「社会教育関係団体」
　＊15　藤田秀雄、前掲「社会教育政策の転換」

ではないか

　また、すでに国や地方公共団体からの援助を受けていた日本青年団協議会（略称「日青協」）のように、団体側にも補助金支出を前提にそのための技術的な手続きについて要望するものも現われた[*16]。

> 国および地方公共団体の社会教育関係団体に対する補助金禁止条項の削除は、補助金支出を前提としておこなわれるものと考えられますが、社会教育関係団体に補助金を支出する場合には、民間人で構成した政治、行政の枠からはなれた公平中立な機関をもうけこの機関を経由して、配分する必要があります。そのための立法措置をしてから補助金禁止条文を削除するのでなければ賛成できません。

　このように、社会権的教育権論の萌芽ともいえる考え方が示されたが、法改正論議が収まってから後に、憲法第89条をゆるやかに解釈しようとする"適用緩和説"が注目されるようになってきた。これは当時若い世代の教育法学者・兼子仁などの学説で、89条を緩和的に解釈するとして、教育の事業を学校教育本位に狭く縮小解釈することにより、それを超える社会教育活動への公金支出を可能とする、という考え方である。このような解釈によって、社会教育関係団体が行なう「社会教育に関する事業」（団体相互間の活動や援助のための啓蒙・連絡等に記録などの資料作成・配布、機関誌の発行や協議会、体育大会などの開催等）には、憲法89条にいう「教育の事業」よりは広い活動領域のあることを認め、合憲的に公金支出ができることになり、この考え方はのちに社会教育の現場に大きな影響を与えた[*17]。

　社会教育関係団体に公費援助を可能にするこうした学説が生まれた確かな背景がある。1970年代に各地で、婦人、青年の間に新しく学習・文化のグループがうまれている。それらがより豊かに発展していくために、公的な社会教育行政に、施設を求め、資料を求め、活動のための経費援助（とくに講師料援助）を求めはじめている。…そして、東京・三多摩（国分寺・国立など）や相模原その他の自治体では、社会教育行政の側でそれらの要求をうけとめ

---

＊16　日本青年団協議会要望書（前掲『社会教育法成立過程資料集成』所収）
＊17　永井憲一「憲法第89条と社会教育への公金支出」（島田修一編『社会教育の自由』学陽書房、1978年）

る努力をはじめている[*18] というように、市民レベルの動きだけでなく、行政側の変化が出てきていた。さらに、島田修一に代表される社会教育研究者の中には、「社会教育予算をじゅうぶん確保して地域住民に役立たせるしごとをしなければならない。このしごとを、すべての人に差別なく、支配や統制にならないように行なわれるとすれば、『だれもが』『いつでも』『無料』で利用できる施設や設備や資料などをじゅうぶんにととのえることがもっとものぞましいのである。…その上に、団体活動を奨励する意味で大きな額にならぬような活動費補助を公正に行なうのが正しいわけである。」[*19] というように、社会教育行政の環境醸成義務を強調する見解の表明も見られるようになった。

さらに 1970 年代には、民間社会教育研究団体である社会教育推進全国協議会を中心として「権利としての社会教育」という理念に対する共感が広がってきて、市民が学ぶ権利を国や地方公共団体がどう保障していくか、という視点で社会教育をとらえようとするうねりのような盛り上がりがみられるようになった。

兼子仁も、「教育関係団体に対する補助はまさにその教育活動の重要性のゆえになされるのであるから、『教育』の概念自体をして限局することは教育条項の趣旨に反する」として、「要は、社会教育活動の自主性がそこなわれずにこれに対して十分な財政的条件整備がなされうるような法解釈を行なうことであって、憲法 89 条をそのような国民の社会教育をうける権利の保障を妨げる趣旨の規定にしておくべきではないということである。」と、社会教育における公金支出の可能性を広げる考えを示した[*20]。

ところで法「大改正」時は、次のような自由権の考え方が支配的だった。すなわち、私事である市民の学習は、公権力が強制することは許されないが、公権力のあり方が国民によって定められる（主権在民）以上、国民の社会的・政治的認識の成長に深いかかわりをもつ国民の社会教育を、公権力がその統治下におくことは矛盾している、これらの理由から、自由権が保障されなければならない[*21]、というものである。つまり、戦前の強い反省から、公権力は国民の自由な社会教育活動を統制支配するようなことなく、国民の自由を保障しようという考え方であった。

時代がすすみ、上記のように市民の自主的な学習・文化等の活動を盛んに

---

　＊18　永井憲一、同前
　＊19　永井憲一、同前
　＊20　兼子仁「社会教育と現行教育法の原理」（前掲『社会教育の自由』所収）
　＊21　藤田秀雄、前掲「社会教育行政の本質と課題」

するため、公金支出を含めた行政の援助が公然と課題となるにしたがって、「社会権」の考え方が前面に出てきた。「社会教育における学習権（教育権）が全国民的なものである以上、その権利を保障する条件整備は、公費（租税）によってまかなわれるべきである。その義務を国・地方公共団体は負わねばならない。すなわち、国民は、自由権とともに、条件整備を国・地方公共団体におこなわしめる社会権的教育権をもっている。」[*22] というものである。

　しかしながら、その後の社会は、このような流れからすると思わぬ方向に展開していった。社会権的教育権の考え方が主流となろうとしたところで、行政改革が急激かつ長期間にわたって社会教育の領域をも巻き込んでしまった。条件整備の水準もままならないのに、従来行政が所管していた施設の管理運営、事業の企画実施、団体の育成、資料の作成配布などにわたって民間活力を導入したり、予算削減や職員の減員があったりして、行政の責任範囲はますます狭くなってきていることが憂慮される。

---

＊22　藤田秀雄、同前

# 第4章 現代における社会教育団体と行政

　戦前、戦後の社会教育団体と行政との関係を詳細にみてきたが、ここからは以上の歴史的な視点をふまえて、現代における社会教育団体と行政の問題を多角的に考察していく。

## 1 社会教育団体の事例研究
### 1. PTA

　戦前期は「学校後援会」として、公費の不足を補って学校運営に必要な費用を一定程度負担するなどの性格をもっていた組織がPTAの背景にある。戦後になって、CIE（Civil Information and Education Section、連合軍総司令部・民間情報教育局）が文部省に働きかけて「父母と先生の会」結成を指導させ、わずか半年後にはほとんど例外なく全国の小・中・高校にPTAができた[*1]という説もあるが、2年後の1949年（昭和24）8月には、小中学校で91%、高校で81%の学校にPTAが生まれた[*2]というデータもある。いずれにしても、この"早過ぎる"結成の裏には、戦前の学校後援会や父兄会の影響を見逃すことはできない。

　それはどういうことか。学校後援会や父兄会とは性格の異なるPTAに関し、上から急に押し付けられた感のある組織結成に当たっては、子どもの保護者と教師の当事者はもちろん、結成を指導する教育委員会関係者も、十分にPTAの趣旨を理解しきれていなかったこと、その結果、従前の学校後援会や父兄会的性格を払拭しきれないままその体質を継承して、看板だけを塗り替える傾向があったり、時勢に遅れないようにという意識が強く働いたり、また官庁からの指導をうのみにする官尊民卑や上意下達の遺風などが残っていたりして、駆け込み的な結成となったといわれる[*3]。

　言うまでもなく、PTA問題は教育のあり方や文化にかかわる事柄である。占領下とはいえ、敗戦で大きな痛手を受けたわが国の教育文化について、CIEがどのような意図でPTAの結成を促したのであろうか。

　1946年（昭和21）3月に来日したアメリカ第一次教育使節団はその報告

---

*1　『現代社会教育用語辞典』駒田錦一・新堀道也・日高幸男・吉田昇編、ぎょうせい、昭和54年
*2　『みんなで進めるPTA―その原点とこれからの活動―』東京都教育委員会、昭和56年
*3　田辺信一「PTAとその他の社会教育関係団体」（『社会教育事典』河野重男・田代元弥・林部一二・藤原英夫・吉田昇、第一法規、昭和46年）

で、日本が新しい民主国家になるためには、成人教育が最も重要であるとして、「学校は成人教育の一機関にすぎないものであるが、両親が教師と一体となった活動により、また成人のための夜学や講座公開により、さらに種々の社会活動に校舎を開放すること等によって、成人教育は助長される」と指摘した。そのよりどころはPTAであることを示し、市町村長は義務として教育計画を改善するための父母と教師の組織をつくるように勧奨した。続いて1947年（昭和22）4月には、国連極東委員会はマッカーサー元帥に対する「日本教育制度改革に関する指令」の中で、「教育協会、父兄教師会等の組織及び方向転換につき奨励が与えられるべきである」といって、それまでの学校後援組織の廃止とPTAの結成を促した。これを受けて同年の5月から7月までに開催された文部省の第1回社会教育研究大会をはじめ、各都道府県の社会教育研究大会でPTAの結成が課題として取り上げられて、その後急速に結成が進んだのである[*4]。

　こうしてつくられたPTAは、子どもたちの健全な成長や保護者・教師の成人教育にどのように役立ってきたのであろうか。PTAの結成を機に、新教育制度について理解が深まり、親と教師が平等の立場で協力しあうという民主主義的な団体活動によって、戦前には思いも及ばなかった自主的な学習に目覚めていく人たちも少なくなかった。特に母親たちは、PTAによって一般的な婦人会活動などでは得られない経験の中で、社会的な認識を育て、活動を組織していく力を身につけることが可能となった。それでも自動加入制のため一部の役員だけの活動に終始して一般会員は名前だけという関心の薄さがあること、しかも役員の任務は前年同様の行事をこなすだけだったり、学校行事のお手伝いが多かったりという活動内容のマンネリ化があること、集められた会費が一部公費の援助に充てられる実態があることなど、PTAをめぐる課題はいつの時代も尽きない。

　評論家、フリージャーナリストして活躍する永畑道子は、仕事の傍らで子育て中に14年にわたってPTAとかかわりをもち、その経験をもとに著した『新PTA読本』[*5]には、PTAを介して社会の諸相が表現されていて興味をそそられる。いわく「多くの市民運動は、共通した思想と目的にそって集まったひとたちだから、居心地がよい。PTAは、まったくちがう。雑多な生き方、思想の持主の寄せあつめである。…トラブルは当然起こってくる。しかし、P

---

　＊4　田辺信一、同前
　＊5　永畑道子『新PTA読本』岩波ブックレット No.32、岩波書店、1987年

TAでもまれるにつれて、涙が先に立たなくなる。異なる立場のひととつきあい、筋をとおし、誠意をつくすことを覚え、視野がひろがる。家にいれば波風立たぬ主婦の座にいる女たちが、きびしい社会を体験することになる。ＰＴＡは、そのような場所、人間を育てられる場所だと、私は思っている。」

　2012年になって、新聞紙上に改めてＰＴＡを見直す動きが伝えられた[*6]。ＰＴＡの業務量を減らしたり、分担も工夫したりという見直しの動きが、同年１月の紙面を飾った。それを受けた各地の反響があり、昨春から強制加入を止めて任意加入制の導入にふみきり、入退会を自由にしたＰＴＡの例が紹介された。1年限りの役員が多いことから、課題が見えても先送りされて何年経っても変わらないというＰＴＡが多い中で、このような意欲ある取組みが出てきていることは注目したい。

　ところで、第Ⅰ部第４章「選択的な定着化」で考察したように、全国各地の自治体は、地域の実情に即して法規定を採り入れ、それぞれの社会教育施策の特徴を形づくってきた。ＰＴＡに対する公金支出も多くの自治体で行なわれていると思われる。ＰＴＡと教育委員会が共催したり、ＰＴＡに委託したりして「家庭教育学級」を企画運営するところ。ＰＴＡ活動に補助金を出して子どもの健全育成や成人教育の活動を援助しているところ等々、自治体によってさまざまな取組みがある。本来は会費で運営されるべきものという考えもあるであろうが、公費を上手に使って効果ある活動をしているＰＴＡもあることを理解しておく必要がある。

### 2. 趣味・学習グループ

　趣味や学習関心を同じくする人々がグループをつくり、定期的に活動する事例は、私たちの身の回りでよく目にする。趣味の場合は、同好の士が集まるうちに気心が知れて仲良くなりやすいし、そういう仲間と一緒にいると居心地がよい。だから心の健康にもよい。

　学習グループの場合は、共通の関心や思想信条に基づき、学びあうことによって一人では得られない視野の広がりがみられ、学んだ成果を活かすことにつながる。「野鳥の会」を例にとって考えてみると、仕事の余暇を使って集まり、趣味の野鳥観察をしているうちに、美しく可愛らしく心慰めてくれる野鳥がこれからもずっとそうであってほしいと願う気持ちから、社会への普及活動をし

---

　[*6]　「どうするＰＴＡ　『入退会自由』その後」（朝日新聞、2012年3月25日、教育欄）

たり、社会的発言をしたりして社会的使命を果たすということもある[*7]。お習いごとのように趣味活動は個人の次元でとどまり、なかなか社会につながっていかない傾向があるが、ちょっとしたきっかけを得たり、活動が発展したりすることによって、趣味活動だからこそ社会と気軽なかかわりがもてる場合もある。公害学習も環境悪化の現実を知り、開発計画の危険性を見抜く学習を通して、公害のない住みよいまちづくりにつながった事例がある。

　これら趣味・学習グループは、スポーツグループを含め人々をつなぎ、一人ひとりの心と体の健康づくりに役立つばかりか、地域のコミュニティづくりにもつながっている。一人で家にずっといるより、本人にとって健康的であることはもちろん、グループ活動に出掛ける家族を見送る家人にとっても、解放されるひとときでもある。また生活の諸課題や地域の問題を解決することに貢献する場合もある。

　長く社会教育行政機関に身を置いていた筆者にとって、特に趣味関係のグループがまちのお稽古ごと系の"私塾"や"お教室"とどう違うのか、ずいぶん悩んだ。行政判断の中に社会教育関係団体に該当するかどうか審査する事務がある（下記、「団体登録制」参照）。その際に、提出された書類だけでは営利活動か否かをにわかに判断ができない場合があって、それはほとんどその種のお稽古ごと系のものであった。公民館関係者からも同じようなことが述べられている[*8]。

> 営利活動に公民館が使えないということに異論はないと思うが、どういう場合を営利と判断するかは現実にはなかなかむつかしい。例えば稽古ごとの塾と文化活動の区別をどこでするのか、入場料を必要とする映画会はどうか、バザーはどうか、物品販売はすべて営利か等々。

　これは住民が公民館を使用しようとする際に、使用許可する立場からの考えである。

　教育委員会事務局の立場でも、同様の判断を迫られる。住民側にとって社会教育関係団体になると補助金をもらえたり、教育委員会と共催で事業を開催できたりというメリットが生まれるので、教育委員会に社会教育関係団体の取扱いをしてもらおうとする。必要な書類を提出して、その書類を審査する

---

＊7　『現代社会教育用語辞典』駒田錦一・新堀道也・日高幸男・吉田昇編、ぎょうせい、昭和54年
＊8　佐藤進「団体・サークル活動と公民館」（福尾武彦・千野陽一編『公民館入門』、草土文化、1979年）

事務であるが、現実にはあいまいさを残している面がある。

### 3. スポーツグループ

　好きなスポーツ種目の同好の士が集まり、グループをつくって仲間意識をもって楽しく運動することによって、参加するメンバーは体力づくりと心の健康を保つことができる。数ある社会教育関係団体のうちでは、文化関係とともにスポーツ関係が多くなっていると思われる[*9]。

　スポーツの分野は幅広い。従来型の種目のほか、スポーツ経験のない人でも気軽にできるとして普及されてきた「ニュースポーツ」と呼ばれる種目[*10]の開発によって、さらにスポーツ愛好者が増えている。これによって、もともと運動好きの人に傾きがちだったスポーツ分野にさまざまな人たちの参加がみられるようになった。従来型のスポーツと異なり、競い合うのでなく、"楽しむ"ことを目的とするのが「ニュースポーツ」の特長である。それにより、体力や技術に自信がなくても簡単に始められるところが優れている。

　「ニュースポーツ」の普及によって、スポーツの社会的有用性はますます高まっている。というのは、スポーツを定期的に行なうことができれば、心と体の健康づくりだけでなく、家族や地域を超えたコミュニティづくりにつながるからである。

　昨今、「地域スポーツクラブ」が各地で話題となっている。今までは個々の興味関心から、種目ごとに、しかも同じ種目でもいくつものグループが存在してきた。これは同好の士とはいっても、顔のつながりのあるグループに人々は引き寄せられるため、自ずと同種目に多数のグループができるからである。選択肢はいっぱいできた。これをスポーツの社会資源とみなしてこれからスポーツを始めようとする人々の受け皿として、できるだけ多くのグループを組織化することが「地域スポーツクラブ」の発想である。

　学校開放が進展してきた今日では、多くのスポーツグループが学校の校庭や体育館、公共体育館等を使用して日常活動をしている。地域には多数のスポーツグループが存在するところから、これらに働きかけて「地域スポーツク

---

*9　大田区教育委員会に届出した社会教育関係団体のうち、美術、音楽、料理、華道、茶道、書道、演劇、俳句、工芸、舞踊など文化関係は、社会教育関係団体全体（2,291団体）の40％近くを占め、スポーツ関係が44％となっている。（平成16年度データ、『大田の教育概要』平成17年度版、大田区教育委員会）

*10　インディアカ、クォーターテニス、ペタンク、スポーツチャンバラ、トランポビクス…など多種にわたる。世界各地で考案されてきたが、日本生まれのものだけで数百種にのぼるといわれる。

ラブ」を結成して、これからスポーツをしたいと思う人々に受け皿のグループを紹介し、より多くの人がスポーツのできる環境づくりを進めようという活動である。文部科学省は「総合型地域スポーツクラブ」といって、それぞれの地域ごとに誰もがどんな種目のスポーツでもできる環境づくりを目指し、区市町村に1つの「総合型地域スポーツクラブ」をつくることを政策目標に掲げている。すでに8割近い区市町村がその目標を達成つつあるという報告がされている[*11]ので、私たちにとって同クラブが身近な存在となる日もそう遠くない。

## 2 団体は行政とどのような関係があるか
### 1. 団体登録制

　すでにふれてきたように、法第3章の社会教育関係団体は行政概念であり、国や地方公共団体に求めれば指導助言と事業に必要な物資確保の援助を受けられること（第11条）、国や地方公共団体から不当な統制的支配や事業への干渉を受けないこと（第12条）、補助金を交付される対象であること（第13条）、国や地方公共団体の指導資料の作製や調査研究のための報告をすること（第14条）、という条項との関連で、行政と関係を結ぶ。

　こうした関係を結ぶために、行政としては地域社会に多数存在する各種団体やグループのうち、どれが社会教育関係団体となるのか判断をしなければならない。これが行政実務である。したがって、国だけでなく都道府県教育委員会や区市町村教育委員会は、それぞれの基準を制定してこの実務を進めている。この基準は地方の場合は、条例でも規則でもないことから、住民には見えにくい。要綱ないし要項、要領で定めている自治体が多いと思われる。大田区教育委員会の場合は、「社会教育関係団体取扱要項」（昭和62年教育長決定）がその基準であり、担当者が起案する文書は、大田区教育委員会が当該団体を社会教育関係団体として取扱うという決定意思を、上位者である係長、課長にあげ、社会教育主事の専門的意見を経て判断を求めるという方法で決定手続きを行なっている。こうして届出が受理され、その団体の取扱いがされるという自治体もあれば、「団体登録制」によって登録団体と呼ぶ自治体もある。

　この実務にあたる各区社会教育主事が結集し、共同して研修研究活動を進めている東京都特別区社会教育主事会（現「特別区社会教育主事会」）の

---

\* 11　平成24年7月1日現在で、全国1,742の区市町村の78.2%が「1つ以上の総合型地域スポーツクラブ」が既にあるか創設準備中である」との調査報告。（文部科学省ホームページ）

城西ブロック（中野、杉並、豊島、練馬、板橋の5区で構成）が、1984年度に「社会教育関係団体と行政とのかかわり」をテーマに調査研究した結果、各区は補助金の支出をはじめ講師派遣、各種行事の共催、事業委託、コピーや印刷サービス、資料配布、各種施設の優先利用など予算の絡む支援策をとっているだけでなく、相談助言、社会教育委員の委嘱、後援名義の使用などにも社会教育関係団体が関わっている実態を明らかにしている[12]。

しかしながら、研究者をはじめとする社会教育関係者の中には、この行政実務の実態に異論を唱える向きもある。以前から社会教育関係団体の問題を研究し発言してきた藤田秀雄は、自身の行政経験をふまえ市町村や県段階で行政と密接な関係を結ぶ団体が社会教育関係団体と認定され、他方明らかに「社会教育に関する事業」を行うことを主たる目的としていて、かつ「公に支配」に属しない団体を認定しない現状をみて、「この事実は、法に反している。」として、「そもそも行政機関が社会教育関係団体を認定することが正当であるかどうか」と批判したことがある[13]。藤田は続いて、「行政機関のおこなう社会教育活動（社会学級・青年学級・スポーツ行事の人集め）のために、関係団体を活用してきた」として、「行政機関は、利用・動員する組織として関係団体とまじわってきたのである。」と述べ、最後に「社会教育関係団体とは、行政機関協力団体であるということができる。」と断定している[14]。

藤田はのちに文部省のこの問題に関わる方針をこう批判している[15]。「文部省は1959年12月、社会教育局長通達『社会教育関係団体に対する助成について』を出した。これによると『補助対象とする団体の範囲』に、政治活動をおこなう団体を除外している。社会教育関係団体が、みずからの活動の場（公民館やスポーツ施設など）の改善をもとめて行政機関に要求するのは当然である。また、社会教育関係団体が、農政や男女差別問題、教育問題について、政府や行政機関に改善を要求するのは、民主主義発展の上に、のぞましいことである。…文部省がこのような基準を定めたことは、社会教育関係団体を財政面から統制し、国内的・国際的に要請されている有意義な活動をおさえ、ひいては団体を衰退させるものである。これは、わが国社会教育そのものをゆがめ、その発展の阻害をもたらすといわねばならない。」

この提起は、現代の社会教育における団体と行政の関係を考えるうえで、

---

[12]『紀要』No.23、東京都特別区社会教育主事会、1985年
[13] 藤田秀雄、前掲「社会教育行政の本質と課題」
[14] 藤田秀雄、同前
[15] 藤田秀雄、前掲「社会教育関係団体」

時代を超えて不変の問題と言ってよいだろう。

## 2. 施設使用

　国分寺市公民館で地道な成果をあげた佐藤進は、「社会教育関係団体であろうとなかろうと、公民館の利用に優劣の扱いをつける必要のないことは社会教育法を読めばわかることである。」と述べて、社会教育関係団体に関わる法規定は団体と教育委員会との関係であり、公民館とは直接関係はないと明言している[16]。

　しかし、社会教育現場の実態はそれとは異なるところがあり、自治体の中でもそれぞれの判断や基準があることをうかがわせる。名古屋大学が1962年（昭和37）に東海北陸地区で開催した主事講習で、受講者を対象に調査を行なったところ、市町村が認定した社会教育関係団体には施設利用の便宜を提供していた[17]。

　こうした状況について、「社会教育関係団体以外の団体・サークルは差別的扱いをうけてきた」と述べて、佐藤はわかりやすく分析する[18]。

> 　これは公民館の教育行政からの自律性の弱さを示すものである。つまり団体やサークルとの関係において、公民館は社会教育機関として独自の論理をもつべきであるにもかかわらず、教育行政の論理をそのまま受け入れてきたといわざるをえない。この点は図書館と比較すればよりはっきりする。図書館も教育委員会に所属する社会教育機関だが、図書館は利用者個人との関係を基本としている。団体との関係は地域文庫・家庭文庫等との独自のかかわりを形成しており、社会教育関係団体認定の有無は意味をもたない。これはたんに図書館と公民館の業務内容の相違というより、図書館に比して公民館の行政からの未分化のあらわれというべきではないだろうか。

　佐藤はさらに、「本来公民館の利用に関しては、社会教育関係団体であるかどうかは問う必要がないのであり、公民館にとって関係団体登録などは、すること自体否定されるべきである。」と強く主張している。

---

\*16　佐藤進、前掲「団体・サークル活動と公民館」
\*17　藤田秀雄、前掲「社会教育関係団体」
\*18　佐藤進、同前

公民館や社会教育会館等他の名称の社会教育施設の使用料でも、社会教育関係団体は規定料金を減免されるところもある。さらに、社会教育関係団体は他団体に優先して施設の利用予約ができる自治体も存在する。こういう実態に対する公民館関係者から次のような批判もある。

　　社会教育関係団体を優先する、あるいは団体として公民館に登録をさせ、登録しない団体には公民館を利用させないところも多い。このような利用団体の差別は、住民に平等に開放されなければならない公民館とは逆の姿勢となる。まして団体登録制度は、住民団体の集会・学習の自由や秘密を守る方向とは逆に、団体を公民館がチェックし、コントロールすることにもなりかねない。この団体登録方式は、住民に公民館を貸し与える、いわゆる上からの管理主義的発想である。登録させるということは厳につつしむべきで、住民にとって自由な公民館を創造していく上で、大きな障害となることは間違いない。[19]

　団体登録制は、使用申請のたびに使用許可すべきかすべきでないかを判断する公民館職員にとって、その都度判断をしなくても済むという職員側の利点がある。公民館の使用は、本体公平性が保たれなければならない事項であるが、実態は法第23条（公民館の運営方針）をベースに、公民館条例に則って使用許可の判断をする自治体職員集団の力量と当該公民館の経験の蓄積がものをいう世界である。
　団体登録制を採用している自治体が、こうした批判を受けて"選択的に定着化"してきた制度の見直しをするかどうか。そのカギは、第一義的には主権者意識をもった住民と、行政の変革を志す民主的な意識のある職員集団にゆだねられている。

### 3. 公金の支出
　講師派遣については「1. 団体登録制」の項でふれたが、神奈川県相模原市や東京都国立市、品川区などで1960年代に始まった制度で、相模原市のように「固定メンバー10人以上、15時間以上の継続的な学習計画をもつサークル」という要件を満たしていれば、委託金が支払われたり、講師派遣を受

---
[19] 進藤文夫「新しい公民館像を求めて」（前掲『公民館入門』）

けたりできるという、いわば社会教育を行なう団体に対する経済的援助である。こうした動きは、住民の側から起きたのではなく、学習権保障の新しいあり方を示そうとする行政側の発想で始まった。これを住民は積極的に受け入れて、自らの学習を進めるひとつの重要な筋道であると受け取っている。こういう事実は、これからの新しい行政措置を、自分たちの権利として自覚し始めたことの現われといえる、として識者は歓迎していた[20]。しかし、行政改革の進行とともに、住民が自分たちで賄うべきものには公費を出さない方向で見直しが進み、予算が漸次削減されて、今日では講師派遣制度が消滅した自治体もある。

社会教育関係団体に対する公金の支出は、このほかＰＴＡの役員研修会を教育委員会と共催で行なう例、法第13条に基づいて補助金を支出する例などがあるが、ここでは委託料について考えてみたい。

大田区教育委員会の場合、「家庭教育学級」という事業を委託料によって進めてきた。事業開始当初は、教育委員会社会教育課が直営で企画実施していたが、広い地域と多くの人口を考慮して、ＰＴＡに企画運営を一任して実施した方が事業効果は上がる、と判断して委託事業に変更した経緯がある。ＰＴＡに委託することは、役員の負担を増やす面もあるが、それによって地域の実情に即した企画運営がしやすくなり、学習者の学習関心がそのまま反映できる学習計画づくりができるメリットは大きい。

このように現在の社会教育行政では、公金支出の分野は減少したが、住民の"社会権的教育権"を保障する観点から、依然として公費支出が行なわれている。行政改革によって公費支出の考え方は非常にシビアになってきているが、それでも民主的な意識をもちつづけてきた職員の熱意と学ぶ権利を広げていこうとする住民によって、公費を使う学習が広がっていくことを期待する。

### 4. 名義使用

社会教育関係団体と行政の関係には、団体等が行なう事業に対し、教育委員会の名義を使用することを承認する事務もある。一般的には区内の社会教育関係団体が対象になるが、制度自体は必ずしも社会教育関係団体に限定していないので、中には大学の公開講座やNPO、企業の社会貢献事業等

---

[20] 藤田秀雄「わが国の学習権保障運動とヨーロッパ資本主義」(藤田秀雄編『学習権保障の国際的動向』日本の社会教育第19集、東洋館出版社、昭和50年)

に対しても、要件を満たしていれば名義使用を承認することもある。

　この根拠は、大田区教育委員会の場合は「名義使用承認事務取扱要綱」で定められており、住民に見えやすい条例や規則より下位にある基準で運営されている。この制度の有用性については、事業そのものだけでなく、実施団体にとってその社会的印象を高めるメリットがあるとみられている。名義を使用しない場合と比べてどれほどの効果があるのか、確かな検証がされたわけではないが、多くの自治体がこの制度を実施していると思われる。

　名義には共催、後援、協賛などがあるが、最も多く申請のあるのが「後援」で、団体は事業ＰＲ紙面（チラシやポスターなど）に「後援　大田区教育委員会」と記することになる。行政の名義を使用する以上、当然ながら団体は、名義使用後に教育委員会に報告する義務がある。筆者の経験では、まれに問題のある事例が生じ、以後申請があっても問題が解決するまでは承認しないケースもあった。

　名義使用を希望する催しは、比較的大規模な講演会から小規模な講座や集会に至るまで多岐にわたり、社会教育関係団体とはまた異なる団体等の行なう活動に対し支援する仕組みとして、行政機関としての社会的役割を果たしている。

### 3 新たな課題
#### 1. 情報公開と社会教育団体

　2001年（平成13）4月1日に情報公開法が施行された。これは国の情報公開を進めるためにわが国で初めて制定された法律である。正式名称を「行政機関の保有する情報の公開に関する法律」といい、「独立行政法人の保有する情報の公開に関する法律」もその翌年10月に施行された。一連の立法は、国民に対し政府の説明責任を全うする観点から、行政機関及び独立行政法人等（すべての独立行政法人及び政府の一部を構成するとみられる特殊法人・認可法人等）が保有する文書についての開示請求権等を定め、国民に開かれた行政の実現を図ることが目的である。

　地方における情報公開は、条例の定めによる。全国の地方公共団体に先駆けて、山形県金山町が1982年（昭和57）3月に情報公開制度を開始した。同じ年に神奈川県が都道府県で初めて情報公開条例を制定した。「神奈川県の機関の公文書の公開に関する条例」である。その後、名称はそれぞ

れであるが、次々に全国の地方公共団体において情報公開条例が制定されてきた。総務省の把握では、2010年（平成22）4月1日現在、47都道府県のすべてとそのすべての議会も条例の対象である。区市町村は1,750団体のうち99.8%に当たる1,747団体が条例を制定し、1,735の団体の議会も条例の対象となっている。

　大田区では、1985年（昭和60）11月に「東京都大田区公文書開示条例」を制定後、徐々に開示請求の対応に伴って職員の意識改革も進み、社会教育担当は社会教育関係団体の情報を公開する取組みを始めた。この取組みの背景には、ややもすると団体側が会員だけの閉鎖的な活動に終始しがちな傾向がある中で、その閉鎖性に刺激を与え団体活動の公開性を求めるともに、活動の活性化を期待するという行政判断がある。

　具体的な団体情報の公開項目は、団体名、活動場所・曜日、代表者名、活動内容であり、代表者は社会教育関係団体として責任ある立場の人との考えから住所と電話番号を含めた。この情報は『社会教育関係団体要覧』として、冊子に印刷して区の施設窓口に置かれ、区民は自由に持ち帰ることができた。大田区には、「個人情報保護に関する条例」もあって、その担当部局との協議を経て対応した事業である。

　現在では大田区の場合、区のホームページで団体情報を手軽に閲覧することができるようになり（個人情報は削除）、上記冊子で情報公開していた時より、幅広い区民に届けることができている。この団体情報を見た区民から、見学したいとか、入会したいという問合せが社会教育課に寄せられ、職員は問合せ内容を確認して連絡先を案内するなど日々の業務で対応している。

　大田区民は、ホームページの「生涯学習情報カード」の欄で、こうした具体的な情報に接することができる。その名称は、団体が会員を増やしたい、催しや活動内容を広く知らせたいなど団体側が求める情報の提供を支援するために、所定の「情報カード」に記入する形態をとっていることから付いたものである。掲載項目は活動内容・時間・場所、会費、会員数、年齢層、紹介PR文である。大田区は、ホームページ掲載にとどまらず、社会教育課の窓口でも一覧表を置いて区民の便宜を図り、常時職員が相談にものっている。いわば団体とこれから活動を始めようとする人との"橋渡し役"である。

　同様の試みは他の自治体でも行なわれていて、名称はそれぞれである。目黒区は区のホームページの「サークル活動」欄で、団体名、活動内容、主な

活動日・場所、連絡先（代表者ではなく、会場の施設名と施設の電話番号）、費用などの項目が掲載されている。長野県松本市では、市のホームページの「グループ一覧」で、グループ名、活動内容・場所・日時、連絡先氏名・電話番号などが同じように掲載されている。

### 2. NPOと社会教育団体

これまでにみてきたように、社会教育行政には学習機会提供の機能、施設提供の機能、情報提供や相談に応じる機能のほか、団体支援の機能もある。

しかし、現在もなお社会教育関係団体の"認定"行為の是非論がある中で、社会教育関係団体と"認定"されなかった団体は、行政上の支援を受けることがむずかしい。そうした壁を破ろうとする動きが、1998年（平成元年）3月に公布されたいわゆるNPO法（「特定非営利活動促進法」）によって、顕在化してきている。それ以前から社会教育の研究集会などで知られるように、平和国家の実現、民主的・文化的な日本国家建設を担う主体の形成、平和と幸福の追求などの目標を掲げて、その実現のためにさまざまな具体的な活動に取組んでいる団体があり、そういう団体こそ社会教育関係団体であるという認識も広がっている。

こうして社会教育関係団体の可能性を、行政の"認定"あるいは承認行為を前提とするのでなく、市民社会の中で民主主義を市民自らが発展させようとする行動や意識を大切にしようという認識もまた深まってきている。市民の自由な発想に基づき、課題の解決に向けて自主的・主体的に取組んでいく、柔軟性に富んだ市民活動が発展しつつある。その発展をより進めていくことが、行政の中身をも市民自らで創り出していくことにつながる。

このような動きの中心にいるのがNPOであるが、NPOだからといって必ずしも社会教育関係団体になるとは限らない。法第10条は「社会教育に関する事業を主たる目的とする」（傍点、筆者）と規定しているからである。NPO法人の認証が「特定活動」を前提とするため、社会教育を従たる活動と位置づける団体は、法規定上社会教育関係団体となり得ない理屈になる。したがって、特定活動が社会教育と定款で定めた団体しか、社会教育関係団体の扱いを受けない、というところが社会教育法上の壁である。

社会教育を特定活動としてはいなくとも、保健や福祉などの特定活動で法人認証を受けているNPOが、活動の普及啓発のために社会教育活動をして

行政の支援を受けようとする場合は、社会教育関係団体の取り扱いではない、別の支援策を考えなければならないのが現状であろう。

このあたりの課題に対し、社会教育行政の柔軟かつ時代を先取りした取組みが望まれる。例えば、必ずしも社会教育関係団体を前提としない制度のもとでは、こうした特定活動以外に公共性の高い社会教育の活動を試みるＮＰＯと共催形式で事業実施するとか、事業本位に後援名義の使用を承認するとか、これまでも法上は社会教育関係団体と無関係な公民館の使用において、活動本位でこうした団体に会場提供するとか、行政は従来型ではない時代に即した対応が求められている。

このほか、一層積極的なＮＰＯに対する公的助成の問題に言及した論考もみられる。この論では、横浜市職員の経験のある松下啓一の見解に依拠しながら、公の支配に属しない教育の事業に公費を支出することについて、憲法第89条との適合性をもつよう自治体がＮＰＯ法を補完するＮＰＯ条例をつくって、ＮＰＯの活動を支援することが実務的な手掛かりになると述べている[21]。

----

[21] 手打明敏「社会教育行政とＮＰＯとの連携・協力の課題」(『社会教育・社会体育行政とＮＰＯのパートナーシップ構築に関する総合的研究』研究成果報告書、平成14－16年度科学研究費補助金基礎研究（Ｃ）(1) 研究課題番号 14510260、研究代表者・手打明敏、平成17年)

## 23区の特色ある社会教育・生涯学習実践

| 区　名 | 事業名 | 主な内容 |
|---|---|---|
| 中央区<br>(1) | 子どもの居場所<br>（プレディ）<br>づくり事業 | 子どもの健全育成のために、保護者の就労状況にかかわらず、放課後や土曜日、長期休業日等に子どもが安心して過ごせるよう、小学校の施設を活用した「居場所づくり」を進める事業。校内に2教室程度の専用場所を設置し、他に校庭、体育館、特別教室などを利用して登録した児童が活動する。その内容は、自由遊びやスポーツ、読書、自習などの「フリータイム」と、スポーツ、文化のリレー、伝承遊びなどの体験教室を含む「各種教室」から成っている。地域サポーターの協力を受けた事業のメリットを活かし、世代間交流の機会となるだけでなく、さらに地域における子どもの健全育成や防犯にも役立っている。 |
| 品川区<br>(2) | ＣＡＰ<br>ワークショップ | ＣＡＰ（子どもへの暴力防止）プログラムの参加体験学習を通して、子どもたちがいじめ、誘拐、性暴力などから身を守る方法を学ぶ事業である。小学3年生全員を対象に、CAPスペシャリストによる実演・ワークショップを行なう。ワークショップには相談を含め120分をかけ、「安心する権利」、「自信をもつ権利」、「自由に生きる権利」等の人権意識を育むとともに、身を守る方法を実践的に学ぶ。保護者からも大変好評を得ている。 |
| 目黒区<br>(3) | 地域サークル講座<br>「傾聴・聞き書き<br>ボランティア<br>～高齢者の心に寄り添い、話に耳を傾け、書きとめるには～」 | 事業趣旨は、地域で日頃活動する自主的な団体が、傾聴や聞き書きの技術を学んで学習成果を地域に還元することで、高齢者へのボランティア活動のきっかけとするというもの。講座実施に応募してきたNPO法人と教育委員会が連携して行なった。<br>講座終了後さらにステップアップしたいという希望が多く寄せられ、参加者の意識向上が見られた。 |
| 大田区<br>(4) | 学校支援<br>ボランティア活動<br>推進事業 | 平成16年度開始の事業で、社会教育関係団体等の学習成果を学校教育の場に活かして、児童生徒の教育活動を効果的に進め、開かれた学校づくりの推進に役立てるねらいで実施されている。ボランティアの中には、パソコン操作経験豊富な人が、個別指導を要する低学年の授業で活躍したり、長く電話相談に携わってきた専門家が不登校気味の生徒の相談に乗ったりして、学校教育が効果的かつ円滑に進められている。 |
| 北区<br>(5) | 文化センター<br>子どもひろば | 区内3か所の文化センターを会場に、学校休みの土曜日に「教育ボランティア」によって子どもたちが豊かな体験をしたり、本物の文化にふれたりする機会である。公募の区民、区内団体が企画・運営する子どものためのフェスティバル色のある催しで、各個人・団体が身に付けてきたものを子ども向けに体験学習プログラムを提供する。1回の「子どもひろば」に10～20の体験コーナーが設けられ、各文化センターで年2回ずつ開催される。 |

参考文献：『区市町村生涯学習・社会教育行政データブック』（東京都教育庁地域教育支援部）
　　　　　（1）と（4）と（5）は平成17年度版、（2）と（3）は平成18年度版を使用。

以下、堀越幾男氏作成

| 区　名 | 項　目 | 内　容 |
|---|---|---|
| 足立区 | 開かれた<br>学校づくり事業 | 平成12年に、学校評議員制を発展させた学校と地域の対等な関係の組織として「開かれた学校づくり協議会」が設置された。協議会は15名程度で組織され、地域・保護者の代表が委員になっている。学校情報のオープン化、授業診断・学校評価、学校と地域資源の共有化など、協議・評価・支援等の機能を有している。いわば、地域からの学校支援の好例である。<br>現在、法律に基づく「開かれた学校づくり協議型コミュニティ・スクール」への移行を進めている。 |
| 江東区 | 合宿通学事業 | 小学校4～6年生の児童が指導ボランティアの支援のもとに、地区集会所や町会会館等の地域施設に合宿しながら通学し、異年齢集団での共同生活や職業体験を行う。各学校ごとに地域・学校から選出された実行委員会が中心になって運営する。日程は、木曜日から土曜日までの2泊3日で、プログラムは、食事づくり、銭湯体験、職場体験などである。 |
| 墨田区 | すみだ<br>地域学セミナー | 平成24年5月にオープンした東京の新名所「東京スカイツリー」の開業により、墨田区には全国からお客さんが集まる。そのお客さんに墨田区に暮らす区民一人ひとりがすみだの魅力を伝えて行く、それが「おもてなしの心」である。こうした考え方のもとに、様々な観点からのまちの魅力再発見をもとに講座内容が組み立てられている。いわば、新しいタイプの地域に愛着と誇りをもたらす地域学である。 |
| 江戸川区 | 江戸川<br>総合人生大学 | 平成16年10月に私立大学の有名教授を学長に迎えて開学した、市民大学の先駆的な取り組みである。大学の基本理念は、共育・協働の社会づくり、ボランティア立区の推進、地域文化の創造と継承である。地域デザイン学部と人生科学部のふたつの部と4つの学科で構成されている。修学期間は2年間である。定員は各科25名、一年次は、知識と経験を高め、二年次は課題認識と実践力を高めることをねらいとしている。 |
| 葛飾区 | かつしか区民大学 | かつしか区民大学は、区民の学びを支援するための「学びのしくみ」として、平成22年4月にスタートした。重点方針として、「多様な学びによる自己実現」「地域に貢献できる人材育成」「区民の参画、協働による運営」の三点をあげている。学習単位認定制度を導入して、学習者のモチベーションを高める配慮をしている。また、4月と9月に情報誌「まなびぷらす」を発行している。さらに、事業を展開する組織として、理事会、区民運営委員会等を設置している。 |
| 杉並区 | すぎなみ大人塾 | すぎなみ大人塾のコンセプトは、社会とのつながりを見つける大人の放課後である。学習方法は、相互学習をモットーとし、講義と討論を織り交ぜて行う。<br>運営には、ゲスト講師、学習支援者、アドバイザーなど多様な人々が関わっている。一方では、参加者に自発的・主体的な役割を期待する。社会教育が大切にしてきた、学習者の多様な経験を大切にして学びあうという相互学習の現代版といえる。 |
| 中野区 | なかの<br>生涯学習大学 | 三年間進級制による学びの成果を地域活動に結び付ける講座である。第1学年は、現代社会の課題や現状を学ぶとともに、中野区について理解を深める。第2学年は、コース別学習を通して実践活動に向けた基礎知識やスキルを学ぶ。第3学年は、卒業後の地域・社会活動に必要な知識や技術をさらに高める。入学資格要件として、対象は55～79歳、卒業後、自主グループ活動や地域活動のリーダー・メンバーとして積極的に参加する意思のある方などを定めている。 |

参考文献；『区市町村生涯学習・社会教育行政データブック』（東京都教育庁地域教育支援部、平成17年度版及び平成18年度版）及び各区ホームページ。

# 東京23区社会教育施設等の最新情報

| 区名 | 区長部局 | 教育委員会 | 所管等　特記事項 |
|---|---|---|---|
| 千代田 | 「**生涯学習館**」<br>（元社会教育会館） | | 平成14年度　区長部局移管。 |
| 中央 | 「**社会教育会館**」<br>築地、日本橋、月島。<br>晴海分館「アートはるみ」<br>（社会教育施設、集会施設） | | 区民部　文化・生涯学習課所管 |
| 港 | | 「**生涯学習館**」<br>生涯学習センターばるーん、青山生涯学習館 | 生涯学習推進課が管理。指定管理者＝公益財団法人・港区スポーツふれあい文化健康財団。 |
| 新宿 | 「**生涯学習館**」<br>赤城、北新宿、三栄町、住吉町、戸山、西戸山<br>（元社会教育会館） | | 地域文化部　生涯学習コミュニティ課所管 |
| 文京 | 「**生涯学習施設**」＝<br>アカデミー音羽、<br>湯島、…**6施設**他を<br>公益財団法人・文京アカデミーが事業運営委託 | | アカデミー推進部アカデミー推進課所管；生涯学習・社会教育の用語なし。担当業務に社会教育団体登録事務、大学との連携。<br>教委事務局庶務課・社会教育主事が家庭教育講座担当。 |
| 北 | | 「**文化センター**」3館 | 生涯学習・スポーツ振興課所管。指定管理者 |
| 台東 | | 「**社会教育館**」4館<br>（千束、小島、根岸、今戸）<br>「社会教育センター」もあり。 | 生涯学習課所管。管理運営は指定管理者。利用申込は公共施設利用システム。 |
| 荒川 | | 生涯学習センター、町屋文化センター | 社会教育課所管。「**ひろば館**」（旧青年館）日暮里、尾久等所管は区・地域振興課。社会教育団体の取扱は社会教育課。 |

| 区名 | 区長部局 | 教育委員会 | 所管等　特記事項 |
|---|---|---|---|
| 墨田 | | すみだ生涯学習センター | 生涯学習課。 |
| 江東 | **江東区文化センター**　ほか東大島、豊洲、砂町、森下、古石場、亀戸の**文化センター**（6館） | 講座（はじめての子育て、家庭教育通信、PTA研修）は教委事務局庶務課社会教育担当。 | 生涯学習課なし。管理運営は公益財団法人・江東区文化コミュニティ財団。青少年センターは区・地域振興部青少年課所管（スポーツ振興課も同部）。社会教育団体含む団体登録や団体自主企画講座、人材の紹介は区・地域振興部文化観光課観光推進係担当。 |
| 足立 | **生涯学習施設「地域学習センター」**（元社会教育館） | 教育振興ビジョン（平成22.6.3策定）教委の基本方針Ⅲに「生涯学習推進」 | 区・地域のちから推進部所管。地域学習活動の総合的推進に関すること。生涯学習・文化・スポーツ振興施策の推進に関すること。地域文化課で社会教育委員、社会教育行政の指導助言担当。 |
| 江戸川 | 施設なし。生涯学習ジャンル；「熟年者の知恵袋」（熟年人材ボランティア）は福祉部福祉推進課担当。「シニアのための社会参加情報サイト」に「知恵や教養を高めたい」の項目→「生涯学習情報」、「くすのきカルチャーセンター」へアクセス | 社会教育主事は教委事務局教育推進課所属。 | 「江戸川総合人生大学」は区・文化共育部文化担当（文化行政）。生涯学習ジャンル；　江戸川総合人生大学　くすのきカルチャーセンター　熟年者の知恵袋 |
| 葛飾 | | 「**学び交流館**」（元社会教育館）。平成20年4月地区センターや集会所・敬老館と統合し地域コミュニティ施設となる。 | 生涯学習課所管。他に地域教育課、生涯スポーツ課（総合スポーツセンター内）。 |

| 区名 | 区長部局 | 教育委員会 | 所管等　特記事項 |
|---|---|---|---|
| 品川 | 「文化センター」 | | 区・地域振興事業部　文化スポーツ課文化振興係が文化センター・歴史館との連絡調整担当。同係は社会教育事業・社会教育委員・社会教育関係団体の登録育成助成に関すること。生涯学習係はシルバー大学ほか学級講座と人材登録関係。 |
| 目黒 | | 「社会教育館」（4館）と緑が丘文化会館、青少年プラザ | 生涯学習課所管。 |
| 大田 | 「文化センター」 | 平和島ユースセンター。社会教育課所管。 | 「文化センター」は特別出張所移管（平成5年度）。「女性センター」は男女平等推進室移管、指定管理者。 |
| 世田谷 | | 池之上青少年会館。教育政策部　生涯学習・地域・学校連携課所管。 | 社会教育係、社会教育担当係長、団体支援担当係長、福祉教育担当係長、地域・学校連携係長等で同課を構成。 |
| 渋谷 | | 「社会教育館」5館　幡ヶ谷、恵比寿、千駄ヶ谷、上原、長谷戸 | 生涯学習課所管。 |
| 中野 | 「青年館」（2館）平成13年度廃止　「地域生涯学習館」（改修した区立小中学校の予備教室の開放） | | 区・健康福祉部　学習スポーツ分野。社会教育訪問学級は生涯学習支援担当。生涯学習団体と生涯学習＆スポーツガイドブック（区や社会教育団体が行うイベント講座紹介）は生涯学習調整担当。 |
| 杉並 | | 「社会教育センター」（元公民館）健在。「社会教育会館」は廃止（高円寺・平成13、高井戸・14、井草・17年度末）。 | 社会教育・スポーツ課所管。 |
| 豊島 | 「地域文化創造館」（元社会教育会館） | | 区・文化商工部　学習・スポーツ課所管。公益財団法人・としま未来文化財団が管理運営。同課は生涯学習団体（館利用団体）の事務。 |

| 区名 | 区長部局 | 教育委員会 | 所管等　特記事項 |
|---|---|---|---|
| 板橋 |  | 「社会教育会館」<br>(成増、大原) | 生涯学習課所管。スポーツ振興課は区・区民文化部 |
| 練馬 | 「生涯学習センター」<br>(公民館廃止に伴う所管替え及び名称変更) |  | 地域文化部　文化・生涯学習課所管。 |

(各区ホームページより筆者作成)

## <まとめ>

### 1. 社会教育施設名

法第5条「社会教育施設」の一層の拡散が進んでいる。

公民館は1館のみ(練馬)。その他の社会教育施設の名称＝社会教育館、社会教育会館、社会教育センター、文化センター(区長部局所管の文化センター；大田、品川、江東)
[新]生涯学習施設(区長部局；千代田、新宿、文京、足立、中野。教育委員会；港)
[新]地域文化創造館(豊島)、学び交流館(葛飾、地域コミュニティ施設に転換)

### 2. 社会教育施設の所管

これまでは当然のように教育委員会の所管であったが、社会教育行政そのものの区長部局移管現象に伴って、区長部局が社会教育施設的な機能を併せもち、同時にコミュニティ施設機能も発揮する位置づけとなっている。

### 3. 区長部局への移管

平成14年度実施された千代田区の生涯学習行政丸ごとの区長部局移管は、またたく間に他区に広がっている。豊島、文京、新宿、中央、品川、足立、中野、練馬の各区は、これまで教育委員会所管であった生涯学習・社会教育行政を、区長部局に丸ごと移管した。平成24年度時点で、区長部局が社会教育行政を所管する区は、全部で9区である。しかし、事態の急変はこ

れにとどまらない。教育委員会事務局組織において社会教育の専管部局がなくなり、社会教育主事が区長部局移管後の新組織に配置替えされたり、庶務課等事業を行なわない管理部門に社会教育主事が置かれたりしている区も複数出てきている。

　組織一元化の掛け声のもと区長部局移管が進み、教育委員会の独自性が発揮できないなかで、成人の学習・教育を旨とする社会教育は、どういう特徴を出していくのだろうか。

## あとがき

　本テキストは、私にとって一種の自分史のような性格をもっている。というのは、社会教育主事となった若い頃から社会教育を実践しつつ学んできた者として、その当時読んでいた参考書が自らの血肉となった感がある。その参考書が本書作成の土台となって結実したと考えているからだ。古い文献が多く引用されているのは、そういう背景があってのことである。

　巻末に掲載した資料篇は、足立区教育委員会社会教育主事を経験された堀越幾男氏のご協力がなければ収録できなかった。心から感謝申し上げたい。

　本書は、小林文人先生のご支援をいただいたことが動機となって日の目を見たものである。かつて東京都立多摩社会教育会館における「東京の社会教育史資料の分析研究」で3年間ご一緒できた際に、「荒井さんも単著を出したら」という先生の何げない言葉であった。単著などとても困難と、いつもの引っ込み思案が出て、その後も時間が過ぎていった。その日々の中で、ある時ふとその言葉を思い出した。駒澤大学での「社会教育行政」と「成人学習論」の講義資料が多くある。それをまとめれば一冊の本になるかもしれない。そしてできることなら、山形大学での「社会教育団体論」の講義の分も含めることができれば、一応の体裁が整うかもしれない。こんな思いが膨らんできた。しかし、生来怠け者のため、構想はできても執筆は一向に進まない。自分に言い訳をする年月は、とうとう5年を経過した。

　退職する前からの構想であった本テキストの作成は、約5年の歳月の間に熟成してようやく日の目を見た。とはいうものの退職後の解放感で一時休止状態になり、2年目からは町内会役員としてまちのことに奔走し、気がついたら4年が経過していた。

そのうえ一昨年から昨年初めにかけて父の病気が判明、入院後間もなく帰らぬ人となった。私は一家の柱であり、執筆活動はまたも休止する。焦りがつのり、「もう単著は無理かもしれない…」との弱気が何度も頭をよぎった。しかし、その後始末を終えた頃から、執筆は順調に進み、酷暑もどうにか乗り切って、どうにか構想は実現した。人生で初めての挑戦は、ここにようやく実を結んだ。内容はお粗末なものであるが、いま私の心は達成感に満ちている。小林先生にはエイデル研究所をご紹介いただいた。心から御礼申し上げる次第である。

　本書の作成にあたり、妻の励ましがなければ完成に至らなかったかもしれない。その妻に感謝するとともに、父に対する思いも記しておきたい。剣道三昧の人生を送って昨年2月にこの世を去った父・荒井充は、本書の完成をきっと喜んでくれると信じている。生前に報告できなかった無念を心に刻みながら、本書を亡き父に捧げる。

　最後に、本書の完成までにエイデル研究所の山添路子さんには大変にお世話になった。記して御礼を申し上げたい。

2013年3月

著　者

## ◆索 引

### あ行

ＩＬＯ……98
アウトリーチ……36,144
アジアの識字……145
新しい公共……23,69
生きがい……11
色川大吉……111
営利活動（営利事業）……20,199
ＮＰＯ……24,68,93
　　―法……24,68,92
大沢敏郎……141
公の支配……175,180,182,189,191
オールドカマー……126
大人塾……211

### か行

カウンセリングマインド……49
学習機会提供……18,23,36,91
学習内容編成……62,108
学校教育……12,14,17,52,74,125,130
学校開放……21,86,200
学校後援会……196
学校週5日制……59
合宿通学……211
家庭教育……14,146
　　―学級……146,147,149,152,154,198
　　―論……146
家庭崩壊……146
カルチャーセンター……20,89
環境整備……37,59
官製青年団……166
企業内教育……20,93
基礎学力……14,133
ＣＡＰ……210
教育委員会……18,26,52,54,64
教育課程……15

教育機関……25,52,161
教育基本法……28,32
教育行政……25,52
教育訓練給付制度……95
教育公務員特例法……10,30,44
教育勅語……161,167
教育と啓発……66,108
教育の事業……184,187,188,193,209
教育バウチャー制度……104
教育有給休暇 ⇒ 有給教育休暇
教員……10,46,147
教化……158,163,170
　　―団体……158,164,170
教材……75,126,127
行政委員会……26
行政改革……45,60,68,107
区民大学……58,211
形式卒業……129,143
現代的課題……60,62,108
憲法第89条……180,182,184,187,188,
　　192,209
権利としての社会教育……194
公開講座……13,19,21,74,80,82,86,88
公社……11
厚生労働省……95
広報（公民館報含む）……18,34,37,128
公民館……18,25,32,50,71,74,80,203
　　―運営審議会……18
　　―主事……30,34,53
公務員……10,44
高齢者……38,77
国際識字年……124
国際障害者年……58
個人情報保護……207
後藤総一郎……112
子ども……13,14,21,74,76,104,145,146,
　　152,196
小林文人……29,32
雇用政策……95
コントロール……43,171,174,189,192

## さ行

財団……11,67,173,180
サッカー……14,74
サポート……43,171,174,189,192
ＣＩＥ……18,174,196
識字……12,123
　　―教育……123,136
自己教育……16
司書……56
自叙伝（自伝）……111,121
自治体間格差……38
市町村合併……70
指定管理者……53,68
指導主事……10,23,44
指導・助言……25,176
自費出版……111
自分史……76,110
事務と事業……52,80
社会教育委員……40,54
社会教育会館……18,45,51,204
社会教育館……18,51
社会教育関係団体……29,40,42,91,158,174,
　　182,201,206
　　―の認定……174,201,208
社会教育行政……27,32,50,60,64,168,193
社会教育計画……26,41
社会教育施設……13,18,25,51,53,212
社会教育指導員……53
社会教育主事……10,29,44
　　―制度の歴史……13,170
　　―の採用……46
　　―の資格……10
　　―の設置率……44
　　―の専門性……17
　　―の配置……45
　　派遣―……46
社会教育センター……50
社会教育とは……13,164,177
社会教育に関する事業……175,193,202,
　　208

社会教育法……13,15,28,32,52,80,174
　　―「大改正」……182
社会権……192,195,205
社会資源……40,86,88
社会統制……65,159
自由権……194
首長部局移管……41,54,64,215
趣味・学習グループ……198
手話通訳……37,58
生涯学習……14,28,38,61,64,83,210
　　―館……51,212
　　―施設……212
　　―審議会……60,92,108
　　―センター……18,51,80,87
　　―大学……211
　　―と社会教育……14
　　―バウチャー制度……104
生涯教育……14
　　―と社会教育……14
障がい者（障害児含む）……36,39,57,59
条件整備……30,52,194
情報公開……206
条例・規則……31,201
職員……10,34,44,53,63,68,110,134,154
鈴木政子……112,114
スポーツ……16,38,58,200
　　―グループ（スポーツクラブ）……21,
　　200
　　―施設……202
　　―振興法……30,67
政治的中立性……18,26,65
成人学習……77,80,87,91,95,110
青年学級……36,39,58,179
青年館……55
青年訓練所……169
青年団……42,159
　　―自主化運動……171
世界寺子屋運動……145
選択的な定着化……29,32,50,204
専門的教育職員……10,44
総合型地域スポーツクラブ……201
総合人生大学……211

221

相談……177,202,207

## た行

大学開放……19,82,84
大学拡張……84
大教宣布運動……162
第三セクター……11
大日本帝国憲法……160
団体支援……208
団体登録……201,203
地域学……211
地域学習センター……213
地域生涯学習館……214
地域文化創造館……51,214
地方改良運動……164
地方教育行政の組織及び運営に関する法律
　　　　……25,26,27,30,52,64,80
地方自治法……30,54,65,68
チラシ……128,130,134
通俗教育……162,168
寺中作雄……28,82,176,178
統合……14,130
統制……159,168,175,176,178,189
同和地区……127
図書館……25,35,56,203

## な行

内閣法制局意見……184,187
内務省……43,164
ニューカマー……126
年次有給休暇……21,96,102
ノーマライゼーション……37,59
ノンフォーマルエデュケーション……125

## は行

バウチャー……104,106
橋本義夫……111,113
母親の就労……147,151
半官半民的団体……158,170

ＰＴＡ……21,178,196,205
非識字……123,131,143,145
開かれた学校……19,22,23,88
部活動……15
「ふだん記」運動……111
不当な支配……65,191
文化センター……18,51,125,210,212
報徳会……164
保護者……11,13,36,104,196
補助金……31,40,42,180
ボランティア……16,23,61,74,91

## ま行

まちづくり……11,38,68,199
学び交流館……51,213
民間教育文化事業……13,20,88
宗像誠也……31
名義使用……205
文部科学省……33,44,64

## や行

夜間中学校……123,129,141
有給教育休暇……21,96
ユネスコ……14,96,143,145
要綱・要領……31,201
要約筆記……37,59
横山宏……112,117
吉田昇……17,30,152,177,189,192
読み書き教室……12,130,137

## ら行

陸軍現役将校配属令……169
両親教育……147

## わ行

若者組……168

## 荒井　隆　略歴

　1948年生まれ、東京教育大学大学院教育学研究科修士課程(社会教育学専修)修了。1976年大田区教育委員会社会教育主事補採用、1982年社会教育主事(成人教育、社会教育計画担当)、2008年同区退職。この間、1992年より兼業許可を得て山形大学等で非常勤講師を務める。現在は駒澤大学非常勤講師、日本社会教育学会会員。

　主な著書は『都市化社会の教育像』(エイデル研究所、1985年、共著)、『高学歴化による社会教育の学習構造の変化に関する研究』(文部省科学研究費補助金研究成果報告書、代表・東洋大学教授倉内史郎、1985年、共著)、『成人の学習としての自分史』(国土社、1987年、共著)、『現代社会教育の創造』(日本社会教育学会創立30周年記念特別年報、東洋館出版社、1988年、共著)。

# 社会教育主事がみた社会教育・生涯学習
―― 東京23区からの発信 ――

2013年4月18日　初版第1刷発行

著　　者■荒井　隆
発　行　者■大塚　智孝
発　行　所■株式会社エイデル研究所
　　　　　　〒102-0073　東京都千代田区九段北4-1-9
　　　　　　TEL.03-3234-4641
　　　　　　FAX.03-3234-4644
装丁・本文DTP■大倉　充博
印　刷・製　本■シナノ印刷株式会社

＊落丁・乱丁のときはおとりかえいたします。
ⓒ Takashi Arai 2013, Printed in Japan
ISBN978-4-87168-520-7 C3037